가능세계의 철학

『可能世界の哲学』(三浦俊彦 著)
KANOU SEKAI NO TETSUGAKU
by Toshihiko Miura

Copyright © 1997 by Toshihiko Miura
First published in Japan in 1997 by NHK Publishing, Inc.
Korean translation rights arranged with NHK Publishing, Inc.
through Shinwon Agency Co.
Korean translation rights © 2011 by Greenbee Publishing Co.

가능세계의 철학
필연과 가능으로 읽는 '존재'와 '세계'

초판1쇄 펴냄 2011년 07월 30일
초판4쇄 펴냄 2023년 03월 24일

지은이 미우라 도시히코
옮긴이 박철은
펴낸이 유재건
펴낸곳 (주)그린비출판사
주소 서울시 마포구 와우산로 180, 4층
대표전화 02-702-2717 | **팩스** 02-703-0272
홈페이지 www.greenbee.co.kr
원고투고 및 문의 editor@greenbee.co.kr

편집 이진희, 구세주, 송예진 | **디자인** 이은솔, 박예은
마케팅 육소연 | **물류유통** 류경희 | **경영관리** 이선희

이 책의 한국어판 저작권은 저작권자와의 독점계약으로 (주)그린비출판사에 있습니다.
저작권법에 의하여 한국 내에서 보호를 받는 저작물이므로 무단전재와 무단복제를 금합니다.
책값은 뒤표지에 있습니다. 잘못 만들어진 책은 구입처에서 바꿔 드립니다.
ISBN 978-89-7682-363-2 93100

독자의 학문사변행學問思辨行을 돕는 든든한 가이드 _(주)그린비출판사

가능세계의 철학

필연과 가능으로 읽는 '존재'와 '세계'

미우라 도시히코 三浦俊彦 지음 | 박철은 옮김

서문_'무엇이든 가능하다'의 세계관
~가능세계로 오신 것을 환영합니다

• 20세기 문화를 특징짓는 최대의 키워드는 어쩌면 "무엇이든 가능하다" 일지도 모릅니다.

예컨대 예술이라는 문화가 그렇습니다.

1917년에 마르셀 뒤샹이 스스로는 아무것도 만들지 않고 이미 제작된 변기를 '미술작품'으로서 제출했습니다. 그때 무언가가 보이지 않는 족쇄로부터 해방되었던 것입니다. 존 케이지는 피아노 앞에 피아니스트를 그냥 앉혀서 아무런 소리 하나 내지 않는 행위를 '음악작품'으로서 상연했습니다. 제임스 조이스는 영어 단어를 변형했을 뿐만 아니라 여러 외국어까지 혼합시킨 인공언어로 소설을 썼고, 조르주 페렉[1]이나 레몽 크노[2]

---

1) 조르주 페렉(Georges Perec, 1936~1982)은 프랑스 소설가, 영화제작자, 평론가로 울리포 회원으로 활동했다. 울리포(Oulipo)는 '잠재적 문학의 작업장'(Ouvroir de littérature potentielle)의 약자로, 1960년 작가 레몽 크노(Raymond Queneau)와 수학자 프랑수아 르 리오네(François Le Lionnais)에 의해 창설된, 문학과 수학을 접목시키고자 한 실험적 문학 운동단체이다. 울리포에 가입한 회원들은 울리피앙(oulipien)이라 하며, 특이한 형식, 말장난, 수학공식, 복잡한 틀을 적용해 문학작품을 쓰는 시도를 했다. 이들은 이러한 구속이 더욱 상상력을 발휘시킨다고 보고, 형식적 제한을 받으면서도 내용이 제대로 성립하는 글을 쓰는 것을 문학적 목표로 삼았다. 대표적으로 소설가인 조르주 페렉이나 이탈로 칼비노(Italo

는 난수(亂數, random number)적 규칙에 따라 문자나 단어나 문법을 기계적으로 변환시킨 희곡이나 소설을 썼습니다. 루치오 폰타나[3]는 캔버스를 찢어 놓기만 한 작품을 계속 생산해 냈고, 개념미술[4] 예술가들은 매일 그저 날짜를 쓰거나 거리에서 물건을 부수거나 사과를 방치해서 서서히 썩게 하는 등의 행위를 그대로 '미술작품'이라 칭하는 데 이르렀습니다.

Calvino), 시인인 오스카 파스티오르(Oskar Pastior), 시인이자 수학자인 자크 루보(Jacques Roubaud) 등이 있다. 페렉이 시도한 가장 독특한 언어유희는 알파벳 가운데 특정 글자를 제외한 단어만으로, 혹은 주어진 몇 개의 글자만으로 글을 쓰는 리포그람(lipogramme)이라는 형식이다. 1969년 발표한 『실종』(La Disparition)에서는 가장 많이 사용되는 알파벳 e를 완전히 제외한 단어만으로 300여 페이지의 소설을 썼으며, 1972년 『회귀자들』(Les Revenentes)에서는 e가 들어간 단어만으로 소설을 썼다. 1978년작 『인생 사용법』(La Vie mode d'emploi)에서는 작품의 전체 구조나 본문에서 언급되는 숫자들에 수학의 행렬을 적용하는 시도를 했다. 국내에는 『사물들』(Les choses, 1965; 허경은 옮김, 세계사, 1996)과 『인생 사용법』(김호영 옮김, 책세상, 2000)이 번역되었다.

2) 레몽 크노(Raymond Queneau, 1903~1976)는 시인, 소설가, 시나리오 작가, 수학자, 번역가, 화가, 출판인으로서 활동했으며 천 편에 가까운 시와 15편의 소설, 그 외 많은 텍스트를 남겼다. 철학, 수학, 정신분석 등을 공부했고, 초기 초현실주의 운동에 가담했다가 이탈했다. 그의 작품으로는 바흐의 푸가에서 영감을 받아 동일한 일화를 99가지 문체로 변주해 낸 『문체 연습』(Exercices de style, 1947)과 출간 이듬해 루이 말(Louis Malle)에 의해 영화화된 소설 『지하철 소녀 쟈지』(Zazie dans le métro, 1959; 정혜용 옮김, 도마뱀출판사, 2008) 등이 있다. 이 소설에서 크노는 지명의 고의적 혼동과 과거와 미래로 들쑥날쑥하는 시제를 통해 시공을 흩으려 놓고 인물들의 정체성을 모호하게 만들었으며, 현실과 환상의 경계를 무너뜨려 형식을 파괴하는 실험을 감행했다. 그는 또한 1960년에 실험문학단체 울리포를 결성, 문학창작에 수학적 방법들을 적용하여 열 편의 소네트만으로 시 백조(兆) 편의 제작 가능성을 제시한 시집 『백조 편의 시』(Cent mille milliards de poèmes, 1961) 등을 내놓기도 했다.

3) 루치오 폰타나(Lucio Fontana, 1899~1968)는 아르헨티나의 산타페 출생으로 밀라노의 브레라 미술학교에서 조각을 배우고, 제2차 세계대전 전에 '추상·창조' 그룹에 참가하였다. 1946년 부에노스아이레스에서 백색선언(Manifiesto Blanco)으로 시간과 공간의 통일에 기초를 둔 새로운 예술로 기존 미학을 타파해야 한다고 주장했다. 1947년에 밀라노에서 작가와 철학자들과 함께 '공간파'(空間派)를 결성하여 공간주의(spazialismo) 운동을 추진, 기존 미술에 다다이즘의 파괴적인 진보정신을 결합하여 회화와 조각의 고전적인 구별을 제거하기 위해 가장 중요한 것은 새로운 공간 개념을 제시하는 것이라 보았다. 그는 '공간 개념'이란 제목으로 2천여 점이 넘는 작품을 발표했는데 특히 '찢기'와 '구멍' 등 캔버스에 날카로운 칼자국을 넣은 연작(the slash series)이 유명하다.

기존 예술의 틀에서 벗어난 표현행위가 예술로서 인정되고, 인간 행위는 그럴 만한 맥락만 주어지면 무엇이든지 예술일 수 있다는 생각이 순식간에 일반화되었던 것입니다. 실제로 예술가들이 "무엇이든 가능하다"는 실험을 공연해 주었기 때문에, 창조와 행위의 관계, 지각과 제도의 관계, 언어와 관념의 관계 등 인류 문화를 형성하는 여러 근본적인 주제들이 선명한 형태로 새롭게 의문에 부쳐지는 계기가 되었습니다.

그 반면 공민권(公民權) 의식이나 도덕제도의 성숙에 따라 무제한의 표현행위에 대한 반대운동도 나타나게 되었습니다. 특히 [누군가를] 차별하는 표현이나 정치적 표현을 탄핵하는 '언어 규제'가 성행하게 되었고, 그것이 또 역설적으로 '표현의 자유' 의식을 선동하기도 하고 있습니다.

• 종교라는 문화도 마찬가지입니다. 기성의 거대 종교가 권위와 신뢰를 잃게 됨에 따라 거대 종교나 크고 작은 민간신앙을 여러 비율로 혼합하고 조합한 절충적 교의가 세계적으로 만들어지면서, 금세기 들어 생겨난 신흥 종교의 수는 몇만, 몇십만이나 된다고 합니다. 게다가 각 종파의 공식적인 신자 수를 합하면 세계 인구의 몇 배나 된다고 하고, 개개의 인간에

---

4) 개념미술(conceptual art)은 예술작품을 만드는 이의 개념(concept)이나 아이디어를 중시하며, 대개 누구라도 정해진 절차에 따라 단순히 배치만 하더라도 재현할 수 있는 형태를 띤다. 이들은 기존의 예술이 그 형식이나 재료에 지나치게 사로잡혀 있다고 보고 중요한 것은 만들어진 결과물이 아니라 그 작품 제작이나 행위의 과정, 혹은 예술가 자신이 가진 동기라고 주장했다. 또한 전시회장과 같은 제한된 공간에서 예술작품을 감상하는 것이나 심지어 예술작품을 소유하는 것에 대해서도 반대하고, 일체의 미적 가치에 대한 공격을 감행했다. 이들의 이러한 주장은 결과적으로 거의 모든 사물을 미술작품으로 제시하는 것이 된다. 개념미술의 선구자는 마르셀 뒤샹(Marcel Duchamp)으로 평가되며 다다이즘(dadaism)에서도 그 원류를 찾을 수 있다. 솔 르윗(Sol LeWitt), 조지프 코수스(Joseph Kosuth), 더글러스 후블러(Douglas Huebler), 이브 클라인(Yves Klein) 등 많은 개념미술가들이 전시 및 퍼포먼스 작업으로 활약했다.

게 있어서도 신앙이라는 것이 유일하고 절대적인 귀의처가 아니라 도덕, 형이상학, 제례, 규율, 오컬트(occult), 초능력 등 무엇이든 가능한 편의적인 생활 형태로 확산되고 있다는 것을 우리는 알고 있습니다.

• 신흥 종교뿐만 아니라 하위 문화 전체에 있어서 이 '규제 철폐' 의식이 여기저기에서 꽃을 피우고 있다는 것은 알고 계시는 대로입니다. 인터넷에서의 헤어누드, 메시지나 스토리에 구속되지 않는 난센스 만화, 정상적 성행위 이외의 동성애나 페티시즘, 변태적인 여러 형태의 도착을 취급하는 포르노 표현, 전화방이나 이미지 클럽 등 다양화하는 성풍속 산업. 그리고 무릇 "무엇이든 가능하다"라는 표어(catchphrase) 그 자체는 격투기의 세계를 진원으로 해서 확장된 것이었습니다. 1920년대부터 남미에서 실천되고 있던 '발리 투도'[Vali Tudo ; 무엇이든 가능하다는 의미의 포르투갈어] 격투기 대회가 90년대 들어 세계적으로 개최되기에 이른 것입니다. 깨물기와 눈 찌르기 이외에 무엇이든 OK라는 발리 투도에 의해 복싱이나 유도 등 규칙에 속박된 스포츠 격투기를 보는 것으로는 알 수 없었던 무술의 본질이 명확하게 되었습니다.

예컨대 진검 승부에서 어떠한 기술이 가장 유효한가라는 실천적 통찰이 그것입니다. 극화나 영화를 통해 보편화되어 있던 '일격필살'의 신화가 붕괴되고, 태클로 들어가서 조르기, 관절기와 같은 그라운드 기술을 거는 것이 압도적으로 유효하다는 것이 실증되었습니다. 또 하나는 격투가가 어떻게 규칙(rule)을 스스로 만드는가 하는 자율적 미의식, 윤리의식입니다. 쓰러진 상대의 얼굴을 축구공처럼 차도 좋은가. 사타구니의 급소를 노려야 하는가. 제압된 상대를 끝까지 계속 때려야 하는가, 그렇지 않으면 항복을 선언할 유예를 줄 것인가. 자유와 극한 상황 사이에 놓인 인간의 원시적 본성이 비로소 관리된 무대에서 관찰되게 된 것입니다.

예술에서도, 성행위나 격투에서도 이론상 가능한 것은 실제로 해보고 그것을 반성해 보지 않고서는 참을 수 없는 것이 인간이라는 동물인 것입니다.

• 한편 물론 자연과학과 같은 견고한 분야에 있어서도 "무엇이든 가능하다"는 지난 세기 이래로 현저한 성과를 올려 왔습니다. 현실적으로 속박된 실험이나 관찰보다도 수학적인 자유, 방정식의 아름다움을 추구하는 것에서부터 첨단 과학의 새로운 현상이 차례차례로 예언되고 확증되고 있는 것이 그 예입니다.

내용적으로도 19세기까지는 생각할 수 없었던 이론이 출현하게 되었습니다. 좌표계의 선택 방식에 따라 동시성이라든가 시간의 진행 방식이 변화할 수 있다고 하여 '절대적 시공간'이라는 상식을 해체한 상대성 이론. 소립자가 실제로 취하는 경로만이 아닌 다른 온갖 경로, 상태도 공존하고 있다고 하여 '유일한 현실'이라는 개념을 뒤흔든 양자역학. 특히 양자역학에 관해서는 이론의 해석을 둘러싸고 많은 입장으로 나눠져 있어, 이로써 또한 "무엇이든 가능하다"에 관한 논쟁이 활발하게 진행되고 있습니다.

• 자연과학의 진보를 지지하는 것이 수학이라면 인문과학의 진보를 지지하는 기반은 철학이자 논리학이라고 말할 수 있겠지요. 철학, 논리학 분야에서도 현실의 존재양식에 갇히지 않은 "무엇이든 가능하다"는 정신이 계속 눈부신 성과를 올리고 있습니다. 그 중핵이 되는 무기가 이 책에서 다룰 '가능세계'라는 개념인 것입니다.

수학이 다루는 수나 양에 한정하지 않고 온갖 존재나 개념——현실의 우연적 존재양식에 갇히지 않은 여러 존재의 공존 방식, 결부 방식, 개념들의 관계——등을 조리가 맞는 한 전부 인정하고 그 가능성을 탐구하는 것이 논리학입니다. '가능세계'라는 장치는 그러한 무수한 가능성이라는 추상적인 관념이 각각 독립된 존재로서 실체화된 것입니다. 바로 예술가나 격투가가 '무규칙'(no rule)의 영위(營爲)를 (머리로만 생각하는 것이 아니라) 실제로 행함으로써 여러 가지 가치관이 드러나고 숨겨진 진실이 보이게 된 것과 마찬가지로, 무수한 '가능한 세계'를 각각 독립된 존재로서 다루고 배열하고 늘리거나 줄이고 합성하고 분할하고 재배열함으로써 철학, 논리학에 있어서 많은 문제가 해결된 것입니다.

• 그 '가능세계'에 관하여 철학이나 논리학의 예비지식이 부족한 독자들에게 기초가 되는 발상에서부터 고도의 응용까지 망라해서 해설하는 것이 이 책의 목적입니다. 구성은 다음과 같이 되어 있습니다.

1장에서는 '가능세계'가 왜 필요한지를 개관합니다. 전통적인 철학의 주제를 다룰 때 가능세계라는 것을 사용하면 어떠한 이점이 있는 것인가, 필연성, 가능성, 우연성, 반(反)사실적 가정, 단어의 의미, 물리법칙, 윤리, 인식, 그러한 중요 개념들의 본성, 혹은 그것들 간의 상호 관계를 해명하거나 정리하는 것에 가능세계가 얼마나 중요한가를 차분히 음미해 주십시오.

2장에서는 그렇게 해서 철학에서 구사되는 가능세계가 서로 어떠한 관계를 가지고 있는가를 해설합니다. 가능세계와 다른 가능세계 사이, 그리고 가능세계와 현실세계 사이에는 어떠한 종류의 관계가 있는 것인가. 현실세계도 포함해서 여러 가능세계는 전체적으로 어떠한 형태의 네트워

크를 형성하고 있는 것인가. 가능세계 속에 있는 개체(인간이나 동물이나 돌이나 행성······)는 다른 가능세계 속에 있는 개체와 어떻게 관계하고 있는 것인가. 그리고 그러한 관계가 우리가 사용하는 언어에 어떻게 반영되고 있는가. 1장이 '가능세계의 효용'을 소개하는 장이라고 한다면 2장은 '가능세계 이론의 형태·구조'를 보여 주는 장입니다.

• 그러나 이론의 구조만을 숙지했다고 해서 충분하다고는 말할 수 없습니다. 우리는 그 구조를 형성하고 있는 것들이 각각 무엇인가를 알고 싶은 것이기 때문입니다. 지도를 보고 A, B, C가 각각 1킬로미터 떨어져 있고 정삼각형의 꼭지점을 이룬다는 전체 구조를 알았다 해도 A, B, C는 대체 무엇인지, 예컨대 역인지, 학교인지, 맨션인지를 결정하지 않으면 얘기가 되지 않겠지요. 그래서 3장에서는 2장까지 그려졌던 특징을 가지는 가능세계란 대체 무엇인가를 [내용적으로] 탐구합니다.

3장은 앞의 두 장과는 달리 정설을 소개하는 것이라고는 할 수 없습니다. 가능세계가 어떠한 역할을 하고 있는가, 가능세계론은 어떠한 구조를 가져야 하는가에 관해서는 대부분의 철학자, 논리학자의 의견이 일치하고 있습니다. 그러나 가능세계란 실제로 어떠한 것인가 하는 문제가 되면 철학자의 수만큼 의견이 있다고 말해도 좋습니다. 그래서 이 장에서는 모든 견해를 망라하는 것은 불가능하므로 '현실주의'와 '가능주의'라는 두 가지로 크게 나눠 논했습니다.

구체적 세계는 현실세계뿐으로 가능세계라는 것은 단순히 편의적인 추상개념이라고 하는 것이 현실주의, 가능세계를 현실세계와 마찬가지로 구체적인 존재라고 하는 것이 가능주의입니다. 3장에서는 전자인 현실주의의 주된 버전을 몇 가지 들고 그 장점, 단점을 음미해 보았습니다.

그러나 재미있는 것은 가능주의 쪽입니다. 4장에서는 가능주의 가운데 가장 극단적인 '양상실재론'이라는 발상이 잘 기능하는지를 살펴봅니다. 이 이론은 "무엇이든 가능하다"를 그 말뜻 그대로 실천하는 극히 효율적인 생각이지만, 또한 터무니없는 생각이기 때문에(어쨌든 현실세계 이외에 무수한 세계가 정말로 있다는 것입니다), 진심으로 주장하고 있는 철학자가 세계적으로 한 사람이나 두 사람밖에 없음에도 불구하고 가능세계에 관한 문헌에서는 항상 논의의 중심이 되고 있는 중요한 이론입니다. 양상실재론을 인정해야 하는가 거부해야 하는가 하는 것은 우리들 세계관 전체에 막대한 영향을 끼치므로 상세하게 논해야만 합니다. 양상실재론을 부정하는 데 종종 도입하게 되는 논거를 다섯 가지 열거하고 각자가 결정적인 반박이 되고 있는지를 살펴봅니다.

• 순수 철학의 입문서로서는 지금까지로 일단 완결되었다 해도 좋을 것입니다. 그러나 인생이나 우주에 관한 일상적 사고에 대한 응용을 원한다고 한다면 전문 철학자들이 그다지 개입하고 있지 않은 지금부터가 본격적입니다.

5장과 6장은 좁은 의미에서의 전문적인 철학을 넘어 자연과학이나 우주의 발생 문제, 존재라든가 의식이라든가 하는 것의 불가사의함에 대해 가능세계가 어떠한 조명을 하는가를 살펴볼 것입니다. 본래 양자역학에서는 양상실재론과 닮은 평행세계(parallel world) 이론이 진지하게 논해져 왔습니다. 그러한 과학의 발상과 호응하면서 생명은 왜 존재하는 것인가, 나는 왜 존재하는 것인가, 우주는 왜 이러한 모습을 하고 있는 것인가 하는 고래로부터 궁극적인 문제로 간주되어 온 질문에 대해 가능세계는, 그래서 그게 어쨌냐는 말이 나올 듯하면서도, 눈부신 결론을 야기하는 것입니다. "무엇이든 가능하다"의 세계관이 아주 간단하게 단순하고 아름다운 답을 주는 과정(process)을 음미해 주셨으면 합니다. 종교적인 기질을 가진 독자라면 가능세계의 체계가 전통적 우주관의 '신'과 같은 역할을 보다 합리적으로 행하고 있다는 것을 알아차릴 수 있겠지요.

• 이 책에서 제시되는 그 '궁극의 해답'들이 정말로 답이 되고 있는지는 독자의 판단에 맡기도록 하겠습니다. 그렇지만 적어도 지금까지 다른 사상에서는 달성되지 못했던 수준에서 가능세계론이 진정한 해답을 제시했다는 것만은 명백하다고 저는 생각하고 있습니다. '왜-질문'(why question)[5]이라는 가능세계론의 이 방면의 응용은 풍요로운 가능성을 잉

---

5) 어떤 현상에 대한 설명에는 물론 '왜?'라는 질문에 대한 답변뿐만 아니라 '어떻게?'라는 것에 대한 답변도 포함되긴 하지만, 대체로 현상에 대한 해명을 요구할 때 우리는 '왜 그러한가?' 하고 묻는다. 헴펠(Carl Gustav Hempel)은 과학에서 하는 작업은 바로 '왜?'라는 질문에 답변하는 것이라고 한다. 헴펠 본인이 과학적 설명이 어떤 형태를 지니고 있는지 제시한 두 가지 모델(연역-법칙적deductive-nomological 모델과 귀납-통계적inductive-statistical 모델)이 반례의 등장으로 무너지면서 과학적 설명이 무엇이냐에 대한 대안 논쟁이 일어났다(아마도 이 중 가장 유명한 것은 '통약 불가능성'과 '패러다임 전환'이란 개념으로 대표되는 토머스 쿤Thomas Kuhn의 이론일 것이다).
어떤 설명이 특정 질문에 대한 대답이 되는지는 생각보다 어려운 문제이다. 태양의 위치와 깃대의 높이로부터 깃대의 그림자를 연역해 낼 수 있고, 태양의 위치와 그림자의 길이를 가지고 깃대의 높이를 연역해 낼 수도 있지만, 우리는 깃대의 높이가 그 그림자를 결정한다고는 생각할 수 있어도 깃대의 그림자가 높이를 결정한다고는 생각할 수 없다(그림자의 길이가 이러이러하기 '때문에' 깃대의 높이가 이러이러하다는 설명은 직관적으로 이상하다). 설명이 법칙적인 기대를 제공해야 하는 것이라고 할 때 이러한 '설명의 비대칭성'은 곤혹스런 문제를 야기한다.
반 프라센(Bastiaan Cornelis Van Fraassen)은 이 문제는 문맥의 변화에 따라 극복 가능하다고 대답한다. 예컨대 어떤 기사가 사랑했던 하녀를 죽인 뒤 탑을 쌓으면서 자신이 처음 사랑을 맹세한 테라스를 그 탑의 그림자가 덮을 것이라고 맹세했기 '때문에' 그 탑의 높이가 그렇게 결정된 것이라는 식의 우화에서는 탑의 그림자로 탑의 높이를 설명할 수 있다는 것이다. 이렇게 설명에는 항상 특정 맥락에 개입한다는 그의 견해를 화용론적 설명이론(pragmatic explanation theory)이라고 한다. 또한 새먼(Wesley C. Salmon)은 확률적 설명 모형을 주장

태하고 있으면서도 종래 그다지 논의되지 않았습니다. 그래서 26, 29, 30절에서는 제가 처음 제시할 작정이었던 생각이 포함되어 있습니다.

단, 우주와 존재 일반에 관해서는 어찌 되었든 '마음'과 '자기'에 관해서는 최종적인 해답을 부여하는 여러 가지 방식이 있는 듯이 생각됩니다. 그래서 30절 말미에서는 가능세계에 의해 암시되는 의식철학, 자기철학을 몇 가지 미완인 채로 시사해서 가능세계론의 새로운 개척을 맡겨야만 했습니다. 사변하는 의식이라는 것이 한 가지 해답이나 궁극의 해답으로 만족하게끔 되지 않는 이상 이것은 당연한 흐름이기도 하겠지요.

• 가능세계가 극히 편리하고 강력한 철학적 도구이기 때문에 전문적인 철학자는 누구나 이 개념의 사용 방식에 정통해 있고, 또 그것이 당연하다고 여러분들은 생각할지도 모릅니다. 그렇지만 불가사의하게도 세계적으로 태반의 철학자, 철학교수들은 가능세계론을 잘 알고 있다고는 말할 수 없습니다. 가능세계가 사용되고 있는 것은 오로지 미국이나 영국 등 영어권, 그리고 북구의 철학에 있어서일 뿐입니다. 일본 철학계는 물론 일본에서 인기가 있는 프랑스 사상을 비롯한 유럽 대륙의 철학이나 그 외 지역의

하는데, 아주 단순화시킨다면 'Q가 P에 의존해서 발생한다'라는 것은 P가 발생했을 때 Q가 일어날 확률이 P가 발생하지 않았을 때 Q가 일어날 확률보다 크다는 것이다.
반면 설명 진술의 진리 조건을 규정하는 것과 화자/청자의 배경지식에 의존하는 인식론적 정당성의 조건은 다르며, 반 프라센과 새먼의 이론은 전자와 후자를 구분하지 않는다는 반박도 존재한다(또한 이들의 이론은 경험론을 미리 전제하거나, 양자역학의 일부 비결정론적으로 보이는 현상을 자연의 본성으로 미리 간주한다는 이유에서 반대하기도 한다). 이 경우 'P이기 때문에 Q이다'라는 말의 진리 조건은 '~P였다면 ~Q였을 것이다'라는 반(反)사실적 조건문이 의미하는 바와 같고, Q가 참이기 위해 필요한 바를 제시하는 것이 된다는 것이다. 스톨네이커(Stan Stalnaker), 루이스(David Lewis) 등이 제창한 가능세계 의미론에 따르면, 이때 ~P와 ~Q가 참인 가능세계가 ~P는 참이지만 ~Q는 거짓인 가능세계보다 우리 세계와 더 유사할 때 참이 된다.

철학은 대부분 가능세계에 무관심합니다. 그들 지역에서 가능세계를 사용하고 있는 철학자는 영어권 철학을 연구하는 사람들뿐인 것입니다.

그 이유로서는 일본이나 유럽, 아시아 등 많은 지역의 '사상', '철학'이라는 것이 전통적으로 문학이나 예술, 종교, 인생론과 밀접하게 결부되어 왔다는 것을 들 수 있습니다. 가능세계론은 그 말이 갖는 낭만적인 울림과는 정반대로 엄밀한 기호논리학이나 수학체계와 결부되어 있기 때문에 문학적 기질을 가진 철학자들이 경원시해 온 것입니다.

이에 비해 영국 경험론의 흐름을 이어받은 영미 철학은 전통적으로 문학이나 예술과의 관계가 적고 수학, 물리학과의 긴밀한 관계하에서 발전해 왔습니다. 특히 20세기에 기호논리학이 확립되고부터의 주류적 영미 철학을 '분석철학'이라 칭합니다만, 분석철학 책이나 잡지를 보면 수학 논문으로 착각할 정도로 기호로 가득 차 있는 경우가 드물지 않습니다. 분석철학의 특징은 사회적 현상보다는 언어를 분석 대상으로 하고 논증을 중시하며, 역사·철학사를 경시하고 비서구권 사상을 무시하며, 포괄적인 체계 구축보다도 개별적으로 한 단계씩 나아가는 문제 해결 방식을 존중하는 것입니다. 이 특징들은 모두 유럽 대륙의 철학과 정반대이므로 19세기까지는 그토록 상호 영향을 주고받으며 진행해 온 영미-유럽의 전문 철학은 지금에 이르러서는 문예비평 등 일부 주변적 분야 이외에는 완전히 단절되어 있다고 말해도 좋을 정도입니다.

분석철학의 여명기에는 고틀로프 프레게(Gottlob Frege) 등 독일 논리학자가 중요한 선구적 작업을 성취했음에도 불구하고, 그 유산은 본국에서는 그다지 회고되지 않고 오로지 영미 학계에서 계승되어 왔습니다. 도버 해협과 대서양에 사상의 '철의 장막'이 드리워져 있다고 평하는 사람도 있을 정도입니다. 이 장막은 수리논리학의 벽이라고 말해도 좋겠지요.

• 분석철학은 체계 구축에는 무관심하다고 방금 기술했습니다만, 이 책의 독자는 가능세계론이라는 장대하기 그지 없는 '체계'의 정글에 발을 들여놓게 되었습니다. 그렇습니다. 가능세계론은 동서고금의 어떠한 철학보다도 규모가 큰 치밀하고 정묘(精妙)한 형이상학입니다. 장려한 건축물을 떠올리게 합니다. 체계에 구애되지 않은 채 착실하게 진행해 온 분석철학이 결과적으로 이 정도로 놀랍기 그지 없는 형이상학을 창출해 버렸다는 것은 재미있는 점입니다. 수학이라는 인류사상 유일한 지고의 개념체계가 배후에 있는 이상 이것은 당연한 일이 아니었을까요?

• 그러나 수학이나 논리학을 모르고서는 분석철학이나 가능세계론의 재미를 맛볼 수 없느냐 하면 물론 그런 것은 전혀 아닙니다. 이 책은 전반부에서 극히 기본적인 논리식을 사용하고 있습니다(말만으로 읽기보다 실제로 그쪽이 알기 쉽기 때문입니다). 초등학교의 사칙연산보다도 간단한 식일 뿐이므로 본문의 설명과 함께 읽으면 전혀 난해하지 않을 것입니다. 그래도 아무래도 기호는 싫다는 분은 논리식을 건너뛰고 문장만 읽어도 이해에는 거의 지장이 없도록 썼으므로 안심해 주십시오. 결과적으로 이 책은 전반부의 성가신 설명을 견뎌 주신다면 그만큼 후반부의 여세를 몰아 술술 읽을 수 있는 구성이 되었다는 느낌이 듭니다.

• 가능세계론은 철학 이외에도 인지과학, 의미론(몬테규 문법[6]), 컴퓨터 과학 등등 넓은 영역에서 응용되고 있습니다. 그러므로 영미철학과 다른 철학 사이에 '철의 장막'이 드리워져 있다고는 해도 영어권 이외의 영역에서도 모든 논리학자, 많은 언어학자나 공학자가 연구의 필요상 가능세계에 의지하지 않으면 안 되는 것이 현실입니다. 이과, 수학계뿐만 아니라

문학, 윤리학, 심리학, 고대 그리스 철학 연구, 종교학 등에서도 가능세계는 조금씩 위력을 발휘하고 있습니다. 철학의 역할이 여러 학문의 기초라고 한다면, 이렇게 학제적인 응용을 잉태한 분석철학이야말로 가장 철학다운 철학이라고 말해도 좋지 않을까요?

그러므로 수학이 싫어서 분석철학도, 가능세계론도 경원시하겠다는 것은 실로 안타까운 일입니다. 분석철학은 사상의 순수문학, 클래식 음악과 같은 것입니다. 철학사를 철저히 경시하고 있음에도 실은 소크라테스 이래의 '개념 분석', '언어 분석'의 사고법을 그대로 계승한 가장 논쟁적이고 공정한 정통파 스타일의 철학이 분석철학인 것입니다. 간편한 뉴에이지 사상이나 통속적 철학으로 유희함으로써 문학적 공상이나 종교적 법열로 일거에 비약하려 하기보다 한 단계씩 나아가는 수수하고 착실한 논증을 축적해 가는 방식이 그런 초월적 경지로 깊게 들어갈 수 있는 경우도 있다는 진실을 독자들이 깨닫도록 돕는 것이 이 책의 목적이기도 합니다.

---

6) 몬테규 문법(Montague grammar)은 자연 언어 의미론에 대한 한 접근방식으로 60~70년대 초에 이 분야를 개척한 미국 논리학자 리처드 몬테규(Richard Montague)의 이름에서 따온 것이다. 몬테규 문법은 형식논리, 특히 술어논리와 람다 계산법(Lambda calculus, λ-calculus)에 기반을 두고 크립키 의미론과 내포 논리(intensional logic)를 적용한 것이다. 람다 계산법은 람다 대수라고도 하며 참, 거짓을 가릴 수 있는 모든 정상적인 자연언어의 문장을 논리식으로 표현하기 위해 개발되었다. 알려진 모든 계산 과정을 표현할 수 있는 것으로 알려져 있기 때문에 계산 가능한 함수의 명확한 정의를 내리는 데 사용되며, 표준 논리로 진위를 가릴 수 있는 문장은 한정되어 있으므로 확장논리, 자유논리가 적용된다(이들 논리체계에 대한 간략한 설명은 이 책의 27절을 참조). 크립키 의미론은 배중률을 거부하며 참, 거짓보다는 구성적 증명에 바탕을 두고 있고, 내포논리는 비외연 논리학으로서 'A는 P를 믿는다', 'P이면 (반사실적으로) Q이다', 'P는 필연이다' 등 개개의 'A', 'P', 'Q'처럼 진리값이 외연적인 부분 언표만으로는 얻어지지 않는 명제에 등장하는 언어의 형식적 구조를 취급한다. 대표적인 내포논리학은 양상논리학이지만, 최근 다른 내포논리학도 연구되고 있고 모델(모형)이론의 개척과 더불어 급속한 전개를 보이고 있다. 몬테규 문법은 자연언어와 형식언어(프로그래밍 언어같이 컴퓨터에서 사용되는 언어)는 같은 방식으로 다뤄질 수 있다는 전제 위에 서 있고, 기본적으로 촘스키 문법에 동조하고 있다.

• 논리에 의한 납득은 어떠한 세뇌나 황홀 체험의 효과도 필적할 수 없습니다. 뿐만 아니라 논리는 어떠한 마약(drug)이나 음악이나 종교보다도 인간을 고양시킵니다. 인간의 마음이 뇌라는 하드웨어의 산물이고 뇌가 기호논리학과 같은 2치연산으로 작동하는 컴퓨터인 이상 당연한 것이겠지요. 가능세계라는 낭만적인 울림의 개념장치를 실마리로 해서 한 사람이라도 많은 문학소년, 문학소녀가 논리학의 격조 높은 향취를 맛보았으면 하는 바람입니다.

:: 차례

서문_'무엇이든 가능하다'의 세계관~가능세계로 오신 것을 환영합니다 4

1장_ 가능세계로 무엇이 가능한가? 23
　§1. 철학과 양상 23
　§2. 양상과 양화 31
　§3. '만약에……' 37
　§4. 법칙과 인과 44
　§5. 의미와 외연 49
　§6. 허구와 가치판단 58

2장_ 가능세계의 네트워크 65
　§7. 포화하는 세계 65
　§8. 도달 가능한 세계, 불가능한 세계 69
　§9. 나타났다가 사라지는 개체 78
　§10. 세계들을 관통하는 개체 85
　§11. 지명된 개체 90

3장_ 가능세계란 무엇인가? 97
　§12. 크립키형과 루이스형 97
　§13. 가능주의—있을 수 있는 것은 있다 101
　§14. 양상주의—악순환의 우려 104
　§15. 자연주의—신의 마음인가, 시공간 좌표인가 111
　§16. 현실주의의 한계 118
　§17. 허구주의—실용이라는 진리 123

4장_ 가능세계는 정말로 있는 것인가? 131
§18. 면도날을 날카롭게 갈아라 131
§19. 귀납법을 정당화하라 135
§20. 허무주의를 회피하라 140
§21. 평행우주를 분리하라 145
§22. 세계의 개수를 결정하라 152

5장_ 자연과학과 가능세계 161
§23. 왜 양자의 요동인가? 161
§24. 왜 이 우주에 생명이? 169
§25. 왜 '이 우주'인가? 175
§26. 왜 당신은 존재하는 것인가? 181

6장_ 가능세계의 외측(外側) 189
§27. 불가능세계? 189
§28. 철학적 필연성? 196
§29. 무한개의 논리공간? 202
§30. 혼돈 속의 의식? 208

가능세계 저작 소개 219
후기 229
옮긴이 후기 232
찾아보기 238

가능세계의 철학

可能世界の哲学

| 일러두기 |

1 이 책은 三浦俊彦, 『可能世界の哲学』(日本放送出版協会, 1997)를 완역한 것이다.

2 이 책의 주석은 대부분 옮긴이 주이다. 지은이 주의 경우, 각주 내용 끝에 '―지은이'라고 표시하여 구분했다.

3 본문 중에 옮긴이가 첨가한 말은 대괄호([ ])를 사용해 구분했다.

4 단행본, 전집, 정기간행물 등에는 겹낫표(『 』)를, 단편이나 논문, 기사, 영화, 음악, 미술작품 등에는 낫표(「 」)를 사용했다.

5 외국 인명이나 지명, 작품명은 2002년 〈국립국어원〉에서 펴낸 '외래어 표기법'을 따라 표기했다.

6 이 책에서 사용되는 기호는 다음과 같다.
 P 참, 거짓이 결정되는 어떤 특정 문장 혹은 명제(Q, R 등 다른 알파벳도 사용할 수 있다)
 □P P가 참이라는 것은 필연적이다
 ◇P P가 참이라는 것은 가능하다
 ▽P P가 참이든 거짓이든 그것은 우연이다
 ~P P는 거짓이다(P를 부정한 문장 혹은 명제는 참이다)
 P→Q P라면 Q이다(P가 참이고 Q가 거짓인 경우는 아니다)
 P≡Q P라면 Q이고, Q라면 P이다(P의 참, 거짓과 Q의 참, 거짓은 일치한다)
 Fa a는 F이다(a는 주어, F는 술어. 각각 임의의 알파벳도 사용할 수 있다)
 ∀xFx '모든 x에 관해, Fx는 참이다'(모든 것은 F이다)
 ∃xFx '어떤 x에 관해, Fx는 참이다'(F인 것이 있다)
 P□→Q 반사실적 조건문 '만약 P였다면 Q였을 것이다'
 P◇→Q 반사실적 조건문 '만약 P였다면 Q였을지도 모른다'
 aRb a와 b가 R 관계에 있다(임의의 알파벳도 사용할 수 있다. Rab라고도 쓴다)
 ⟨a, b, c, ……⟩ a, b, c, ……가 이 순서대로 배열된 순서집합(순서쌍)
 {a, b, c, ……} a, b, c, ……로 이루어진 순서가 상관없는 집합
 {x | Fx} Fx가 참인 x의 순서가 상관없는 집합(F인 모든 것의 집합)
 a∈S a는 집합 S의 원소이다
 a∉S a는 집합 S의 원소가 아니다

1장_가능세계로 무엇이 가능한가?

§1. 철학과 양상

철학의 중심 주제 '양상'

현실화되어 있지 않지만 가능한 세계라는 개념이 철학의 역사 내에서 자각적으로 이용된 것은 17세기 라이프니츠의 여러 저작들이 최초라고 생각합니다. 그러나 본래 처음부터 철학은 가능성이라는 것과 깊은 관련을 맺고 있었습니다. 아니, 그렇다기보다는 오히려 불가능성과 밀접하게 관련되어 있었다고 말하는 쪽이 좋을지도 모릅니다. 즉, 사태가 우발적으로 그러하거나 그러할 듯했다거나 하는 것이 아니라 그렇지 않을 수 없는 것, 말하자면 '그렇지 않은 경우가 불가능한' 존재양식을 추구하려고 하는 것이 철학이기 때문입니다.

예컨대 플라톤의 이데아(개개의 의자가 아니라 의자 그 자체, 개개의 인간이 아니라 인간 그 자체……)란 우연히 존재하는 이런저런 개체를 초월한, 영원히 있는 그대로가 아니면 안 되는 필연적인 존재자였고, 아리스토텔레스의 형이상학이나 논리학은 우연히 성립하는 사건을 기술하는 역사학에 비해 필연적으로 성립하지 않으면 안 되는 이성의 진리를 다루는 학문이었습니다.

역사에서는 '~였다면', '~라면'[1]이라는 가정은 금기라고 자주 말합니다만, 철학은 예부터 우발적으로 결정된 어떤 종류의 진위만을 문제로 삼는 것이 아니라 사실들 중에서 우연한 사실과 필연적인 사실을 구별하고, 허위에 있어서도 참임이 가능한 허위와 참임이 불가능한 허위를 구별해 온 것입니다.

예컨대 페르시아 전쟁에서 그리스가 이긴 것은 확실히 참입니다만, 그것은 우발적으로 참이었던 것으로 필연적으로 참이라고는 생각되지 않습니다. 한편 포유류는 모두 동물이라는 것은 우발적으로 참이라기보다 필연적으로 참일 것입니다. 또 지구에서 가장 높은 산이 9,000미터보다

---

[1] 우리말에서는 잘 구분되지 않지만, 영어에서는 시제상 비교적 뚜렷하게 직설법적 조건문(indicative conditional)과 가정법적 조건문(subjunctive conditional)이 구분된다. 조건문에서는 강세를 어디에 두느냐에 따라 의미가 달라지는데, 직설법적 조건문과 가정법적 조건문의 차이를 명확하게 드러내는 방향으로 해석하면 다음과 같다. 보통 직설법적 조건문은 전건이 실제로 참일 때 후건이 실제로 참이라는 단순한 가정으로, 예컨대 '만약 오스왈드가 케네디를 안 쐈으면, 다른 누군가가 쐈다'(If Oswald did not shoot Kennedy, then someone else did)라고 한다면, 케네디가 죽은 것은 확실하므로 오스왈드가 쏘지 않았다면 틀림없이 다른 누군가가 쐈을 것이라는 의미가 된다. 이는 별 무리 없이 참이라고 생각된다. 반면 '만약 오스왈드가 케네디를 쏘지 않았다면 다른 누군가가 쐈을 것이다'(If Oswald had not shoot Kennedy, then someone else would have)라고 하면, 실제로는 오스왈드가 케네디를 쐈다는 것은 알고 있는데, 그 사실과 반대되는 가정을 해봤을 때 후건이 성립할 것이라는 추측이다. 케네디 암살에 관한 음모론을 믿고 있는 사람이라면 모를까, 보통은 거짓이라고 생각되는 가정이다(오스왈드가 케네디를 쏘지 않았다면 케네디는 죽지 않았을 것이라는 게 이 말을 듣는 순간 가장 먼저 떠오르는 생각일 것이다). 보통 직설법적 조건문은 이미 일어난 일이거나 그것이 불가능하지 않은(불가능하지 않다고 화자가 판단하거나 최소한 불가능 여부가 확실하지 않은) 경우에 사용하고 가정법적 조건문은 일어난 사실과 반대이거나 일어날 확률이 희박하다고 화자가 판단하는 경우에 사용한다. 바로 가정법적 조건문의 경우가 반사실적인 가정을 하는 경우와 관련된다. 반사실적 조건문의 경우 일반적인 조건문과 달리 비진리함수적이므로 이런 조건문의 진위를 결정하기 위해서 가능세계 의미론이 적용되게 된다.

높다는 것은 거짓입니다만, 참인 경우가 불가능했다고는 생각되지 않습니다. 한편 나의 충치의 고통 그 자체를 당신이 느낀다는 것은 단순히 거짓이라기보다 불가능하므로 거짓이라고 생각되지 않습니까? 이러한 필연이나 우연, 가능, 불가능이라는 개념의 상호 관계는 어떠한 것일까 하는 의문에서 진리의 '양상'(樣相 ; 필연이나 가능, 우연 등의 개념)을 다루는 논리학이 고대 그리스부터 서양 중세에 걸쳐 발전했습니다.

'양상'에 대한 철학적 관심의 또 다른 하나의 원천은 신에 관한 사변입니다. 그리스도교는 전지전능한 절대자로서의 신을 상정하므로, 그 절대성의 원천이나 논리에 관한 논의가 끊임없이 반복되어 왔습니다. 신의 존재라는 주제 하나만 보아도 중세 스콜라 철학은 신의 존재를 주장하거나 증명하거나 하는 것만으로는, 즉 신이 우발적으로 존재한다는 증명으로는 만족하지 못하고 신이 이 세계에 존재하지 않는 경우는 있을 수 없다는 필연성의 증명에 관심을 갖고 있었다는 것을 알 수 있습니다.

그 중에서도 가장 잘 알려져 있는 것이 11세기의 안셀무스에 의한 존재론적 증명입니다. 신이란 정의상 '그보다 위대한 것을 생각할 수 없는 것'이다. 그런데 무엇이든 존재하는 경우가 존재하지 않는 경우보다도 위대하다. 그렇다고 한다면, 신이 존재하지 않는다면 그보다 위대한 것, 즉 존재하는 신이라는 생각이 생겨 버린다. 이것은 신의 정의에 반한다. 따라서 신이 존재하지 않는다는 것은 불가능하다.

이 논증은 동시대의 신학자들에게도 평판이 좋지 않았고, 오랫동안 궤변 취급을 받아 왔습니다.[2] 그런데 20세기 후반이 되어 기호논리학의

---

2) 이는 사실과 다르다. 안셀무스의 논증은 그것에의 찬성 여부에 관계없이 매우 정치한 논리이며, 철학사에서 줄곧 연구되어 왔다.

구조들로 이 논증의 이점, 결점을 진지하게 논의하는 시도가 몇 명의 철학자, 논리학자에 의해 행해져 필연성이나 가능성에 관한 적지 않은 아이디어의 원천이 되고 있습니다.

근세 이후에도 데카르트의 명증성, 로크의 실재성질, 칸트의 경험 독립적(a priori) 판단, 헤겔의 이성 등 대략 온갖 주제가 단순한 사실상의 진위를 초월한 필연성이나 가능성과 같은 '양상'과 관련되어 있다고 해도 과언은 아닐 것입니다. '양상'이야말로 철학, 나아가서는 인간의 이성적 사고 중추의 중핵에 위치하는 시스템인 것입니다.

필연성과 가능성의 관계

그런데 저는 첫 단락에서 "그렇지 않을 수 없는 것이란, 즉 그렇지 않은 것이 불가능한 것이다"라는 식으로 썼습니다. 여기서부터 암묵적으로 알아차릴 수 있듯이 필연성과 가능성 사이에, 또는 우연성이나 불가능성도 포함한 각종 양상 개념 사이에는 흥미로운 관계가 있습니다. 현실성과 비현실성이라는 기본 개념도 포함해서 이것을 체계적으로 써 보겠습니다(본 절에서 드는 법칙은 모두 고대 그리스의 스토아학파, 메가라학파나 아리스토텔레스에 의해 이미 기술되었던 것입니다).

① 어떤 사항이 성립하는 것이 필연적이라는 것은 그 사항이 성립하지 않는 것이 가능하지 않다(=불가능하다)는 것이다.
② 어떤 사항이 성립하는 것이 가능하다는 것은 그 사항이 성립하지 않는 것이 필연적인 것은 아니라는 것이다.
③ 어떤 사항이 성립하는 것이 필연적이지 않다는 것은 그 사항이 성립하지 않는 것이 가능하다는 것이다.

④ 어떤 사항이 성립하는 것이 불가능하다는 것은 그 사항이 성립하지 않는 것이 필연적이라는 것이다.
⑤ 어떤 사항이 성립하는 것이 필연적이라면 그 사항은 현실에서 성립하고 있다.
⑥ 어떤 사항이 현실에서 성립하고 있다면 그 사항이 성립하는 것은 가능하다.
⑦ 어떤 사항이 현실에서 성립하고 있지 않다면(=비현실이라면) 그 사항이 성립함이 필연적이지는 않다(=성립하지 않는 경우가 가능하다).
⑧ 어떤 사항이 성립하는 것이 가능하지 않다면(=성립하지 않는 것이 필연적이라면) 그 사항은 현실에서 성립하지 않는다.

위의 ①에서 ⑧까지의 의미는 직관적으로 명백할 것입니다(명백하게 와 닿지 않는 분은 ①을 "반드시 성립한다는 것은 성립하지 않는 경우가 있을 수 없다는 것이다", ②를 "반드시 성립한다고는 할 수 없다는 것은 성립하지 않는 경우가 있을 수 있다는 것이다" 등으로 구어체로 다시 음미해서 읽어 주십시오). 그리고 의미를 알게 되셨다면 이것들이 우선 틀림없이 옳은 바를 기술하고 있다는 것도 쉽게 납득하실 수 있을 것이라 생각합니다. 여기서 한 걸음 더 나아가서 필연성과 가능성의 형식적인 대응관계를 파악하기 위해 ①에서 ⑧까지를 간명한 기호로 나타내 보겠습니다. 일상언어로 기술하면 번잡하게 되어 서로의 관계도 모호하게 되어 버리기 십상인 사항들이 논리기호를 사용하면 시각적으로 깔끔하고 단순하여 서로 간의 질서관계도 일목요연하게 되기 때문입니다.

어떤 임의의 사항이 성립하는 경우 즉 어떤 명제가 참인 경우를 P라고 쓰기로 하고, 그 P를 부정한 명제를 기호논리학의 약속에 따라,

~P

라 씁니다. 그리고 P가 필연인 경우, 가능한 경우를 각각

□P
◇P

라 쓰기로 하고, ①에서 ⑧까지는 다음과 같이 써서 나타내기로 합시다(≡는 좌변과 우변의 진위가 일치한다는 기호, →는 '~라면' 이라고 읽고, 좌변이 참일 때 우변도 역시 참이라는 기호. ≡는 필요충분조건을 나타내고 →는 좌변이 우변이기 위한 충분조건이라는 것, 바꿔 말해서 우변이 좌변이기 위한 필요조건이라는 것을 나타냅니다).

① □P ≡ ~◇~P
② ◇P ≡ ~□~P
③ ~□P ≡ ◇~P
④ ~◇P ≡ □~P
⑤ □P → P
⑥ P → ◇P
⑦ ~P → ~□P
⑧ ~◇P → ~P

단 ⑥에 관해서는 "보통의 언어사용과 다르잖아" 하고 고개를 갸우뚱 하는 사람이 있을지도 모릅니다. 일상어에서 '이러이러한 것이 가능하다'고 말하면 그것은 '이러이러할 수도 있다' 정도의 의미로 사용되고 그

것은 왠지 모르게 '이러이러한 것은 실제로는 성립하지 않고 있지만 성립하는 경우도 있을 수 있었다' 정도의 의미로 파악되는 경우가 있기 때문입니다. '가능하다'를 이런 의미로 파악하면 ⑥은 성립하지 않을 것입니다.

그러나 이 용법은 몇 가지 특수한 문맥에서만 사용되는 경우가 많고 (예컨대 억지를 쓸 때라든가 고생한 경험담이라든가 안도의 표명 등), 표준적인 '있을 수 있다'라는 어구는 논리학의 ◇와 마찬가지로 문제가 되는 사항이 현실에서 성립하고 있는 경우에도 사용한다고 결정하는 것이 좋을 것입니다. 사태는 뭐니뭐니 해도 가능했기에 비로소 현실에서 성립하는 것이기 때문입니다. 이것은 ⑧('불가능한 것은 성립하지 않는다')이 직관적으로 옳다는 것에서부터도 알 수 있습니다. 그 대우인 ⑥은 역시 일반적으로 인정해야만 할 것입니다. 억지 등의 특수한 문맥에서의 용법은 논리적인 가능성이라는 것 이외에 정서적인 요인이 개입된 결과라고 봐야 합니다.

논리적 우연성

그런데 양상에는 또 하나 일상언어와 차이가 있는 '우연'이라는 개념이 있습니다. 논리학에서는 'P는 우연이다'를 $\triangledown P$로 쓰고 이렇게 정의합니다.

⑨ $\triangledown P \equiv \Diamond P$ 그리고 $\Diamond \sim P$

혹은 같은 것을 다른 표현으로 하면,

⑩ $\triangledown P \equiv \Diamond P$ 그리고 $\sim \Box P$

만약을 위해 말로 쓰면 각각 이렇게 됩니다.

⑨ 어떤 사항이 성립하는 것이 우연이라는 것은 그 사항이 성립하는 것이 가능하고 성립하지 않는 것도 가능하다는 것이다.
　⑩ 어떤 사항이 성립하는 것이 우연이라는 것은 그 사항이 성립하는 것이 가능하지만 필연적이지는 않다는 것이다.

일상어에서 '이러이러한 것은 우연이다'라고 하면 보통 우리는 그 사항이 실제로 일어난 것이지만 일어나야만 하니까 일어난 것은 아니라는 의미에서 말하고 있는 경우가 많은 듯합니다. 즉, 이렇습니다.

　　P는 우연이다　≡　P 그리고 ◇~P
　　P는 우연이다　≡　P 그리고 ~□P

그러나 이 용법은 "고의가 아니라 우연히 이렇게 됐어"라든가 "이런 곳에서 만나다니 이상한 우연이네" 하는 경우처럼 단순히 강한 감정을 나타내는 언어 사용에 지나지 않고, 논리적인 우연성과는 거의 관계가 없다는 것을 알 수 있을 것입니다. 특히 "이상한 우연이네"와 같은 경우에는 놀랍다는 생각의 대체에 지나지 않는 경우가 많고, 우연이 아닌 필연적 사건에 관해서도 말할 수 있는 상투적인 대사일지도 모릅니다. 어쨌든 논리적인 우연성이라는 것은 현실에서 성립하고 있지 않는 것에 관해서도 적용되는 '▽P'의 의미라는 것을 염두에 두셨으면 합니다.

양상의 대칭 패턴
이 책에서는 이하 ▽라는 기호는 사용하지 않고 ◇와 □만으로 양상을 표현하기로 하겠습니다. 양상 개념의 구조를 검토하기 위해 우선 중요한 것은 앞의 ①에서 ④까지이기 때문입니다.

　　상기해 주십시오. 저 네 개의 식들은 명료한 대칭형을 이루고 있었습니다. ①과 ②가 기술하고 있는 바는 단순히 말하자면 □은 ~◇~과 같고, 마찬가지로 ◇는 ~□~과 같다는 것입니다. 즉, 이 기호를 사이에 두고 양측을 부정하면 필연성과 가능성이 반전하는 것입니다. ③과 ④가 기술하고 있는 ~□는 ◇~이고 ~◇는 □~이라는 것은 ①②의 P에 전부 ~P를 대입하고(P는 임의의 명제라 했으므로 이러한 대입은 자유롭게 허용됩니다), 그 결과 ~~ 하고 두 개 연속해서 ~이 나타난다면 그것을 정리해서 소거하면(이중부정은 긍정과 같은 것이므로 이것도 허용됩니다) 자동적으로 얻어집니다. 부정과 양상의 순서를 역으로 하면 필연성과 가능성이 반전하는 것입니다.

　　이것은 물론 필연과 가능에 관한 우리의 소박한 직관에 비추어도 그대로이고, 세계의 어떤 이면이랄까 그 속에 숨어 있는 심오한 진리처럼은 생각되지 않을지도 모릅니다. 하지만 이 매우 단순하고 아름다운 대칭성에는 뭔가 수리적인 구조가 내재해 있는 것은 아닐까요? 그것을 찾는 것에서부터 현대의 '가능세계론'이 막을 연 것입니다.

§2. 양상과 양화

양상과 양화의 동형성

기호 양측을 부정하면 서로 반전하는 양상 개념과 완전히 같은 형태를 취하는 개념으로 '양화'(量化, quantification)라는 것이 있습니다. 양화란 문자 그대로 어떤 양에 관해 기술하는 것으로 일상어에는 '몇 개의', '많은', '조금', '약간', '대부분', '각각의', '모든'과 같은 많은 양화어가 있습니다.

그러나 표준적인 논리학에서는 중간치를 무시하고 '적어도 하나 있다', '모든'이라는 두 양화어(보통 '양화사'라 함)만을 사용합니다. 예컨대 '붉은 것이 있다', '모든 것은 붉다'라는 명제는 어떤 특정한 것에 관해 기술하고 있는 것이 아니므로, 변수 x를 사용해서 각각 다음과 같이 나타냅니다.

∃x (x는 붉다)
∀x (x는 붉다)

각각 '어떤 x에 관하여, x는 붉다는 것이 성립한다', '모든 x에 관하여, x는 붉다는 것이 성립한다'고 읽으면 됩니다. 첫번째 문장은 'x는 붉다'라는 불완전 명제의 변수(빈 곳을 채우게 돼 있는 문장의 빈 곳—즉 여기서 x—으로, 보통 '변항'variable이라 합니다)에 대입되면 참인 명제를 만드는 존재자가 적어도 하나 있다고 기술하고 있고, 두번째 문장은 'x는 붉다'라는 불완전 명제의 변항에 어떤 존재물을 대입해도 참인 명제가 생긴다고 기술하고 있습니다. 첫번째 양화문을 '존재 양화문', 두번째 양화문을 '전칭 양화문'이라 합니다. ∃x와 ∀x는 각각 '존재 양화사', '전칭 양화사'입니다(물론 경우에 따라 변항으로 x가 아닌 y나 z 등을 쓰는 것도 가능합니다).

덧붙여서 상식적으로 말해 'x는 붉다'에 관해서는 존재명제는 참, 전칭명제는 거짓일 것입니다. 단, x의 값이 될 수 있는 것을 한정하면 전칭명제도 참이 될 수 있습니다. 예컨대 x에 대입되는 것의 모집단이 '김씨가 수집하고 있는 보석'이라고 한다면 ∀x(x는 붉다)는 참일지도 모릅니다. 이러한 조작을 '양화의 범위를 한정한다'고 합니다.

그런데 존재 양화사와 전칭 양화사에는 대칭적인 특징이 있습니다. 일반적으로 임의의 주어 x와 술어 F로 이루어진 문장(즉 'x는 F이다')을 Fx로 나타내는데, 양화문에 관해 다음이 성립합니다.

❶ $\forall x Fx \equiv \sim\exists x \sim Fx$
❷ $\exists x Fx \equiv \sim\forall x \sim Fx$
❸ $\sim\forall x Fx \equiv \exists x \sim Fx$
❹ $\sim\exists x Fx \equiv \forall x \sim Fx$

술어 F를 '붉다'로 하고, ❶ '모든 것이 붉다는 것은 붉지 않은 것은 없다는 것이다', ❷ '붉은 것이 있다는 것은 붉지 않다는 것을 모든 것에 대해 말할 수는 없다는 것이다' 등으로 읽어 보면 위의 등식이 옳다는 것을 확인할 수 있을 것입니다. $\forall x$는 $\sim\exists x\sim$와 같은 것이고 $\exists x$는 $\sim\forall x\sim$와 같은 것입니다. 기호 양쪽에 부정을 두면 반전한다는 것이 앞에서 양상에 관해 ①에서 ④까지에서 살펴본 것과 흡사하다는 것을 깨달으셨을 겁니다.

또한 ⑤에서 ⑧까지와 대응하는 원리는 다음과 같은 것입니다. 양화의 범위에 있는 하나의 존재물을 a라는 이름으로 나타내면,

❺ $\forall x Fx \rightarrow Fa$
❻ $Fa \rightarrow \exists x Fx$
❼ $\sim Fa \rightarrow \sim\forall x Fx$
❽ $\sim\exists x Fx \rightarrow \sim Fa$

Fa는 주어와 술어를 분해해서 표기하고 있다는 것 말고는 앞 절에서 나온 P와 완전히 같고, 현실에서 성립하거나 성립하지 않거나 하는 어떤 특정 명제를 나타내고 있습니다. ❺'모든 것이 붉다면 a는 붉다', ❻'a가 붉다면 붉은 것이 있다' 등으로 읽어 보면 이것들도 또한 옳다는 것을 확인할 수 있을 것입니다.

'양상'을 가능세계로 정의한다

이리하여 ❶에서 ❽까지의 명료한 형식적 대응을 보면 양상과 양화는 실은 같은 것이 아닌가 하는 생각이 생기게 됩니다. 양상은 다소 애매하고 불가해한 개념임에 비해 '어떤', '모든'이라는 양화는 일상에서 자주 사용하는 평범한 개념이므로, 양상의 정체를 양화에 의해 해명할 수 있다면 다행이라 할 수 있을 것입니다.

그러면 대체 양상문(樣相文)은 무엇을 양화하고 있는 문장인 것일까요? 양상문에서의 양화의 범위는 무엇일까요? 이 방에 있는 가구나 국회도서관에 있는 책이나 지구상의 인간이라고는 생각할 수 없습니다. 그러한 특수한 존재자는 필연성이나 가능성의 개념과는 직접 관계가 없을 것입니다.

필연성, 가능성이란 대저 모든 종류의 사건의 존재양식에 관해 말할 수 있는 일반적인 양상이므로, 양화의 대상은 일반적으로 세상 즉 '세계'라고 생각하면 어떨까요? 필연적 진리를 '모든 가능한 세계에 있어서의 진리', 가능적 진리를 '적어도 하나의 가능한 세계에 있어서의 진리'라고 파악한다면 말입니다. 이 통찰은 17세기 후반 라이프니츠에 의해 비로소 명확하게 기술된 생각입니다. 확실히 직관적으로 누구나 착상할 만한 생각입니다만, 세계의 양화나 양상의 형식적 대응을 확실하게 뒷받침하여 명료화함으로

써 과학적인 양상 분석에 착수할 수 있게 된 것입니다(이하 '세계'라는 말과 '가능세계'라는 말은 특별한 단서가 없는 한 동의어로서 사용할 것입니다).

어떤 세계 a에서 명제 P가 성립한다(P가 참이다)는 것을 P를 술어처럼 사용해서 Pa라 나타내기로 합시다. '세계 a에서 명제 P가 성립한다'를 요컨대 '세계 a에 관해서 명제 P가 성립한다'처럼 읽는 것입니다. 명제 P를 예컨대 '장미에는 가시가 있다'라 한다면, 그러한 사실이 성립하고 있다는 것은 그 세계의 성질이라고도 말할 수 있을 것입니다. 그러므로 Pa와 같은 표기는 자연스럽다면 자연스러운 표기인 것입니다.

그런데 그렇게 하면 필연적인 명제란 모든 세계가 갖고 있는 성질, 가능한 명제란 어떤 세계가 갖고 있는 성질이라 생각할 수 있으므로 다음과 같이 쓸 수 있습니다.

□P는 $\forall w P w$

◇P는 $\exists w P w$

w는 세계를 나타내는 변항입니다. 그런데 한편으로는 적어도 하나의 세계, 즉 이 현실세계라는 세계가 존재하고 있다는 것을 우리는 알고 있습니다. 이 현실세계를 ⓐ라고 쓰기로 합시다. 그러면 당연히 ⓐ는 변항 w를 채우는 정수의 한 후보가 됩니다. 이리하여 1절의 양상문 목록 ①에서 ⑧까지를 다음과 같은 양화논리학의 문장으로 써서 나타낼 수 있게 됩니다.

① $\forall w P w \equiv \sim \exists w \sim P w$

② $\exists w P w \equiv \sim \forall w \sim P w$

③ $\sim\forall wPw \equiv \exists w\sim Pw$

④ $\sim\exists wPw \equiv \forall w\sim Pw$

⑤ $\forall wPw \rightarrow P\text{ⓐ}$

⑥ $P\text{ⓐ} \rightarrow \exists wPw$

⑦ $\sim P\text{ⓐ} \rightarrow \sim\forall wPw$

⑧ $\sim\exists wPw \rightarrow \sim P\text{ⓐ}$

이 여덟 개의 명제들은 어느 것이든 기초 논리학의 정리를 사용해 증명할 수 있는 명제뿐입니다. 어떻습니까? 필연성, 가능성, 현실성, 비현실성, 불가능성 등의 관계가 말로만 생각하는 것에 비해 일목요연하지 않습니까?

'~은 가능하다'라는 막연한 문장을 '~이 참인 가능세계가 있다'라는 식으로 해석합니다. 현실세계에 있어서의 가능성을 가능세계에 있어서의 현실성으로 바꿔 읽는 것입니다. 가능세계는 한 개, 두 개 하고 세어지는 단위로서 순수하게 양적인 집합을 이루므로, 결국 우리는 파악하기 힘든 질적인 양상문을 다루기 쉬운 양적인 양화문으로 번역할 수 있게 됩니다. 양화에 관해서는 이미 19세기 말부터 20세기에 걸쳐 논리학의 비약적인 발전에 의해 표준적인 추론법, 증명법, 해석법이 확립되어 있습니다. 양상이라는 추상적이고 이치를 잘 파악할 수 없는 것에 관하여 가능세계를 도입함으로써 일거에 양적인, 요컨대 과학적인 명석한 사색을 펼칠 수 있게 되었던 것입니다.

더 나아가 양상 개념의 혼란에 관하여 가능세계가 가져온 눈부신 교통정리의 구체적인 예는 8, 9절에서 접하기로 합시다.

§3. '만약에……'

반(反)사실적 조건문의 정확한 정의

필연성이나 가능성과 나란히 잘 사용되는 양상으로 반사실적 가정이라는 것이 있습니다. "만약 철수가 빠지지 않았다면, C조가 우승했을 텐데"라든가, "만약 저 지진이 하루만 더 빨리 일어났더라면 나는 죽었을지도 모른다"와 같은 문장으로 표현되는 명제입니다. 현실에서 일어난 것과 반대되는 상정을 기술하고 그 조건하에서는 이러했을 것이다(It would have been……)라든가, 이러했을지도 모른다(It might have been……) 하고 판단하는 것입니다. 우리가 영문법에서 배운 가정법 과거라든가 가정법 현재라든가 하는 것들입니다.

실은 가정법 형태의 명제라는 것은 필연명제나 가능명제의 특수한 경우에 다름 아닙니다. 'P였다면 Q였을 것이다'라는 판단은 'P라는 조건이 만족되었다면, 필연적으로 Q가 성립했을 것이다'라는 것이고, 'P였다면 Q였을지도 모른다'라는 판단은 'P라는 조건이 만족되었다면, Q가 성립함이 가능했을 것이다'라는 것입니다. 그러나 이것은 정확히 말해서 어떠한 것일까요?

필연성과 가능성의 정의, $\forall w Pw$와 $\exists w Pw$에서는 w는 모든 세계를 값으로서 취하는 변항이었습니다. 즉 양화의 범위는 모든 가능세계의 집합이었습니다. 여기서 반사실적 조건문 'P였다면 Q였을 것이다(였을지도 모른다)'는 양화의 범위를 모든 세계의 집합이 아니라 P가 성립하는 세계의 집합으로 한정한 경우의 필연성과 가능성이라는 것을 쉽게 추측할 수 있을 것입니다.

단, 단순히 'P가 성립하는 세계'로 상정하는 것만으로는 범위가 너무

넓고 P에 모순되지 않는 것이 있다면 무엇이든 가능하게 되어 버립니다. "만약 철수가 빠지지 않았다면, C조가 우승했을 텐데"라고는 말할 수 없게 되어 버립니다. 왜냐하면 철수가 빠지지 않았음에도 불구하고 A조가 갑자기 강하게 되었거나 C조에 내분이 일어났거나 해서 C조가 우승하지 않는 가능세계가 있을 것이기 때문입니다.

오히려 반사실적 가정으로 말하고 싶은 취지는 이러한 것일 것입니다. "철수가 빠지지 않았다는 것과 그것에 동반하는 최소한의 변경만을 현실세계에 덧붙이면, 그 결과로서 얻어지는 어떠한 세계에서도 C조가 우승했다." "저 지진이 하루 빨리 일어났다는 것과 그것에 동반하는 최소한의 변경만을 현실세계에 덧붙이면, 그 결과로서 얻어지는 어떤 세계에서 나는 죽었을 것이다."

따라서 반사실적 조건문은 다음과 같이 정의됩니다.

> P였다면, Q일 것이다.(기호로는 P □→ Q) ≡ P가 성립하고 있는 여러 가능세계들 중 현실세계와 가장 유사한 세계들을 취하면, 그 모든 세계에 있어서 Q가 성립하고 있다.
>
> P였다면, Q일지도 모른다.(기호로는 P ◇→ Q) ≡ P가 성립하고 있는 여러 가능세계들 중 현실세계와 가장 유사한 세계들을 취하면, 그 중에서 Q가 성립하는 세계가 적어도 하나 있다.

would와 might의 관계

현실세계를 중심에 두고 그 주변에 무수한 가능세계를 배치한 그림을 그려 봅시다. 그때 현실세계와 많이 닮은 세계일수록 가깝게 두고, 현실세계와 닮지 않은 세계일수록 멀리 두기로 합시다. 유사성의 정도에 따라 둥근

〈그림 1〉 반사실적 조건문의 정리에 관한 두 도식

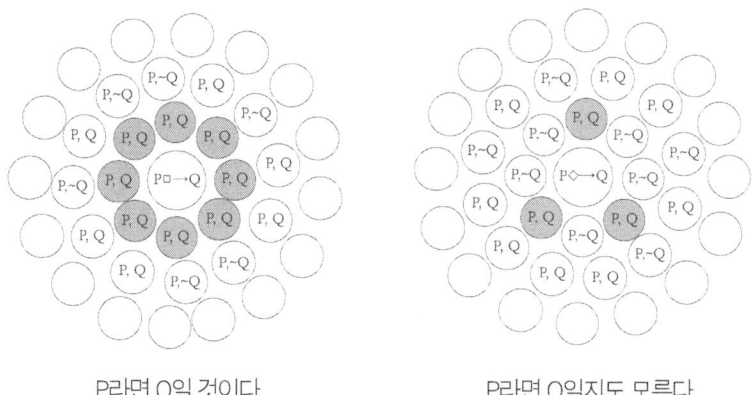

P라면 Q일 것이다   P라면 Q일지도 모른다

단면으로 잘려진 동심원상으로 배치하는 것입니다. 물론 실제로 모든 가능세계가 공간적으로 그렇게 배열되어 있다는 것은 아닙니다만, 유사도에 의한 그러한 배열을 상상하는 것은 가능할 것입니다. P가 성립하는 세계만을 그렇게 배열해서, 가장 내측의 동심원에 배치되는 세계들만이 세계의 전부라고 했을 때, 이 정의는 Q가 필연적으로 참이라면 P□→Q이고 Q가 가능적이라면 P◇→Q라는 것을 기술하고 있습니다.

여기서부터 바로 would와 might 사이에는 다음의 관계가 성립한다는 것을 알 수 있습니다.

1 P□→Q ≡ ~(P◇→~Q)
2 P◇→Q ≡ ~(P□→~Q)

P□→Q(P가 성립하고 있는 여러 가능세계들 중 현실세계와 가장 유

사한 세계들을 취하면 그 모든 세계에 있어서 Q가 성립하고 있다)라는 것은 'P가 성립하고 있는 가능세계들 중 현실세계와 가장 유사한 세계들을 취하면 그 중에는 Q가 성립하지 않는 세계가 있는 경우는 없다', 즉 ~(P ◇→ ~Q)라는 것입니다. 또 P ◇→ Q(P가 성립하고 있는 가능세계들 중 현실세계와 가장 유사한 세계들을 취하면 그 중에는 Q가 성립하는 세계가 적어도 하나 있다)라는 것은 'P가 성립하고 있는 가능세계들 중 현실세계와 가장 유사한 세계들을 취하면 그 모든 세계에 있어서 Q가 성립하지 않는 경우는 없다', 즉 ~(P □→ ~Q)라는 것입니다. 직관적으로 쉽게 파악할 수 있는 이치라고 생각합니다.

이 12의 형태는 1절에서 본 ①②와 똑같지는 않습니다만 상당히 유사합니다. would와 might가 필연성, 가능성의 일종(즉 세계의 모집단을 한정했을 때의 필연성, 가능성)이므로 당연한 것이겠지요.

만약을 위해 양화문으로 바꿔 써서 확인해 보기로 합시다. 변항 w에는 'P가 성립하고 있는 가능세계들 중 현실세계와 가장 유사한 세계들'만이 대입되고, 다른 것은 생각하지 않기로 합시다. 그렇게 하면 1의 좌변은 그 정의로부터 간단하게 ∀wQw로 쓸 수 있고, 2의 좌변도 정의로부터 간단하게 ∃wQw로 쓸 수 있을 것입니다. 그렇게 하면 1의 우변은 2의 좌변의 Q를 ~Q로 바꾸고 전체를 부정한 것이므로, ~∃w~Qw에 다름 아닙니다. 2절의 ❶에 의해 이것은 바로 ∀wQw, 즉 1의 좌변과 같습니다. 또 2의 우변은 1의 좌변의 Q를 ~Q로 바꾸고 전체를 부정한 것이므로 ~∀w~Qw에 다름 아닙니다. 2절의 ❷에 의해 이것은 바로 ∃wQw, 즉 2의 좌변과 같습니다. 따라서 12의 등식은 역시 □→와 ◇→의 정의에 딱 들어맞고 있는 것입니다.

세계들 간의 유사성

그런데 반사실적 조건문의 정의에서도, 변항 w의 양화 범위의 설명에서도 저는 'P가 성립하고 있는 가능세계들 중 현실세계와 가장 유사한 세계들'이라고 말했습니다. 그러나 엄밀하게 생각하면, 'P가 성립하고 있는 가능세계들 중 현실세계와 가장 유사한 세계'라는 것은 하나도 없을지도 모릅니다. 유사함, 상이함의 정도라는 것이 무한히 작은 차이의 집적에 의해 측정되는 것이라고 한다면, 예컨대 0에 가장 가까운 실수가 존재하지 않듯이 현실세계와 가장 유사한 세계라는 것은 존재하지 않을지도 모르기 때문입니다. 그러므로 앞에서 썼던 정의는 정확히는 다음과 같이 써야만 합니다.

    P였다면, Q일 것이다(P□→Q)
    ≡ P가 성립하고 또한 Q도 성립하고 있는 세계들 중에는 P가 성립하고 있고 Q는 성립하고 있지 않은 어떠한 세계보다도 현실세계와 유사한 세계가 있다.
    P였다면, Q일지도 모른다(P◇→Q)
    ≡ P가 성립하고 있는 가능세계들 중 현실세계와 유사한 여러 세계들을 아무리 취해 간다 해도, 그 중에는 Q가 성립하는 세계가 적어도 하나 있다.

    P세계의 유사성의 동심원에서 점점 내측으로 접근해 가면 어떤 점에서부터 ~Q인 세계는 없게 되고, Q인 세계만이 된다는 것을 기술하고 있는 것이 이 P□→Q의 정의입니다. P◇→Q 쪽은 아무리 내측으로 가까워져도, ~Q의 세계만이 되는 경우는 없고 Q인 세계가 반드시 남아 있다

는 것을 기술하고 있습니다. 그러나 이 엄밀화된 정의는 전문적인 것으로 직관적인 파악을 위해서는 앞에서 쓴 간단한 정의로 충분할 것입니다.

반사실적 조건문의 정의에 만약 애매함이 있다고 하면 그것은 '유사한'이라는 말일지도 모릅니다. 그렇습니다. 확실히 여기에는 '세계들의 유사성'이라는 의심스러운 개념이 포함되어 있습니다. 반사실적 가정이라는 양상의 이해에 전혀 도움이 되지 않는 것은 아닐까 하고 의심해도 무리가 아닙니다. 그러나 의심스럽다고는 해도 유사성이라는 것은 눈에 보이지 않는 추상적인 필연성이나 가능성에 비해 의심스러움의 정도가 적다고 생각합니다. 눈으로 보거나 접하거나 할 수 있는 색이나 형태나 크기 등 여러 성질의 구체적 사례에 의해 정의할 수 있을 전망이 (적긴 하지만) 존재하기 때문입니다.[3]

게다가 그 구체적 현상들 중 어떤 요소를 중시할 것인가는 맥락에 따라 적당하게 결정할 수 있습니다. 형태의 유사성을 중시하는 경우에는 이러이러한 반사실적 조건문이 참, 색의 유사성을 중시하는 경우에는 저러저러한 반사실적 조건문이 참이라는 식으로 반사실적 조건문의 진리 조

---

[3] 유사성을 비교할 만한 기준은 무엇인가? 굿맨(Nelson Goodman)은 오늘까지 조사한 모든 에메랄드가 푸르다(green)고 해도 예컨대 푸랗다(grue: 푸르다green와 파랗다blue의 합성어)라는 말을 오늘까지 조사된 모든 푸른 것들과 내일부터 조사될 모든 파란 것들을 부르는 말로 정의한다면 오늘까지 조사한 에메랄드는 푸르다고도, 푸랗다고도 할 수 있는데도 왜 내일 조사될 에메랄드가 파랄 것이라고 기대할 수 없는지를 묻는다. 말하자면 우리가 성질이라고 생각하는 것들 중에는 극히 자의적인 것이 있을 수 있다. 굿맨은 푸르다는 술어는 투사 가능(projectible)하다고 하고 푸랗다는 그렇지 않다고 하며, 투사 가능한 술어들은 대상에 잘 안착해 있다고 한다. 더 나아가서 보편자의 존재를 인정하지 않는 유명론자들은 속성 개념 자체에 의지해서 개별자들을 구분하거나 같은 범주로 묶는 것에 반대한다. 그래서 콰인(Willard Van Orman Quine)과 같은 철학자들은 유사성 개념을 아예 해명할 필요가 없는 기초사항으로서 놓자고 제안한다. 물론 이런 주장 자체가 선결 문제 요구의 오류라는 지적도 있지만, 우리가 일상적으로 구사하는 언어 분류체계나 유사성에 대한 생각이 전혀 객관적인 바탕 없이 성립된 것은 아니라는 데 많은 학자들이 동의하고 있다.

건을 상세하게 구별할 수 있는 기준을 만들 수 있습니다. 애매모호한 양상을 여러 가능세계들로 분석한 결과, 여러 유사성의 설정에 따라서 반사실적 조건문의 양화 논리계산을 행할 수 있게 된 것입니다. 이것은 현격한 진보라고 인정해야만 합니다.

법칙적인 유사성

보통 가장 중시되는 종류의 유사성은 세계 간의 색이나 형태의 유사성도 아니고 행복도나 불행도의 유사성도 아닌 법칙의 유사성입니다. "만약 그때 이 투하 버튼을 눌렀다면, 저 도시에 사는 일만 명 이상이 죽었을 것이다"라는 핵 탑재기 승무원의 공상을 우리는 옳다고 인정합니다. 확실히 일만 명이 죽는다는 것은 큰 문제이므로, 표면적으로 보면 버튼을 눌러도 일만 명의 죽음이 일어나지 않는 세계 쪽이 현실세계와 유사하다고 생각될 것입니다. 그러나 버튼을 누르는 순간까지는 현실세계와 아주 유사했었음에도 불구하고 핵폭탄이 떨어져도 폭발하지 않는다든가, 폭발해도 인간이 죽지 않는다든가 하게 되면 물리법칙이나 생물학적 법칙이 현실세계와 일치하지 않게 되겠지요. 법칙이 일치하지 않는 세계라는 것은 표면적인 개개의 사실이 일치하지 않는 세계보다도 더 크게 다른 것입니다. 일만 명의 생명이 살고 죽는 것보다도 물리법칙이나 생물학적 법칙을 지키는 쪽이 일반적으로 세계의 유사성에 있어서는 보다 중요하다고 인정할 수 있는 것입니다. 따라서 버튼을 눌러도 일만 명의 죽음이 일어나지 않는 세계보다도 일만 명의 죽음이 일어나는 세계 쪽이 대체로 현실세계와 유사한 것이 되고 "그때 이 투하 버튼을 눌렀다면 저 도시에 사는 일만 명 이상이 죽었을 것이다"는 옳은 것이 됩니다.

자, 물리학적 법칙이나 생물학적 법칙에 관한 이야기가 나와 버렸습니다. 법칙. 법칙이란 무엇일까요? 이 개념 자체가 꽤 추상적이고 애매한 개념은 아닐까요? 실은 이 개념에도 숨겨진 양상이 포함되어 있는 것은 아닐까요?

§4. 법칙과 인과

인과란 무엇인가

법칙에는 여러 가지가 있습니다. 법칙이란 특정 사람이나 사물에 관한 사실을 나타내는 명제가 아니라 일반적인 명제여야 한다는 것은 아마도 누구나 인정하는 점일 것입니다. 일반적인 명제란 양화문장, 특히 전칭 양화문으로 표현되는 명제입니다. 법칙이란 '모든 무엇무엇은 ······ 이다'라는 전칭 명제인 것입니다.

그러면 전칭 명제라면 반드시 법칙일까요. 아무래도 그렇지는 않은 듯 생각됩니다. "어떠한 물질도 광속을 넘어서 이동할 수 없다"라든가 "만유인력은 거리의 제곱에 반비례한다", "인간은 모두 죽는다", "소금은 물에 녹는다"라는 전칭 명제는 확실히 물리학 법칙이나 생물학 법칙, 화학 법칙이라고 해석할 수 있습니다만, 한편 다음과 같은 명제 Ω는 어떨까요. "어떠한 전갈도 대리석 벤치 위에 20분 이상 머물지 않는다."

Ω는 틀림없는 전칭 명제입니다. 그러나 이것이 가령 옳다고 해도 법칙이라고는 생각되지 않습니다. 왜 그럴까요? 아마도 Ω는 우발적으로 참일 뿐으로 어떤 물리학적인 원인·결과의 연결 구조에 의해 참이 되고 있는 것은 아니라는 직관이 우리들에게 있기 때문일 것입니다. 물론 Ω도 그 사건을 둘러싼 여러 상황을 넓게 보면 인과의 연결이 돌고 돌아 그 일련의 규칙성이 생겨난 것이라고는 말할 수 있을 것입니다. 그러나 직접적 인과

법칙에 의해 Ω가 일어나고 있다고는 생각할 수 없습니다. 이에 비해 "인간은 모두 죽는다" 쪽은 인체 세포나 여러 물질과의 직접적 인과관계에 의해 그 규칙성이 보증되어 있는 듯 생각됩니다.

그러나 '원인·결과의 연결'이라는 것이 정말로 있는 것일까요?

이 현실세계 ⓐ와 물리적으로 똑같은 세계 W를 상정해 봅시다. 이 세계는 우주의 탄생에서부터 영겁의 미래까지 물리적으로 일어나는 사건이 현실세계 ⓐ와 완전히 똑같은 그러한 가능세계입니다. 세세한 곳까지 하나부터 열까지 같은 모습을 한 세계라고 가정하는 것입니다. 세계를 무수한 시공간 좌표로 이루어진 4차원 실체라고 하고, W를 각 시공간 좌표를 점하고 있는 기본 성질—소립자나 쿼크의 전하나 질량, 스핀 등—이 현실세계와 완전히 일치하고 있는 세계라고 합시다.

그런데 그 쌍둥이 세계 W가 현실세계와 완전히 같은 역사를 갖고 있지만, 인과법칙이라는 것이 없다는 단 한 가지 측면에서 현실세계와 다른 경우가 있을까요. 아니, 본래 이 현실세계야말로 우발적으로 이러한 모습을 하고 있을 뿐인, 법칙이 없는 세계일지도 모릅니다. 인과의 연쇄 같은 것은 없는 세계일지도 모릅니다. 그 경우는 질문을 역으로 해서 이렇게 물어야 할 것입니다. 현실세계와 조금도 다르지 않지만 인과의 연결이라는 것이 있다는 단 한 가지 측면이 다르기 때문에 이러한 형태를 취하게 된 가능세계라는 것이 있을까 하고 말입니다.

어느 쪽이든 질문은 이러한 것이 됩니다. 완전히 같은 역사를 가진 두 가능세계가 한쪽은 인과법칙이라는 것 때문에 그렇게 전개되고, 다른 한쪽은 법칙을 가지지 않고 단지 그렇게 있는 그대로 되어 있는 경우가 있을 것인가.

'인과'를 철학에서 추방하기 위해서는

이것은 인과란 무엇인가, 법칙이란 무엇인가를 생각하는 대단히 효과적인 사고실험입니다. 일반적으로 어떤 특질 A가 다른 특질 B가 변화하지 않고는 변하는 것이 불가능하다고 하면, 특질 B가 특질 A를 결정한다고 합니다. 혹은 특질 A는 특질 B 위에 부대한다고 합니다. 그렇다면 인과관계라는 특질은 물리적인 시공간적 배치라는 특질 위에 부대하고 있는 것일까요. 돌의 질량과 속도가 유리창을 깨트렸다는 인과관계는 돌이 날아와서 유리와 접촉하고 그 순간에 유리가 깨졌다는 사건 위에 부대하고 있는 것일까요. 혹은 분자의 운동이 열을 낳는다는 것은 열이 분자운동이라는 특질 위에 부대하고 있는 것일까요.

부대성이 명백한 경우는 예컨대 형태와 같은 성질에 대해 생각할 때입니다. 입자가 어떤 한 점에서 같은 거리에 배열되고 주변이 진공으로 되어 있는 세계를 생각해 봅시다. 이 세계는 구체를 포함하는 세계입니다. 이 세계와 입자 하나하나의 배열이 똑같지만 구체를 포함하지 않는다는 점이 다른 세계라는 것은 없습니다. 물질이 구체의 형태를 가지고 있다는 성질은 그것을 구성하는 부분의 배치가 변하지 않는다면 사라질 수 없습니다. 즉, 물체의 형태는 부분의 배치 위에 부대하고 있는 것입니다. 그 외에도 사람 수라는 성질은 개개 인간의 존재와 부재 위에 부대하고, 거리라는 성질은 두 물체의 위치 위에 부대하고 있습니다. 부대하는 성질이란 기반이 되는 개개의 요소가 결정되면 자동적으로 결정되는 성질이므로 세계의 기술에 있어서는 본래 불필요한, 이른바 쓸데없는 수반물인 셈입니다.

(부대성이란 개념은 여러 분야에서 적용되고 있습니다. 마음은 물질의 상호 작용 위에 부대할 것인가. 선이나 악, 좋은 행위나 나쁜 행위라는 것은 행위의 물리적 특질 전체 위에 부대하는/해야 하는 것일까. 미美나 추醜는 어떠

한가. 대상의 물리적 특질 위에 부대하는/해야 하는 것일까. 예술작품의 미적 가치는 작품의 지각적 현상 위에 부대하는/해야 하는 것일까. 정확한 위작僞作은 진품과 같은 아름다움을 갖는 것인가. 이 가치 개념들의 본성을 생각할 때에도 가능세계는 강력한 구조들을 제공해 줍니다.)

인과관계라는 성질이 시공간 좌표의 물리적인 여러 성질들 위에 부대하는 성질인가 아닌가에 관해서는 논의가 갈리고 있습니다. 태반의 철학자는 '인과'라는 보이지 않는 동력의 실재를 믿는 경향이 있습니다만, 대표적으로 흄(David Hume)과 같은 철학자는 인과란 규칙성의 다른 이름에 지나지 않는다고 결론 내렸습니다. 그에 의하면 사과가 낙하하는 것은 중력과 같은 인과법칙에 의한 것이 아니라 단순히 사과가 가지에서 떨어졌다는 사건과 사과가 낙하한다는 사건이 항상 연속적으로 일어나고 있다는 것입니다. 중력자(重力子)라는 입자가 발견된다고 해도 인과의 실재가 증명되는 것은 아닙니다. 중력자의 교환이 물체 간에 끊임없이 일어나고 있다는 규칙성이 보이게 된 것뿐이기 때문입니다. 유령과 같은 인과가 끼어들 여지가 없는 것입니다. 그렇다고 한다면 인과관계란 물리적 특징 위에 부대하는 성질이 됩니다.

단, 인과란 현실의 규칙성이라고 단순하게 결론지어 버리면 규칙이란 빈번하게 실현되는 종류의 사건에만 관계되는 개념이 될지도 모릅니다. 그러나 "만약 프레온 가스를 계속 사용한다면 오존층의 구멍은 더욱 커질 것이다" 하고 말하는 경우처럼 생각해 보면, 인과관계를 기술하는 명제의 대부분은 반사실적 조건문 명제가 아닐까요? 따라서 '원인 C가 결과 E를 야기한다'라는 명제는 철학자마다 미묘하게 견해는 다릅니다만, 대개 다음과 같은 명제와 같다고 분석됩니다. 즉 'C가 일어났다면 E가 일어났을 것이다', 혹은 'C가 일어나지 않았다면 E는 일어나지 않았을 것이다'.

이리하여 현실세계에 있어서 인과라는 애매모호한 실체(?)는 반사실적 조건문, 즉 현실세계와 여러 가능세계들 간의 관계로 환원되는 것입니다. 인과라는 불가해한 동력은 필요 없고 단지 유사관계에 의해 배열된 세계들의 체계가 있으면 되는 것입니다. 그렇게 하면 인과관계는 규칙성과 같은 한 세계 내의 현상만으로서가 아니라 복수의 세계들 간의 물리적 유사성 위에 부대하는 성질이 됩니다. 가능세계의 유사성의 체계가 만약 한 가지라면, 인과의 유무만이 다른 쌍둥이 세계라는 것은 있을 수 없게 될 것입니다.

가능세계끼리는 인과관계를 갖지 않는다
덧붙여서 이로부터 별개의 가능세계끼리는 전혀 인과관계를 갖지 않아야 함이 요청됩니다. 왜냐하면, 하나의 세계 내부에 있어서 여러 사물들의 인과가 여러 가능세계들에 의해 정의되어야 하므로, 가능세계 그 자체가 외부의 어떤 것과 인과관계의 연쇄에 끌려 들어가게 돼 버리면 (인과를 가능세계로 설명하고 가능세계를 인과로 설명해야만 하게 되어) 정의가 순환하게 되고 전혀 인과를 해명하지 않은 것이 될 것이기 때문입니다. 따라서 가능세계란 각자 인과적으로 독립된 독립계여야만 한다는 것이 도출됩니다. 개념이 행하는 기능으로부터 개념의 성격이 필연적으로 도출된다는 점이 분석철학의 재미있는 점입니다.

실제로 '세계'라고 말하는 이상 하나의 전체여야 하고, 인과관계에 있는 어떤 것들끼리는 모두 같은 세계에 속하고 있어야만 하며, 따라서 다른 가능세계에 있는 것들끼리는 결코 인과관계를 갖지 않는다는 것은 직관적으로도 수긍할 수 있습니다. 마찬가지로 다른 세계 사이에는 인과관계만이 아니라 시공간적인 관계도 있을 수 없다는 것을 상상할 수 있습니다만, 그것에 관해서는 25절에서 상세하게 기술하기로 하겠습니다.

그런데 순환적인 정의란 말이 나와서 하는 말인데, 지금까지 우리가 쫓아온 인과에 대한 설명은 무릇 순환론은 아니었을까요? 왜냐하면 인과법칙은 위에서 봤듯이 반사실적 조건문이고 반사실적 조건문은 앞 절에서 보았듯이 가능세계의 유사성에 의해 정의되며, 가능세계의 유사성도 앞 절의 끝부분에서 보았듯이 법칙이 유지되고 있음을 가장 중요한 요건으로 한다는 식으로 설명되고 있었기 때문입니다. 이것으로는 이야기가 빙빙 순환할 뿐으로, 가능세계가 반사실적 조건문이나 법칙의 설명에 아무런 도움이 되지 않는 것은 아닐까요?

아니, 안심해도 좋습니다. 여기에 순환은 없습니다.

§5. 의미와 외연

유사성은 기본적인 관계이다

인과법칙을 정의하기 위해서는 여러 가능세계들과 그들의 유사성이라는 것이 필요하다는 것을 살펴보았습니다. 그러나 그저 정의가 아니라 순환이 아닌 정의를 하기 위해서는 어떻게 하면 좋을까요?

그러기 위해서는 여러 가능세계들의 유사성이라는 것이 기본적인 개념으로서 인정되기만 하면 됩니다. 즉, 유사성을 다른 개념을 결정하는 것으로, 다른 개념에 의해 결정되는 것이 아니라 일종의 공리와 같은 것으로 간주하는 것입니다. 즉, 수학의 '점'이나 '영'과 같은 것입니다. 그러면 예컨대 "소금은 물에 녹는다"라는 법칙은 "어떤 소금이라도 그것을 물에 넣는다고 하면, 그것은 녹을 것이다"가 참인 가능세계의 집합으로 생각할 수 있습니다. 모든 소금을 물에 넣은 세계 중 세계 w와 가장 유사한 모든 세계들에서 실제로 그 소금들이 녹고 있는 그러한 세계 w를 전부 모은 집합, 그것이 법칙 "소금은 물에 녹는다"라고 말할 수 있는 것입니다.

이 방법으로 앞 절에서 본 Ω "어떠한 전갈도 대리석 벤치 위에 이십 분 이상 머물지 않는다"와 같은 전칭 문장을 법칙으로 간주한다면 어떻게 될까요. 물론 "어떤 전갈에 관해서도, 그것을 대리석에 놓는다고 한다면 이십 분 이상 머물지 않았을 것이다"가 됩니다. 그러나 이 반사실적 조건문을 참으로 하기 위해서는 세계들의 유사성을 평가함에 있어서 꽤 자의적으로 선택한 특징들을 중요시해야만 합니다. 그것은 가능세계의 기본 관계인 유사성의 존재양식에 반하고 있습니다. 물론 논의의 문맥에 따라서는 당사자의 관심에 따라 인공적으로 정의한 유사성을 선택하는 쪽이 편리한 경우도 있습니다만, 자연과학과 같은 기초적인 문맥에서는 미정의된 채 그대로인 유사성을 이용해야 하는 것입니다. 자연적인 유사성 개념으로 묶은 세계의 집합인가 그렇지 않은가로 법칙인지 법칙이 아닌지가 변별되는 것입니다.

이리하여 법칙이라는 애매한 것이 가능세계의 집합이라는 비교적 분명하고 간단한 것으로 환원되었습니다. 이것은 필연성이나 반사실적 조건문에서 보았듯이 양상을 가능세계로 정의하는 프로그램의 한 사례에 지나지 않습니다. 어떤 정해진 유사성 평가의 시스템에 따라 특정 형태로 배열되어 있는 가능세계의 체계가 이미 주어져 있기만 하면, 인과도 반사실적 가정도 그 체계에만 근거하여 비순환적으로 설명할 수 있는 것입니다.

'명제'의 정의

'법칙'의 정의는 반사실적 가정을 경유하므로 다소 복잡하게 보입니다만, 일반적으로 '명제'의 정의는 더욱 단순합니다. 법칙은 명제의 일종입니다만 특수한 명제, 즉 반사실 조건문적 전칭 명제였습니다. 명제 일반은 다음과 같이 정의할 수 있습니다.

명제 P = P가 참인 가능세계의 집합

이것은 중요한 정의로 언어학이나 인지과학의 많은 성과가 이 등식에서 유도되고 있습니다. "서력 1996년 일본의 수도는 도쿄(東京)이다"라는 문장으로 표현되는 명제는 서력 1996년에 일본의 수도가 도쿄인 가능세계의 집합입니다. 필연명제(필연적 진리)란 모든 가능세계의 집합이고 불가능명제(필연적 허위)란 어떤 세계도 원소가 아닌 집합, 즉 공집합이 됩니다. 그리고 참인 명제란 현실세계를 원소로 하는 집합이고 거짓인 명제란 현실세계가 원소가 아닌 집합입니다. 명제라는 추상물이 가능세계의 집합이라는 반쯤 구체적인 실체로 치환되고, 양상이 세계에 대한 양화로 치환되어 양화논리학으로 다룰 수 있게 된 것과 마찬가지로 명제를 집합론의 엄밀한 계산으로 처리할 수 있게 된 것입니다.

그런데 명제란 무엇이냐 하면 문장의 의미를 말합니다. 문장의 의미라는 것의 본성을 해명하기 위해 가능세계를 사용할 수 있다는 것을 살펴보았습니다만, 나아가서 문장에 한정하지 않고 언어의 의미 일반에 관해 가능세계론이 어떻게 적용되는지 확인해 두어야만 합니다.

의미란? 성질이란?

문장은 주어나 목적어와 술어로 성립되어 있습니다. 적어도 참인지 거짓인지 말할 수 있는 평서문은 어떤 주어나 목적어에 동사나 형용사 등의 술어가 적용된 형태를 하고 있습니다. 논리학의 관례에 따라 주어, 목적어를 통틀어서 '항'(項)이라 부르기로 합시다. 가장 기본적인 경우 항은 보통 인간이나 건물이나 행성과 같은 어떤 개체를 나타냅니다. 따라서 항의 의미는 개체입니다. 술어의 의미는 성질이나 관계입니다.

언어의 의미란 무엇인가 하는 문제는 개체란 무엇인가, 성질이란 무엇인가, 관계란 무엇인가 하는 질문이 됩니다. 이 중 개체에 관해서는 우선 문제가 없다고 해둡시다. 도쿄라든가 마릴린 먼로라든가 이 책상 위의 문고본이라든가 하는 개체는 '이것' 하고 가리킬 수도 있는 구체적인 것이므로, 가능세계에 의한 설명은 굳이 필요 없는 듯 생각되기 때문입니다(단, 개체에 얽힌 양상적 문제에 관해서는 10절에서 살펴보기로 합시다). 우선 문제가 되는 것은 성질이라든가 관계와 같은 추상적이고 매우 까다롭게 보이는 것 쪽일 것입니다.

예컨대 '붉다'라는 성질이란 무엇일까요(어느 정도의 붉음을 말하는 것일까요? 그러나 언어의 애매함의 문제는 모든 경우에 공통적인 것으로 특별히 여기에만 고유한 것은 아니므로 무시하기로 합시다). 이것은 일견 빛의 파장이나 감각자극 등에 의해 정의할 수 있는 듯 생각됩니다. 그러나 모든 성질에 그러한 유일한 정의가 발견된다고는 단정할 수 없고, 예컨대 발견했다고 해도 그 정의는 정의에 사용된 파장이나 자극이라든가 하는 것의 정의에 또 다른 성질(크기라든가 선명함이라든가)이 들어오게 되는 난점이 있으므로 자연과학적인 목적을 위해서는 유용해도 개념 분석에는 도움이 될 것 같지 않습니다. 즉, 개개의 성질의 정의만이 아니라 성질이란 대체 무엇인가 하는 통일적인 정의에는 사용할 수 없습니다. 따라서 개념적으로는 이렇게 정의하게 됩니다.

성질 F = F인 개체의 집합

'붉다'란 붉은 개체 전부를 모은 집합, '둥글다'란 둥근 개체 전부를 모은 집합이라는 것입니다. 단, 현실세계에 있는 개체만을 모은 것으로는 불충분할 것입니다. 예컨대 '인간이다'라는 성질과 '날개도 꼬리도 없는 직립이족보행동물의 유전자를 가진다'라는 성질은 그것이 들어맞는 개체의 범위가 완전히 일치하므로 같은 집합이 되고 따라서 같은 성질이 되어 버립니다. 그러나 그 두 개가 같은 성질이라고는 생각할 수 없습니다. 그래서 이 정의에서 말하는 '개체'란 가능세계에 속하는 개체 전부를 포함한 것으로 생각하는 것입니다. 그렇게 하면, 어떤 가능세계에서는 사자가 꼬리 없이 직립보행하고 있을지도 모르고 다른 가능세계에서는 인간에게 꼬리가 있을지도 모릅니다. 이리하여 인간인 개체의 집합과 날개도 꼬리도 없는 직립이족보행동물의 유전자를 가진 개체의 집합은 일치하지 않게 되고 다른 성질에 대응한다는 것을 알 수 있습니다.

이리하여 '인간이다'라는 형용사와 '날개도 꼬리도 없는 직립이족보행동물의 유전자를 가진다'라는 형용사는 우발적인 현실에서는 완전히 같은 동물들을 지시하는 것이 되지만 의미는 다르다는 직관을 가능세계가 잘 뒷받침해 주게 됩니다. '하늘을 나는 돼지이다', '말하는 투구풍뎅이다'와 같이 현실세계에서는 모두 공집합이 되어 일치해 버리는 성질의 집합도 마찬가지입니다. 어떤 가능세계에서는 하늘을 나는 돼지이지 말하는 투구풍뎅이는 아닌 개체 a가 존재할 것이므로 이 두 개는 어엿하게 다른 성질이 됩니다.

위에서 살펴본 성질의 정의가 순환적이라고 느끼는 사람이 있을지도 모릅니다. 그러나 그렇지는 않습니다. 성질 F의 정의로서 편의적으로 'F인 개체의 집합'과 F라는 말을 사용했습니다만, 이것은 가능세계들에 존재하는 개체들을 어떤 특정한 방식으로 모은 집합이 성질이라고 기술하고 있을 뿐으로 F란 무엇인가에 관한 이해는 전혀 전제되어 있지 않은 것입니다. 개체와 그 집합이 기본적인 것으로서 주어져 있을 뿐입니다. 말하자면 개체를 어떻게 모았건 어떤 집합이건, 모든 집합에 대해서 하나의 성질이 결정되는 것입니다.

예컨대 '현실세계 ⓐ에 있는 당신과, 도쿄타워와, 20세기에 돗토리현(鳥取縣)에서 태어난 두더지 중 가장 체중이 무거운 것과, 세계 w_1에 있는 가장 작은 투구풍뎅이와, 세계 w_{57}에 있는 화성의 세번째 위성'을 원소로 하고 그 이외의 개체는 원소로 하지 않는 집합에 대응해서 하나의 성질이 있는 것이 됩니다. 이 다섯 개의 진정한 공통점은 무엇인지 생각하지 않고 성질이라는 것을 유연하게 파악할 수 있게 되는 것입니다. 그러한 자의적인 개체의 집합 중 극히 소수의 어떤 것이 자연적인 성질, 예컨대 우리가 보통 '붉다'라고 부르고 있는 성질이나, '인간이다'라고 부르고 있는 성질이 되는 것입니다. 자의적인 성질과 자연적인 성질을 어떠한 방법으로 구별하지 않으면 안 되는 것은 아닌가 하고 말하는 철학자도 있습니다만, 적어도 가능세계론에서 정의되는 성질에는 논리적인 의미에서는 이 구별이 존재하지 않습니다(단, 세계들 사이에서만이 아닌 모든 개체들 사이에 유사성의 시스템을 기본적인 관계로서 도입한다면 앞에서 법칙 "소금은 물에 녹는다"와 비법칙 Ω를 구별했듯이 진정한 성질과 거짓 성질을 구별할 수 있습니다).

관계란?

'관계'에 관해서도 마찬가지입니다. 성질이 형용사나 자동사와 같은 일항 술어(항을 하나 가지는 술어)의 의미라고 한다면 관계는 관계어나 타동사와 같은 다항 술어의 의미입니다. 성질이 하나하나의 개체에 들어맞는 특징이라고 한다면 관계란 두 개 이상의 개체 사이에 성립하는 특징입니다. 그러므로 관계의 정의는 이제 명백할 것입니다.

관계 R = 관계 R을 가지는 개체 쌍(pair)의 집합

예컨대 '아버지이다'라는 관계는 a는 b의 아버지이다, c는 d의 아버지이다, e는 f의 아버지이다……라는 것이 성립하는 쌍 ⟨a, b⟩, ⟨c, d⟩, ⟨e, f⟩……를 전부 모은 집합인 것입니다. 성질은 관계의 집합이었습니다만, 관계는 개체 쌍의 집합인 것입니다. 여기서 ⟨a, b⟩와 ⟨b, a⟩는 다르다는 것에 주의해 주십시오. 따라서 정확히는 관계란 순서 지어진 쌍(순서쌍)의 집합이 됩니다. 물론 여기서 a, b, c, d 등의 개체는 현실세계의 개체만이 아닌 모든 가능세계의 모든 개체 중에서 자유롭게 선택할 수 있습니다.

많은 관계는 두 개체 간에 성립합니다만(2항 관계), 물론 그러한 관계만 있는 것은 아닙니다. '고자질하다'라는 관계는 a가 b에게 c를 고자질하다라는 식으로 세 개체 간에 성립합니다. 이러한 3항 관계는 당연히 순서 지어진 세 쌍(순서 3쌍[4])의 집합이 됩니다. 'a는 b로부터 c와 상환(相換)하

---

4) 집합론에서 n개의 대상 $a_1, a_2, \cdots, a_n$으로 순서 지어진 것을 n쌍(n-tuple)이라 한다. 보통 $\langle a_1, a_2, \cdots, a_n \rangle$으로 쓰며 두 개의 n-tuple $\langle a_1, a_2, \cdots, a_n \rangle$과 $\langle b_1, b_2, \cdots, b_n \rangle$이 같다고 간주되는 것은 대응하는 위치의 원소가 모두 같을 때, 즉 $(a_1 = b_1) \wedge (a_2 = b_2) \wedge \cdots \wedge (a_n = b_n)$일 때를 말한다. n-tuple의 i번째 대상이 집합 A_i의 원소로 간주된다면 n-tuple은 곱집합(식은 $\prod_{i=1}^{n} A_i = \{\langle a_1, a_2, \cdots, a_n \rangle | a_1 \in A_1, \cdots, a_n \in A_n\}$으로 정의된다. 곱집합의 원소들은 교환법칙이 성립하지 않는다) $A_1 \times A_2 \times \cdots \times A_n$의 원소이다. 2개의 원소 $a \in A, b \in B$로 순서 지어진 tuple $\langle a, b \rangle \in A \times B$는 특별히 순서쌍(ordered pair)이라고 한다. 이 순서쌍을 원소로 하는 것에 의해 일반적인 n-tuple($n \geq 2$)을 예컨대 $\langle a_1, a_2, a_3, \cdots, a_n \rangle = \langle \cdots \langle \langle a_1, a_2 \rangle, a_3 \rangle, \cdots, a_n \rangle$와 같이 구성적으로 결정할 수 있다. 즉, pair에 의해 tuple이 일반화된다. 일본에서는 pair를 '対', tuple을 '組'라고 번역하나 한국에서는 둘 다 '쌍(雙)'이라고 사용한다.

는 조건으로 d를 빌렸다'와 같은 4항 관계는 물론 순서 4쌍의 집합입니다. 일반적으로 n항 관계는 모든 가능세계 속 모든 개체로부터 선택된 n개의 개체로 이루어진 순서 n쌍의 집합으로서 정의되는 것입니다.

가능세계와 의미론이 결부된다

지금까지 기술해 온 의미의 정의가 극히 통일적인 정의라는 것을 확인하기 위해 문장의 의미, 즉 명제로 돌아가 봅시다. 명제란 성질을 어떤 개체에 적용한 것입니다. 예컨대 "도쿄타워는 곤약(蒟蒻)으로 만들어져 있다"와 같은 명제를 들 수 있습니다. 그러나 명제가 되어도 아직 개체에 적용하기 전의 성질 같은 것이 남아 있습니다. 네, 명제란 세계에 들어맞거나 들어맞지 않거나 하는 성질인 것입니다. "도쿄타워는 곤약으로 만들어져 있다"는 현실세계 ⓐ에는 들어맞지 않은 성질입니다. 현실에서는 도쿄타워는 곤약으로 만들어져 있지 않기 때문입니다. 다른 가능세계에서는 이 성질이 들어맞을 것입니다. 따라서 하나의 가능세계는 큰 개체이고, 명제란 그 가능세계가 가지는 성질이라고 생각하면 이미 보았던 성질의 정의로부터,

　　명제 P = P인 가능세계의 집합

이 얻어집니다. 이것은 앞에서 본 '명제 P = P가 참인 가능세계의 집합'이라는 정의와 같은 것에 지나지 않습니다. 가능세계에 의한 의미의 정의는 이리하여 명제, 성질, 관계를 통일적으로 설명할 수 있는 매우 우아한 이론인 것입니다.

"의미란 무엇인가"라는 문제에 관해서 언어의 의미란 언어의 사용이

다, 문법 규칙이다, 마음속의 관념이다 등등 여러 학설이 제시되어 있습니다. 가능세계 의미론은 그 설들과 충돌하는 것이 아니라 충분히 양립할 수 있는 생각입니다만, 어느 것으로 하든 언어의 '의미'라는 질적으로 잘 파악할 수 없는 것을 '가능세계와 그 속의 개체(의 순서쌍)의 집합'이라는 양적이고 구체적인 개념에 대한 지시로 치환할 수 있는 가장 명료하고 실용적인 학설이라고 말할 수 있습니다.

양상이나 의미 등 부정형(不定形)이자 질적인 개념을 '내포'라 부르고 개체의 수량에 관계하는 직접적으로 지시 가능한 대상의 범위를 '외연'이라 부르며, 내포를 외연의 조합으로 설명하는 것을 "내포적 실체를 외연적으로 환원한다"라고 칭하여 학계에서는 환영받는 경향에 있습니다. 사태가 대단히 생각하기 쉽게 되기 때문입니다. 이 외연적 프로그램을 넓은 범위에 적용 가능하다는 것과 체계적으로 실행할 수 있다는 점이 철학만이 아니라 언어학 등 학문 일반에 대해 가능세계가 공헌하고 있는 최고의 장점일지도 모릅니다.

부기: 본문에서 명제를 가능세계의 집합, 성질을 개체의 집합, n항 관계를 순서 n쌍의 집합으로 정의했습니다만, 논리학이나 언어학 교과서에서는 '내포는 가능세계로부터 외연으로의 함수이다'라는 정의를 채용하는 것이 보통입니다. 즉 명제를 '가능세계로부터 진리치(=참, 거짓이라는 두 값 중 하나)로의 함수', 성질을 '가능세계로부터 개체의 집합으로의 함수', n항 관계를 '가능세계로부터 순서 n쌍의 집합으로의 함수'로 정의하는 것입니다. 이 정의들은 실은 우리가 앞에서 기술했던 정의와 같은 것입니다. 그것은 '어떤 가능세계의 집합'인 명제 P는 그 원소인 가능세계에는 참, 원소가 아닌 가능세계에는 거짓을 할당하는 선택 원리라고 생각하

면 '가능세계를 결정하면 그것에 따라 진리치가 결정되는 함수' P가 되기 때문입니다. 마찬가지로 '어떤 개체의 집합'인 성질 F는 그 원소인 각 개체를 그들이 속하는 가능세계마다 분별해서 각 가능세계의 표지(label)로 묶으면 '가능세계를 결정하면 그 속의 특정 개체의 집합이 결정되는 함수' F로 간주할 수 있습니다. n항 관계에 관해서도 마찬가지입니다.

　　수학적으로는 함수는 반드시 집합으로 환원할 수 있습니다만 '함수'로는 이해하기 힘들다는 독자도 많다고 생각되므로, 본문에서는 '집합' 쪽을 정의로 채용했습니다.

§6. 허구와 가치판단

반사실적 가정으로서의 픽션

우리는 별도의 세계에 대해 종종 생각하면서 픽션을 접하곤 합니다. '소설 속의 세계'라든가, '영화가 그리는 세계'라든가, '극(drama)의 세계'라든가 하는 표현이 자연스럽게 나오곤 합니다. 그러나 가능세계에 의한 허구세계의 분석이 행해지기 시작한 것은 비교적 늦어서, 가능세계에 의한 반사실적 조건문의 분석이 유용(流用)되는 형태로 시작되었습니다.

　　어떤 명제 Q가 어떤 이야기 속에서 참인지 아닌지를 살펴보기 위해서는 P □→ Q의 분석과 완전히 같은 다음과 같은 분석을 사용합니다.

　　이야기 내에서 진실로서 말해지고 있는 모든 명제를 합친 명제(전부를 '그리고'로 연결한 명제)를 P라고 하고, Q는 허구 f 내에서 참이다.
　　≡ P가 성립하고 있는 가능세계들 중 현실세계와 가장 유사한 세계들을 취하면, 그 모든 세계에 있어서 Q가 성립하고 있다.

이것은 작품 속에서 무엇이 성립하고 있는가를 추구하는 모든 '해석'이라는 행위의 가장 기초적인 처방입니다. 이것은 가장 대략적인 분석으로 여러 가지 세밀한 수정을 거쳐야 합니다만, 가장 큰 문제는 다음 세 가지일 것입니다. 우선 첫번째로는 "셜록 홈즈의 조부 중 한 사람은 혈액형이 A형이다"와 같이 이 정의로는 그 긍정도 부정도 참이라고 인정할 수 없는 명제가 무수하게 있는데, 그러한 명제는 허구 내에서 참도 거짓도 아니라고 해야 할 것인가 그렇지 않으면 우리가 알 수 없을 뿐으로 정말로는 모두 참인지 거짓인지 어느 쪽인가 결정되어 있는 것이라고 생각해야 하는가 하는 문제. 즉, 위 정의의 '가장 유사한 세계들'을 '가장 유사한 유일의 세계'로 정하는 것이 불가능한가 하는 문제입니다. 이것은 반사실적 가정에 관해서도 생기게 되는 문제입니다.

두번째는 모순된 것이 쓰여져 있는 허구의 경우 어떻게 하는가 하는 문제. 그 경우는 P가 모순명제가 되고 P가 성립하는 가능세계라는 것은 없게 됩니다. 그렇게 되면 허구에 있어서 참은 어떻게 정의하면 좋은 것인지 곤란해져 버립니다. 반사실적 조건문의 경우, P가 모순되어 있는 경우는 Q로서 무엇을 가져와도 P □→Q는 참이라고 정의하는 것이 보통입니다만, 허구의 경우도 마찬가지로 처리해도 좋은 것일까요? 이것은 작자가 깜빡하고 모순된 기술을 해버린 경우와 난센스 소설이나 시간여행(time travel)을 다룬 소설과 같이 작자가 의도적으로 모순을 도입한 작품의 경우는 다르게 취급해야 될지도 모릅니다.

세번째는 무릇 허구의 분석을 반사실적 조건문의 분석과 같은 것으로 생각해도 좋은 것인가 하는 근본적인 의문입니다. 말하자면 순수한 허구적 사건은 '허구로서 도입되었다'라는 특징을 본질적으로 포함하고 있습니다. 그리고 '허구로서 도입되었다' 속에는 '현실에서는 성립하고 있지 않다'라는 개념이 포함되어 있습니다(한편 반사실적 조건문의 경우는 P □→Q의 P가 실은 성립하고 있었다는 것은 충분히 있을 수 있습니다). 허구가 본질적으로 현실에서 성립할 수 없다는 것은 어떤 가능세계에서도 성립하지 않는다는 것입니다. 예컨대 도라에몽과 똑같은 존재가 만화 그대로 활약하고 있는 가능세계가 있어도 그 속의 도라에몽적 존재는 그 세계에서는 허구적으로 도입된 것은 아닐 것이므로, 이 현실세계에서 허구적으로 도입된 도라에몽과는 전혀 다른 것입니다. 따라서 본질적으로 허구인 도라에몽은 다른 세계에 있어서의 현실에서는 분석할 수 없습니다. 반사실적 조건문처럼 분석하는 것은 유효하지 않게 됩니다—.

상대주의적 시뮬레이션

이 세번째 문제는 여러 요소가 서로 얽힌 복잡한 내용을 갖고 있으므로 여기서는 논하지 않겠습니다만, 다음과 같은 것만은 말할 수 있다고 생각합니다. 허구로서 도입된 대상이나 사건이 가능세계의 사건 그 자체를 그리고 있는지 아닌지는 차치하고, 적어도 현실세계의 다른 존재양식을 시뮬레이션하고 있는 것만은 틀림없다고.

우리가 허구를 이해할 수 있는 것은 현실세계가 그럴 수도 있었다고 나나 내 주위의 경우와 비교해서 감상할 수 있기 때문일 것입니다. 즉, 허구란 현실세계를 다른 각도에서 파악한 현실세계의 은유적 묘사라고 생각할 수 있습니다.

생각해 보면, 허구적 의식을 전혀 갖지 않고 현실을 있는 그대로 보려고 할 때조차 우리는 어떤 때나 경우에 따라, 또 사람이 다르면 더욱 다른 식으로 보고 있습니다. 그리고 관점만이 아니라 실제로 무엇이 일어나고 있는 것인가—케네디 대통령 암살의 진범은 누구인가, 화성에 생물은 있었는가——에 관해서조차 인식이 일치하지 않는 경우가 있습니다. 즉, 많은 가능성 중 어느 것이 성립하고 있는 것인지, 어떤 가능세계가 현실세계인 것인지를 우리는 완전히 알지는 못하는 것입니다. 그러므로 그때마다 잠정적으로 현실세계의 모습을 결정하면서 사고나 행동을 결정해 가야만 합니다.

나아가 말하자면 지구는 둥글다든가, 인간은 모두 죽는다든가, 나는 남자라든가 하는 명제조차 이 현실세계 ⓐ에서 실제로는 틀릴지도 모릅니다. 우리의 경험은 불확실하므로 경험적 사실을 기술한다고 간주되는 명제인 한 아무리 명백하게 보이는 명제의 진위에 관해서도 무조건 단정은 할 수 없고 '이러이러한 세계에서는 참, 저러저러한 세계에서는 거짓'이라는 식으로 엄밀히는 가정적인 명제의 형식으로밖에 단정할 수 없는 것입니다.

즉, 우리는 의식적으로든 무의식적으로든 서로 모습이 다른 복수의 세계상을 전제로 하면서 살아가야만 합니다. 철학이나 과학에서는 이것을 '상대주의적 세계관'이라 해서 우리는 유일하고 궁극적인 절대적 진실이 아닌 다른 세계묘사를 취해서는 끊임없이 버려 나가는 것밖에 할 수 없다는 초연한 듯한 시각으로서 표현되는 경우가 있습니다. 즉, 현실세계 그 자체는 다수의 가능세계가 겹쳐짐으로써 이루어졌다는 것입니다. 이 상대주의적 인식을 의식적으로 발동시키는 경우로서 소설이나 영화와 같은 허구 체험이 유효하게 기능하고 있다는 것은 틀림없을 것입니다.

의무의 논리학, 사랑의 논리학

상대주의가 가장 강하게 의식되는 것은 가치판단이나 개인적 인식이 관련되는 경우일 것입니다. 윤리적 판단이나 지식이나 신념의 분석에도 가능세계는 여러 가지로 응용되고 있습니다. 양상논리학의 변종으로서 의무논리학(Deontic Logic), 시제논리학(Tense Logic), 인식논리학(Epistemic Logic) 등의 분야가 개발되어 있습니다. 여기서는 형식적인 적용만 소개해 두겠습니다. 예컨대 '의무이다'를 □, '허가되어 있다'를 ◇로 쓰면 다음의 정의가 성립한다는 것은 직관적으로 명백할 것입니다.

□P ≡ ∼◇∼P
◇P ≡ ∼□∼P

이것은 이미 배운 필연성과 가능성의 관계와 같다고 간파할 수 있을 것입니다. 단, 의무논리학에서는 논리적으로 가능한 모든 세계는 아니고 윤리적으로 이상적인 가능세계만을 생각합니다. P가 의무라는 것은 윤리적으로 이상적인 모든 세계들에 있어서 P가 성립한다(지켜지고 있다)라는 것, P가 허가되어 있다는 것은 윤리적으로 이상적인 어떤 세계에서 P가 성립한다(행해지고 있다)라는 것으로 해석됩니다. 이리하여 의무나 권리의 개념을 양상의 일종으로 간주해서 가능세계의 집합을 사용한 논리계산을 전개할 수 있는 것입니다. 마찬가지로 인식논리학에서는 어떤 사람이 P를 알고 있다(혹은 믿고 있다)라는 것과 그 사람이 P를 인정한다(굳이 부정하지 않는다)라는 것 사이에 동형의 관계가 성립합니다. 이 경우는 그 사람의 인식 내용이 이미 성립하고 있는 세계들의 집합에 의해 분석모델을 만들 수 있습니다.

같은 방법으로 '사랑의 논리학'까지도 개척 가능할지도 모릅니다. 어떤 사람의 사랑이 모두 충족되어 있는 이상세계의 집합을 생각하는 것입니다. 그리하여 □를 '∼을 사랑하다', ◇를 '∼에 만족하다(수용하다)'로 읽으면 어떨까요. 사람이 P를 사랑하고 있다(원하고 있다)라는 것은 당연히 어떤 이상세계에서도 P가 실현되어 있다는 것이고, 한편으로 어떤 이상세계에서 P가 실현되어 있다는 것은 그 사람이 ~P를 원하고 있지 않다, 즉 P를 굳이 거절하고 있지 않다, 즉 만족할 수 있다는 것이 되는 것입니다.

의무논리나 인식논리, 사랑의 논리는 형식적으로는 양상논리의 일종이라 말할 수 있습니다만 꽤 전형에서 벗어나 있습니다. 그것은 1절에서 본 기본적인 식 중 ⑤~⑧이 성립하지 않기 때문입니다. ⑤ □P →P는 의무라면 실현되어 있다는 것입니다만, 이것은 명백하게 거짓입니다. 이행되지 않는 의무도 많이 있기 때문입니다. ⑥ P →◇P는 실현되어 있다면 허가되어 있다는 것입니다만 이것도 거짓일 것입니다. 세상에는 허용되지 않은 것을 실행하는 악당도 많이 있기 때문입니다. 인식논리나 사랑의 논리에 관해서도 ⑤~⑧이 성립하지 않는다는 것을 확인해 주십시오. 이 일탈은 이 논리들이 현실세계 ⓐ에는 들어맞지 않는 특수한 성질(이상세계라는 성질)을 가진 가능세계를 사용하는 것에서부터 오는 당연한 귀결입니다.

그럼에도 불구하고 양상논리의 거의 모든 통찰을 이 응용논리학들에 채용할 수 있습니다. 의무나 권리나 지식이나 욕구나 만족과 같은 일상적 가치 개념을 양상논리학에서 개발이 끝난 엄밀한 여러 추론 규칙에 의해 공리화 가능하다는 것은 재미있는 점입니다. 원래 이 논리학들은 무엇이 의무인가, 무엇을 사랑해야 하는가 등을 결정할 수는 없습니다. 그렇지만 어떤 사항을 잠정적으로 의무나 욕구의 대상으로서 결정한 경우, 거기서부터 어떤 다른 의무나 욕구가 합리적인 것으로서 도출되는지를 말로만 생각하고 있던 경우와는 비교할 수 없이 능률적으로 판단하는 데 도움이 됩니다. 그러한 통찰이야말로 "의무란 무엇인가", "사랑이란 무엇인가"라는 문제에 대한 답에 다름 아니라고도 말할 수 있을 것입니다. 그 외 양상과 같은 구조를 가진 여러 가지 일상 개념은 많이 있고, 가능세계의 모델은 넓은 범위에서 이용할 수 있는 것입니다.

2장_가능세계의 네트워크

§7. 포화하는 세계

일단 구조로부터

우리가 학교에서 '수'(數)를 배우는 방식을 생각해 봅시다. 초등학교에서 덧셈이나 곱셈을 배우고 중학교에서 피타고라스의 정리나 인수분해를 배우고, 고등학교에서 미적분을 배웁니다. 그때 한결같이 수가 어떤 계산에 도움이 되는가라든가, 어떤 수에 대한 다른 수의 관계라든가, 어떤 수의 체계로부터 다른 수의 체계를 도출한다든가 하는 것에만 숙달되도록 교육받을 뿐, 무릇 대체 수란 무엇인가, 그것은 무엇을 나타내고 있는 것인가라는 것은 한 번도 배운 적이 없지 않습니까? 네, 수란 무엇인가라는 것은 아직까지 철학자나 수학자들이 의견의 일치를 보지 못하고 있는 어려운 문제입니다.

    가능세계도 마찬가지라고 말할 수 있습니다. 가능세계가 어떠한 도움이 되는 것인가(이것은 1장에서 개관했습니다), 가능세계의 구조나 관계는 어떠한 것인가 하는 것에 관해서는 대부분 철학자들의 견해가 일치하고 있습니다. 그럼에도 불구하고 가능세계란 도대체 무엇인가, 우리가 자주 보고 듣는 일상적인 것과 닮은 것인가, 그렇지 않으면 전혀 이질적인 기괴한 존재인가 하는 것에 관해서는 철학자의 숫자만큼 많은 견해가 있다고 말해도 과언이 아닙니다. 따라서 우리는 우선, 학교에서 산수를 배우는 순서에 따라, 가능세계가 무엇인지 그리고 그것이 기본적으로 만족해야만 하는 조건 및 가능세계 간에 성립해야 할 관계의 구조를 파악해 두기로 합시다. 또한 이하 편의상 가능세계를 전부 합한 체계를 '논리공간'이라 부르는 데 익숙해지도록 합시다.

가능세계의 네 가지 성질

가능세계가 가진 중요한 성질로서는 네 가지를 들 수 있을 것입니다. 우선 첫번째로, 가능한 세계이므로 불가능해서는 안 됩니다. 모순을 포함하고 있어서는 안 됩니다. 임의의 명제 p에 관해 p와 ~p 양쪽 다 가능세계에서 성립하는 일은 결코 있어서는 안 됩니다. 이것은 논리학에서 말하는 모순율('p이면서 ~p'는 논리적으로 거짓이다)에 대응합니다. 모순이 아닐 것, 이것이 가능세계의 일관성입니다.

　두번째로, 가능한 세계라고 할 정도이므로 단순히 부분적인 상황이어서는 안 됩니다. 어떠한 사항에 관해서도 그 존재양식이 결정되어 있을 정도로 포괄적이어야만 합니다. 임의의 명제 p에 관해 p나 ~p 둘 중 하나는 가능세계에서 반드시 성립해야만 합니다. 논리학에서 말하는 배중률('p 또는 ~p'는 논리적 진리이다)이 바로 이것입니다. 어떤 사건의 옳고 그름에 관해 이도 저도 아닌 구멍이나 공백이 있어서는 안 되는 것입니다. 이것이 가능세계의 완전성입니다.

　세번째로, 가능세계의 일관성이 서술하고 있는 것의 역도 또한 참입니다. 즉, 일관적인 상황은 반드시 어떤 가능세계에 포함되어 있어야만 합니다. 환언하면 가능한 것은 반드시 어떠한 가능세계에서 일어나고 있어야만 합니다. 어떤 명제 p가 가능함에도 불구하고 그것이 성립하는 가능세계가 없는 경우는 없습니다. 이것은 앞의 두 개와 달리 가능세계라기보다 논리공간에 관련되는 성질로 가능세계의 포화성(飽和性)이라고도 부를 수 있는 특징입니다.

이 포화성으로부터 가능세계의 수가 무한하다는 것이 도출됩니다. 왜냐하면 단순한 예로 생각해 보면, 세계에 있는 전자(電子)의 수가 1개뿐인 경우도 있을 수 있고, 2개뿐인 경우도 있을 수 있고, 1억 개인 경우도 있을 수 있고, 1조의 1조승 개인 경우도 있을 수 있고…… 등등 어떤 수를 배제할 이유가 없기 때문입니다. 모든 경우에 응해서 가능세계가 있는 것이 되고 가능세계의 개수는 유한하지 않다는 것이 도출되는 것입니다(또한 가장 유력한 이론에 의하면 무수한 가능세계는 우연히 존재하고 있는 것이 아니라 필연적으로 존재한다고 간주되고 있습니다. 그것이 무엇을 의미하는가에 관해서는 다음 8절을 참조).

네번째 성질도 논리공간과 관련되는 성질입니다. 가능세계는 완전한 것이므로 스스로 완결되어 있어야만 합니다. 부족한 것이 있으면 안 됩니다. 외부가 있어서는 안 됩니다. 즉, 시간·공간이 여기서부터 저쪽은 같은 세계가 아니라는 식의 여지가 있어서는 안 됩니다. 동일한 가능세계는 모든 시공간을 포함해야만 합니다. 연속된 시공간에 포함된 사물은 모두 동일한 세계에 포함되어 있어야만 한다는 것은 직관적으로 수긍할 수 있을 것입니다. 그것은 환언하면 다른 가능세계들끼리는 시공적으로 단절되어 있다는 것입니다. 이것이 가능세계의 독립성입니다.

시공적으로 단절되어 있다는 것은 극히 멀리 있다는 것은 아닙니다.

애당초 거리가 없다는 것입니다. 세계 w_1에서 볼 때 다른 세계 w_2는 일정한 거리로 떨어져 있는 것도 아니고 어떠한 미래, 과거에 있는 것도 아닙니다. 전혀 다른 시공간인 것입니다. 아무리 멀리 있든 시공적으로 연결되었다면 같은 세계가 되어 버리기 때문입니다. 여기서부터 그것이 무엇이든 어떤 세계에 속하는 사물은 다른 세계에 속하는 사물과 인과적인 상호작용을 갖는(4절 참조) 것도 아니고 다른 세계로 오가는 것도 결코 아니라는 것이 도출됩니다. 도달하는 것이 가능하다면, 곧 그곳은 원래 세계의 일부가 되기 때문입니다. 따라서 다른 가능세계란 먼 은하도 아니고 우주의 끝도 아니며 흔히 말하는 저승이나 전생(前生), 천국이나 지옥, 무릉도원이나 UFO가 찾아오는 이차원(異次元), 또는 영화 「백투더퓨처」와 같은 평행 세계라든가 하는 어떠한 것과도 다르다는 것을 알 수 있습니다. 동일한 혼(魂)이나 우주인이나 타임 머신이 오갈 수 있는 그 '세계들'은 모두 (정말로 있다면) 현실세계의 일부에 지나지 않는 것입니다.

'논리공간'을 구상화하면

일관성, 완전성, 포화성, 독립성이라는 네 가지 특징을 총합하면 논리공간의 이미지가 완성됩니다. 논리공간은 가능세계라는 완전 무모순적인 시공간의 통일체를 무한개 포함하고, 그 가능세계들끼리의 틈에 시공이 없는 완벽한 단층을 또한 무수하게 포함하고 있는 이미지입니다. 3장에서 이 이미지의 본성을 문제로 삼고, 6장에서는 이 이미지가 파괴되는 경우를 살펴보겠습니다만, 일단 이렇게 대략적으로 이해한 후에 진행해 가기로 합시다.

만약을 위해 독립성에 관해 한 가지만 확인해 둡시다. 별개의 가능세계들끼리는 서로 독립되어 있고 전혀 아무런 관계도 없는 것인가 하면, 그런 것은 아닙니다. 3절 등에서 보았듯이 가능세계는 '유사관계'의 네트워크로 결부될 수 있습니다. 어떤 기준만 마련되면 세계 w_1은 w_2보다도 w_3 쪽과 많이 닮아 있다는 유사관계의 구조를 논리공간은 갖는 것입니다. 물리적으로는 서로 독립되어 있는 가능세계들의 유사성이라는 비물리적 관계의 구조를 살펴보는 것이 양상논리학의 주된 작업이라고까지 말할 수 있는 것입니다. 이 유사관계를 세련되게 다듬으면 오래된 철학적 퍼즐이 깨끗하게 해결된다는 것을 살펴 왔습니다. 이 세련된 유사관계란 다음 절에서 고찰할 '도달관계'(到達關係, relation of accessibility)라 불리는 것입니다.

§8. 도달 가능한 세계, 불가능한 세계

다중 양상을 어떻게 해석할 것인가?

예부터 논의되어 온 퍼즐이 가능세계 간의 특수한 관계일 뿐임을 깨달음으로써 단숨에 해결되는 경우가 있습니다. 이 절과 다음 절에서 그러한 몇 가지 퍼즐을 살펴보기로 합시다.

전통적으로 다음 두 명제는 문제없이 참이라고 생각되어 왔습니다.

01. P라면 P는 가능하다. $P \rightarrow \Diamond P$
02. P라면 Q이다가 필연적이라면, 필연적으로 P라면 필연적으로 Q이다. $\Box(P \rightarrow Q) \rightarrow (\Box P \rightarrow \Box Q)$

한편 참인지 거짓인지 확실하지 않은 양상 명제도 많이 있습니다. 그 중에서도 가능세계론이 등장하기 훨씬 전부터 다음 세 개의 양상 명제가 참인지 거짓인지, 그리고 무릇 무엇을 의미하고 있는지가 철학자나 논리학자 간에 화제가 되고 있었습니다.

    I. P라면 필연적으로 P는 가능하다.   P → □◇P
    II. P가 가능하다는 것이 가능하다면, P는 가능하다.   ◇◇P → ◇P
    III. P가 가능하다면 필연적으로 P는 가능하다.   ◇P → □◇P

이 명제들이 주목된 이유는 이렇습니다. 문제없는 양상 명제 01 및 02에 더해서 표준 논리의 공리들과 추론 규칙을 인정한 논리체계를 'T'라 부릅니다만, 체계 T를 기반으로 해서 다음이 성립함이 확인되었습니다. 즉, 체계 T에 I과 II를 공리로서 부가하면 III을 참인 명제로서 증명할 수 있다. 또, 역으로 III을 공리로서 체계 T에 부가하면 I과 II를 참인 명제로서 증명할 수 있다(덧붙여 확인: I. P → □◇P의 P는 임의의 명제이므로 전부 ◇P로 치환하면 ◇P → □◇◇P가 되고, 한편 II. ◇◇P → ◇P는 01의 P를 ◇P로 치환한 ◇P → ◇◇P과 합하면 ◇◇P≡◇P가 되므로, ◇P → □◇◇P의 ◇◇P를 ◇P로 치환할 수 있고, 그 결과 III. ◇P → □◇P가 얻어진다). 또 I과 II의 한쪽만을 부가한 경우에는 다른 한쪽을 증명하는 것은 불가능하다.

이것은 논리체계에 있어 흥미로운 관계입니다. 체계 T에 I만을 더한 체계는 '브라우어(Brouwer) 체계', II만을 더한 체계는 'S4', III을 더한 체계는 'S5'라 부르고, 인식론이나 시간론 등 여러 목적에 이용되어 왔습니다(덧붙여 6절 말미에서 소개한 의무논리학이나 사랑의 논리학에서는 01조차 성립하지 않았으므로, T보다 약한 특수한 체계가 이용되었다는 것을 알 수 있습니다).

그러나 논리학자들은 I, II, III이 무엇을 의미하고 있는 것인가, 그리고 각종 응용은 차치하고 순수 논리의 영역에서 I, II의 어느 한쪽 혹은 양쪽 다(III)를 인정해야 하는 것인가, 거부해야 하는 것인가, 그리고 왜 그리해야 하는 것인가를 전혀 알지 못한 채 있었던 것입니다.

확실히 필연성이라든가 가능성을 직관적으로 이해하고 있다고 생각하는 사람이라도 가능하다는 것이 필연적이라든가, 가능하다는 것이 가능하다라든가 하고 양상을 반복해서 사용하게 되면, 갑자기 복잡해지게 됩니다. 2절에서 본 'P가 필연적이라는 것은 P가 모든 가능세계에서 참이라는 것이다', 'P가 가능하다는 것은 P가 어떤 가능세계에서 참이라는 것이다'라는 정의를 사용해 보십시오. 그것으로 해봐도 I, II, III이 성립하는 것과 성립하지 않는 것이 각자 무엇을 의미하고 있는지를 이해하는 것은 지난한 일일 것입니다. 하물며 'P가 필연적이라는 것이 가능하다는 것이 필연적이라면, P가 필연적이라는 것이 필연적이라는 것이 가능하다는 것이 가능'한가 그렇지 않은가 하는 식으로 질문받게 된다면 절망적입니다. 양상의 다중적 현상은 대체 무엇을 의미하는 것일까요, 그렇지 않으면 아무것도 의미하지 않는 단지 언어의 공전(空轉)인 것일까요?

세계로부터 세계로의 도달

가능세계의 치밀한 구조틀을 이용하면 이 문제들이 일거에 처리된다는 것이 1950년대 후반에 야코 힌티카(Jaakko Hintikka)나 스티그 캉게르(Stig Kanger), 솔 크립키(Saul Kripke) 등에 의해 실증되었습니다. 여기서 우리는 2절에서 본 양상의 소박한 정의에 조금 수정을 가해야만 합니다. 가능세계들 간에 '도달관계'라는 관계를 설정하는 것입니다.

'세계 w_1로부터 w_2로 도달관계가 있다'라는 것은 '세계 w_2에서 참인 것은 무엇이든 w_1에 있어서 가능하다'라는 관계가 있다는 것입니다. 이미 사용하고 있는 세계 간의 유사도 개념으로 고쳐서 말하면 세계 w_1로부터 w_2로 도달관계가 있다는 것은 w_1로의 w_2의 유사도가 0이 아니라는 것과 같다고 생각해도 좋겠지요. 어떤 세계로부터 볼 때 적어도 그것과 유사한 세계는 논리적으로 가능한 세계로서 개념적으로 도달 가능한 세계인 것입니다.

그렇게 하면 필연성이나 가능성은 각 세계에 상대화된 것이 될 것입니다. 세계마다 도달관계에 있는 세계가 다를지도 모르기 때문입니다. 즉, 어떤 세계가 원점이 되는가에 따라 그 세계에 있어서의 가능세계라 간주되는 세계들의 범위가 달라지게 될지도 모르는 것입니다.

그런데 여기서 양상 정의의 수정판을 기술할 수 있습니다. 도달관계를 R로 나타내고 세계 w로부터 세계 v에 도달관계가 있다는 것을 wRv로 쓰기로 하고,

w에 있어서 □P ≡ wRv인 모든 v에 있어서 P가 참이다
w에 있어서 ◇P ≡ wRv인 어떤 v에 있어서 P가 참이다

이 새로운 정의에 비추어서 앞의 I, II, III의 의미를 생각해 봅시다(한 가지 주의해야 할 것은 I, II, III은 논리법칙이라는 것입니다. 즉, 이들을 참이라고 인정하는 경우 우발적으로 현실에서 참이라는 것이 아니라 어떤 세계에 있어서도——다만 이 현실세계 ⓐ의 논리법칙이므로 ⓐ로부터 도달관계에 있는 어떤 세계에 있어서도——성립하는 진리라고 간주해야만 하는 것입니다. 따라서 이하의 설명에서 w라 불리고 있는 것은 ⓐ로부터 도달관계에 있는 임의의 세계라고 이해해 주십시오).

우선 I 내의 미심쩍은 다중 양상 부분 □◇P는 이렇게 말하고 있습니

다. 'w에서 도달관계에 있는 모든 세계에 있어서 ◇P.' 이것은 즉 'w로부터 도달관계에 있는 모든 세계에 있어서 거기서부터 도달관계에 있는 어떤 세계에서 P'라는 것입니다. 그러면 I 전체를 해석해 봅시다. 'w에서 P가 참이라면 w로부터 도달관계에 있는 모든 세계에 있어서 그 세계로부터 도달관계에 있는 어떤 세계에 있어서 P가 참이라고 말할 수 있다.'…… 그런데 이것은 어떠한 의미일까요? 간결하게 바꿔 말해 봅시다.

'w에서 P가 참이기만 하면 반드시 w로부터 도달 가능한 모든 세계로부터 P가 참인 세계에 도달할 수 있다.'…… 이것은 바꿔 말하면 w로부터 도달 가능한 어떤 세계로부터도 w로 도달 가능하다는 것은 아닐까요? 실제로 그렇다면 w에서 P가 참일 때에 반드시 w로부터 도달 가능한 모든 세계에서 볼 때 P가 가능케 됩니다.

II는 어떻습니까? 문제 부분인 ◇◇P는 이러한 의미입니다. 'w로부터 도달관계에 있는 어떤 세계에 있어서 거기서부터 도달관계에 있는 어떤 세계에서 P.' II 전체를 간결하게 표기해 봅시다.

'w로부터 도달 가능한 어떤 세계로부터 도달 가능한 어떤 세계에서 P라면, 반드시 w로부터 도달 가능한 어떤 세계에서 P.'…… 이것은 바꿔 말하면 w로부터 도달 가능한 세계로부터 도달 가능하다는 식으로 간접적으로 도달 가능한 모든 세계는 실은 w로부터 직접적으로 도달 가능하다는 것은 아닐까요. 실제로 그렇다면 간접적으로 도달 가능한 세계에서 일어나고 있는 것은 무엇이든 가능하다고 말할 수 있다는 것이 보증됩니다.

도달관계의 성질들 ― 대칭성, 이행성, 반사성
이것으로 I과 II의 의미를 알게 되었습니다. I은 가능세계들끼리의 도달관계가 다음과 같은 구조로 되어 있다고 말하고 있는 것입니다.

〈그림 2〉 가능세계들 간의 도달관계

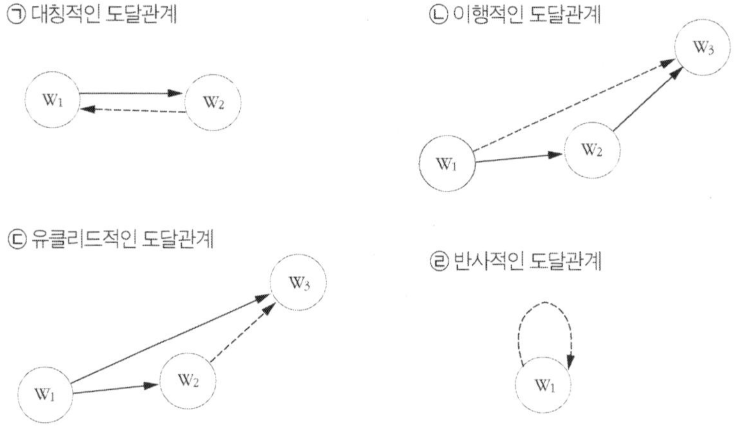

㉠ 대칭적인 도달관계

㉡ 이행적인 도달관계

㉢ 유클리드적인 도달관계

㉣ 반사적인 도달관계

㉠ $w_1 R w_2 \rightarrow w_2 R w_1$

이러할 때 관계는 '대칭적(對稱的, symmetric)이다'라고 합니다(일상적 관계로 말하자면 예컨대 '싸우다'와 같은 관계. 철수가 영수와 싸우고 있다면 반드시 영수도 철수와 싸우고 있다).

한편 II는 도달관계가 다음과 같은 구조로 되어 있다고 말합니다.

㉡ $w_1 R w_2$ 그리고 $w_2 R w_3 \rightarrow w_1 R w_3$

이러할 때 관계는 '이행적(移行的, transitive)이다'라고 합니다(예컨대 '연상年上이다'와 같은 관계. 철수가 영수보다 연상이고 영수가 민수보다 연상이라면, 반드시 철수는 민수보다 연상이다).

III은 앞에서 기술했듯이 I과 II를 합친 것이라고 알고 있었습니다. 따라서 III은 도달관계가 대칭적이면서 이행적이라고 말하고 있는 것이 됩니다. 이것은 〈그림 2〉의 ㉢과 같은 것입니다.

ⓒ w_1Rw_2 그리고 $w_1Rw_3 \to w_2Rw_3$ (확인: ⓛ의 1과 2를 단지 교체해서 표기하면 w_2Rw_1 그리고 $w_1Rw_3 \to w_2Rw_3$이 되고 ㉠에 의해 w_2Rw_1은 w_1Rw_2와 같은 것이므로 w_1Rw_2 그리고 $w_1Rw_3 \to w_2Rw_3$ 즉 ⓒ이 얻어진다.)

이러할 때 관계는 유클리드적(Euclidean)이다라고 합니다(예컨대 '형제자매이다'와 같은 관계).

덧붙여 처음 01도 봐 주십시오. $P \to \Diamond P$ …… 이것은 w에서 성립하는 것은 반드시 w로부터 도달관계에 있는 세계에서 성립한다는 것이므로, w 자신이 w로부터 도달관계에 있다면 조건이 만족되는 것이 됩니다. 즉,

㉣ w_1Rw_1

라는 구조를 도달관계가 갖고 있다는 것입니다. 이러할 때 관계는 '반사적(反射的, reflexive)이다'라고 합니다(예컨대 '보다 무겁지 않다'와 같은 관계. 어떤 것도 자기 자신보다 무겁지는 않다).

가능세계가 형이상학의 동결을 풀다

이리하여 네 가지 논리체계의 본성이 해명되었습니다. 세계의 도달관계가 반사적이라고 상정하는 논리가 T, 반사적이자 대칭적이라고 상정하는 논리가 브라우어 체계, 반사적이자 이행적이라고 하는 논리가 S4, 반사적이자 대칭적이면서 이행적이라고 하는 논리가 S5였던 것입니다(반사적이자 대칭적이면서 이행적인 관계를 '동치equivalence관계'라고도 합니다. 예컨대 '동성同性이다', '같은 나라 사람이다', '같은 책을 가지고 있다'와 같이 '같은'이라는 개념에 기반한 관계). 이리하여 복잡기괴하여 그 의미조차 알 수 없었던 다중 양상의 명제를 인정해야 하는가 말아야 하는가 하는 절망적

인 문제가 세계 간의 도달관계를 어떠한 것으로 간주해야 하는가라는 직관적인 문제로 환원된 것입니다. 애매모호한 형이상학을 논리공간의 기하학으로 번역해 버린 것. 이것은 가능세계론으로 얻게 된 획기적인 진보라고 평가해야만 합니다.

ⓔ은 당연히 인정할 수 있는 듯 생각됩니다. 왜냐하면 임의의 세계 w에 있어서 그 세계 자신은 가능한 세계일 것이기 때문입니다(단, ⓔ을 거부하는 몇 종류의 논리도 연구되고 있습니다).

㉠은 어떻습니까. 신이 존재하지 않는 세계로부터 볼 때 신이 존재하는 세계는 가능해도, 신이 존재하는 세계로부터 보면 신이 존재하지 않는 세계는 불가능할지도 모릅니다. 확신할 수는 없지만 ㉠ 즉 I을 거부하는 것은 반드시 터무니없다고는 생각되지 않습니다.

㉡은 어떻습니까. 신만이 있는 세계로부터 볼 때 영혼만이 있는 세계는 가능하고 영혼만이 있는 세계로부터 볼 때 신도 영혼도 없는 세계가 가능해도, 신만이 있는 세계로부터 볼 때 직접적으로 신도 영혼도 없는 세계는 가능하다고는 말할 수 없을지도 모릅니다. 이것도 확신할 수는 없습니다만, ㉡ 즉 II를 거부하는 것은 반드시 터무니없지는 않은 듯 생각됩니다.

그러나 많은 논리학자들은 물리적 필연성이나 법칙적 필연성 등에 관해서는 차치하고라도 순수한 논리적 필연성에 관해서는 S5가 옳다, 즉 ㉠도 ㉡도 인정해야 한다(즉 ㉢을 인정해야 한다)고 생각하고 있는 듯합니다. 세계 간의 도달관계가 반사적이면서 대칭적이면서 이행적이라는 것은 결국 어떠한 세계에서도 모든 세계로 도달 가능하다는 것, 즉 어떠한 세계로부터 봐도 모든 세계가 가능세계라는 것으로 귀결합니다. 그렇다면 도달관계는 모든 세계에 있어서 같은 것이 되므로 고려하지 않아도 좋고, 2절에서 본 'P가 필연적이라는 것은 P가 모든 가능세계에서 참이라는 것이다', 'P가 가능하다는 것은 어떤 가능세계에서 참이라는 것이다'라는 소박한 정의로 돌아가게 되는 것입니다.

물론 그저 원래대로 돌아간 것만은 아닙니다. 앞 절에서 본 '가능세계의 포화성'을 상기해 주십시오. 가능세계는 무수하게 존재하고 있다 했습니다. 그런데 체계 S5에 의하면 무엇인가가 가능하다면 그것이 가능하다는 것 자체는 우연히 그러한 것이 아니라 필연적이라는 것이므로, 무수한 가능세계는 우연히 존재하고 있는 것이 아니라는 것이 됩니다. 현실세계에 고양이가 존재하는 것은 우연일 것입니다만, 논리공간에 무수한 가능세계가 포화되어 있는 것은 우연이 아니라 필연입니다. 게다가 어떠한 가능세계가 있는가, 어떠한 세계가 없는가라는 것은 절대적으로 결정되어 있다는 것입니다. 논리공간의 모습은 단지 하나밖에 있을 수 없는 것입니다.

물론 논리학자들이 논리의 본성을 깊이 음미해 본 결과 S5가 옳지 않다고 판명될 수 있을지도 모릅니다. 어쨌든 일련의 사고가 S5 이외의 많은 논리체계가 성립할 여지를 남겼고, 그것들의 성립을 위한 조건을 정밀화하였으며, 무엇보다도 다중 양상으로 대표되는 기묘한 명제를 처리할 수단을 부여해 주었다는 것만은 확실합니다.

예컨대 S4 하에서는 □□□◇◇◇□P와 같은 기괴한 명제 내에 같은 종류의 양상이 연속된 부분을 한 개로 정리해도 좋다(이 경우 □◇□P로 써도 좋다)는 것이 증명 가능하고, S5 하에서는 어떠한 양상의 연쇄도 마지막 것만 남기고 전부 소거해도 좋다(이 경우 단순히 □P로 써도 좋다)는 것을 간단히 증명할 수 있습니다. 이것에 기반해서 '양상논리의 완전성 증명'을 비롯해 기술적으로도 많은 중요한 진보가 실현되었습니다.

어쨌든 철학적으로 보면 다중 양상을 비롯한 복잡한 양상 개념에 직관적 의미를 빈틈없이 부여하고 그 진리 조건을 명백하게 할 수 있는 것은 인류가 낳은 많은 사상 중에서도 현대 논리분석철학뿐일 것입니다. 생각할 수 있는 여러 '비현실'의 정체를 엄밀한 체계로서 명백하게 제시한 것입니다. 1절에서 보았듯이 예부터 경직된 역사적 현실을 초월한 사색이 철학의 과제였다고 한다면 분석철학이야말로 철학의 왕도를 걷고 있다고 확실히 단언할 수 있습니다.

§9. 나타났다가 사라지는 개체

양화와 양상의 순서

직관적으로 이해하기 어려웠던 양상 개념은 다중 양상만은 아닙니다. 또 하나 대표적인 퍼즐로서 양상과 양화의 조합이 있습니다. 물론 양상 그 자체가 세계의 양화라는 것은 2절에서 보았습니다만, 여기서는 양상과 세계 내에 존재하는 개체의 양화가 조합된 명제의 수수께끼에 도전해 봅시다.

이 문제를 다루기 위해서는 명제를 단순히 있는 그대로 P라든가 Q로 나타내는 것이 아니라 그것의 내부구조를 표기해야만 합니다. 2절에서 본 표기를 상기해 주십시오. 개체 a에 성질 F가 적용된다는 명제(a는 F이다)를 Fa로 쓰기로 합시다. 이것을 다시 □Fa로 쓰면 'Fa라는 명제가 필연적으로 참이다'라는 의미가 된다는 것은 이미 살펴본 대로입니다만, □Fa라는 식(式)의 해석은 한 가지 더 있습니다. 즉 'a는 필연적으로 F라는 성질을 갖는다'라는 독해입니다. 첫번째 독해는 □(Fa)라는 느낌으로 명제 Fa 전체에 '필연적으로 참'이라는 성질을 부여하고 있는 것에 비해, 두번째 독해는 (□F)a라는 느낌으로 개체에 '필연적으로 F'라는 성질을 부여하고 있는 것입니다. 문장에 대해 양상이 걸려 있는 첫번째 해석은 de dicto(데 딕토) 양상, 사물에 대해 양상적 성질이 걸려 있는 두번째 해석은 de re(데

례) 양상이라 불립니다('de dicto', 'de re'는 각각 '말해진 것에 관한', '사물에 관한'이라는 의미의 라틴어로 중세 논리학에서 시작된 용어입니다).

그러나 이 두 해석은 다른 것을 기술하고 있는 것일까요. 다르다고 한다면 어떻게 다른 것일까요. 그 전에 무릇 'de dicto' 쪽은 됐다고 해도 'de re' 독해 쪽, '필연적으로 F'란 어떠한 의미인 것일까요. 명제가 필연적으로 참이라는 것은 모든 가능세계에서 그 명제가 참이라는 것이라고 이미 배웠습니다. 그러나 성질이 필연적이라는 것은 가능세계론의 구조틀로도 분명하게는 정의될 수 없는 것은 아닐까요.

이렇게 본다면 'de dicto'와 'de re'의 상이함이라는 것은 직관적으로는 구별 불가능하다 해도 이론적으로는 구별 가능한 상이함의 예입니다. 철학자가 아닌 일반인은 거의 생각해 낼 수 없는 상이함일 것이고 현대 철학자 중에도 'de dicto' 양상은 인정해도 'de re' 양상은 인정하지 않거나, 'de dicto' 양상과 동화시키려는 사람이 많은 듯합니다. 그러나 가능세계론을 사용하면 'de re' 양상에 의미를 부여할 수 있고, 게다가 직관적으로 'de dicto' 양상과 다른 의미를 부여할 수 있다는 것을 알게 되었던 것입니다. 'de dicto'와 'de re'의 구별은 일반적으로는 생각할 수 없는 단순한 이론적인 구별로부터 직관적 내용이 있는 구별이 발견된 재미있는 예였습니다.

모든 것이 필연적으로? 필연적으로 모든 것은??

이것을 살펴보기 위해 하나의 개체 a만을 생각하는 것이 아니라 현실세계에 있는 모든 개체에 관해 생각해 봅시다. '모든 것은 F이다'라는 명제는 $\forall x Fx$로 쓸 수 있습니다. 그런데 여기서부터 'de dicto', 'de re' 양쪽의 양상화를 행할 수 있습니다.

D. □∀xFx

R. ∀x □Fx

D 쪽은 명제 전체에 □가 걸려 있으므로 'de dicto' 양상이라는 것은 쉽게 이해할 수 있을 것입니다. R 쪽은 왜 'de re' 양상인가 하면 이렇게 생각해 주십시오. R의 가장 오른쪽의 Fx는 아직 명제를 나타내지 않는 불완전한 표기입니다(변항 x를 양화하든지, x에 구체적으로 개체상항個體常項, individual constant을 대입하든지 하지 않으면 문장이 되지 않습니다). 말하자면 'F이다'라는 성질을 나타내는 허공에 떠 있는 술어입니다. 그것에 대해 □가 걸려 있는데 그것이 모든 개체에 관해 성립한다고 말하고 있는 것이 R인 것입니다. 즉, 각각의 개체 a, b, c, d, e……에 관해 □Fx라는 양상적 성질이 적용되는 것입니다. 즉 x에 개체(의 이름)를 순서대로 한 개씩 대입해 가면 (□F)a, (□F)b, (□F)c, (□F)d……가 얻어지는데, 그것들이 모두 참이라고 R은 말하고 있는 것입니다. 모든 개체에 관해 각각 'de re' 양상을 귀속시키고 있다는 것을 알 수 있을 것입니다.

그런데 여기서 질문이 생깁니다. D와 R은 같은 것을 의미하고 있는가, 아니면 다른 것을 의미하고 있는가? 환언하면, D가 참이 되는 세계들과 R이 참이 되는 세계들은 정확히 같은 것일까요? 같은 것이기 위해서는 다음 두 개가 함께 필연적으로 참이라는 것이 제시되어야만 합니다.

① □∀xFx → ∀x □Fx

② ∀x □Fx → □∀xFx

1940년대에 루스 바칸(Ruth Barcan)이 논의해서 유명하게 된 ②(바칸식, Barcan formula)부터 우선 생각해 봅시다. '모든 것이 필연적으로 F라면 필연적으로 모든 것은 F이다.'…… 마치 선문답 같아서 말로 생각하는 한 이것이 옳은지 그른지 선명하게 알 수 없습니다. 다중 양상과 마찬가지로 인간의 언어적 직관의 한계를 초월해 있습니다. 그러나 이것도 필연기호 □가 가능세계의 전칭 양화를 행한다는 아이디어를 도입하면 직관적으로 극히 파악하기 쉽게 됩니다. 환언해 보겠습니다. '모든 것이 어떠한 세계에 있어서도 F라면 어떠한 세계에 있어서도 모든 것은 F이다.'

꽤 생각하기 쉽게 되었습니다. 문장 앞의 '모든 것'이란 현실세계에 있는 모든 개체입니다. 그들이 어떠한 가능세계에 있어서도 F라는 성질을 갖고 있다고 합시다. 그 경우 어떠한 가능세계에 있어서도 그 속에 존재하는 모든 것이 F라는 성질을 갖는다고 말할 수 있을 것인가 하는 문제인 것입니다.

세계들의 개체 원소는 일치하는가?

직관적으로 답은 '아니오'일 것입니다. 현실에 존재하는 모든 개체가 어떠한 세계에서도 F라고 해도 예컨대 현실세계가 아닌 가능세계 w_1에 이 현실세계에 없는 새로운 개체가 존재하고 있고 그것이 성질 F를 갖고 있지 않은 경우가 충분히 있을 수 있기 때문입니다. ②가 논리적 진리라는 것을 주장하고 있음을 감안해서 현실세계가 되는 세계는 임의의 세계이므로, 예컨대 모든 것이 붉은 세계를 현실세계로 생각합시다. 그리고 그것들은 어떠한 세계에서도 역시 붉다, 즉 필연적으로 붉다고 합시다. 그러나 그렇다고 해서 어떠한 세계에서도 그 속의 모든 것이 붉다고는 단정할 수 없습니다. 붉지 않은 것이 존재하는 세계가 있을 것입니다(실제로 우리가 사는 ⓐ가 그러합니다). 즉, 현실세계로 간주되는 어떤 세계에 없는 새로운 개체가 다른 가능세계에 있는 경우는(특히 개체의 수가 증가할 수 있는 경우는) 바칸식은 성립한다고는 단정할 수 없는 것입니다.

그러면 역바칸식(converse Barcan formula)이라고도 말할 수 있는 ①은 어떨까요. 이것은 다음과 같은 것을 의미하고 있습니다. '어떠한 세계에 있어서도 그 속의 모든 것이 F라면 현실의 모든 것은 어떠한 세계에 있어서도 F이다.' 이쪽은 일견 옳은 듯 보입니다만, 잘 생각하면 답은 '아니오'일 것입니다. 모든 가능세계의 어디에서나 F라는 성질을 갖지 않는 개체는 하나도 존재하지 않는다고 할 경우, 현실세계의 개체에 한해 봤을 때 어느 것이나 모든 세계에서 F를 갖느냐 하면…… 그런 것은 아닙니다. 현실세계에 있는 a가 다른 가능세계에 존재하지 않는 경우가 있을 것이기 때문입니다. 그 경우 그 세계에서 Fa는 참이 아니게 되고 그러므로 □Fa도 거짓이 되어, 따라서 당연히 ∀x□Fx도 거짓이 됩니다. 즉, 현실세계로 간주되는 어떤 세계 내의 개체가 다른 가능세계에 있어서 부재하는 경우는(특히 개체의 수가 감소할 수 있는 경우는) 역바칸식은 성립한다고 단정할 수 없는 것입니다.

결국 가능세계마다 등장하는 개체의 원소가 정확히 같은 특수한 경우를 빼면(그리고 그러한 경우는 가능성에 관한 우리의 직관에 반하고 있으므로 당연히 제외되겠습니다만) ①②는 둘 다 논리적 진리가 아니라는 것이 판명되는 것입니다.

그러나 역바칸식에 관해서는 성립한다고 하는 해석도 있을 것입니다. 예컨대 □Fa를 'F가 아닌 성질을 a가 갖는 세계는 없다' 혹은 'a가 존재하는 어떠한 세계에 있어서도 a는 F이다'로 해석하는 방법입니다. a는 '필연적으로 F이다'라고 들었을 때 최초로 우리가 떠올릴 만한 해석은 이쪽일지도 모릅니다. 즉, a는 존재하는 한 반드시 F이지 않으면 안 된다는 것입니다. 이 해석으로 '필연적 성질'이라는 것을 정의하면(통상 그것은 '본질적 성질'이라든가 '본질'이라든가 하고 불립니다만) ①의 취지는 멋지게 성립하게 됩니다.

도달관계의 여러 제한들

그런데 ①과 ②가 논리적 진리인가 아닌가, 즉 모든 가능세계에서 참인가 거짓인가에 대해 지금까지 생각해 왔습니다만 논리적 참이라고까지 욕심 부리지 않아도 사실로서 참인지 아닌지를 논의하는 입장도 있을 수 있을지도 모릅니다. 즉, 이 현실세계 ⓐ에 있어서 ①과 ②가 우발적으로 참인가 아닌가 하는 논의입니다. 이 관점에서 보면 ①은 거짓이지만 ②는 참일지도 모른다는 직관을 품는 사람도 있을 것입니다. 이 세계 ⓐ는 충분히 풍부한 세계이므로 ⓐ에 존재하는 개체 중 몇 개 혹은 대부분이 결핍되어 있는 가능세계는 있어도, ⓐ에 존재하지 않는 개체가 다른 가능세계에 등장하게 되는 경우는 없다는 입장입니다. 비현실의 가능적 개체 같은 것은 이해할 수 없다는 것입니다. 라이프니츠 식으로 말하면 "신은 가장 풍부한 세계를 실현시켰다"라는 현실중심주의입니다.

그러나 단순하게 생각해서 ⓐ에 있는 소립자의 숫자보다 많은 인간이 존재하는 거대한 가능세계를 상상하는 것도 그렇게 어렵지는 않을 것입니다. 그 세계에는 ⓐ 내에 있는 사물의 총 수를 상회하는 개수의 사물이 존재할 것이므로 당연히 현실세계에 없는 사물이 있어야만 합니다. 현실세계가 가장 풍부하다, 그러므로 실현되어 있다는 현실중심주의는 가능성이나 필연성이라는 양상의 의미를 근본적으로 개정하지 않는 한 유지하기 곤란한 입장이라고 말할 수 있을 것입니다.

그러나 양상의 의미를 개정한다는 것은 그렇게 대단한 작업을 요하지 않을지도 모릅니다. 논리공간에 어떤 한정을 가하면, 예컨대 현실세계에 존재하는 대상들 전부, 그리고 그들만이 존재하는 세계들로 화제를 한정하면, 즉 도달관계를 제한하면, 바칸식도 역바칸식도 그 체계에서는 논리적 진리가 될 것입니다. 바칸식이나 역바칸식의 경우에 한정하지 않고 세계 간의 도달관계를 여러 가지 형태로 제한함으로써 여러 명제들의 논리구조가 보이게 되는 경우가 있는 것입니다.

    4절에서 배운 반사실적 조건문의 정의도 어떤 반사실적 사태가 성립하는 세계들 중 ⓐ와 가장 유사한 세계들만으로 도달관계를 한정했을 때의 양상을 다루고 있었다는 것을 상기해 주십시오. 마찬가지로 물리학의 논리에서는 도달관계를 ⓐ의 물리법칙이 성립하는 세계들만으로 한정하고(물리적 가능성), 생물학의 논리에서는 생물학적 법칙이 성립하는 세계들만으로 한정하고(생물학적 가능성), 허구(fiction)의 논리에서는 이야기의 내용이 성립하는 세계들 중 ⓐ와 가장 유사한 세계들만으로 한정하고(허구적 가능성), 의무논리학의 경우는 도덕적인 이상세계만으로 한정하고(윤리적 가능성), 인식논리학의 경우에는 주체의 신념과 양립하는 가능세계만으로 한정하고(인식가능성)…… 하는 식으로 도달관계를 여러 가지 방법으로 제한함으로써 순수한 논리적 가능성 이외의 여러 가능성으로 시야를 좁힌 논리를 구축해 가는 것이 널리 행해지고 있습니다.

    어쨌든 바칸식, 역바칸식을 논리법칙으로서 포함하거나 포함하지 않거나 하는 몇 가지 논리체계가 일상 현상의 해석이나 수리 모델의 구축에 도움이 된다는 것이 판명되어 있습니다. 그리고 그 외에도 $\Box \exists x$와 $\exists x \Box$의 관계, $\Diamond \forall x$와 $\forall x \Diamond$의 관계 등 양상과 양화의 순서가 의미하는 점에 관해서는 도달관계에 의해 많은 것이 해명되었습니다. 다중 양상의 경우와 마찬가지로 어디부터 손을 대면 좋을지 종잡을 수 없었던 추상적인 문제가 개체 원소의 증감에 관해 가능세계들 간에 어떠한 도달관계를 가정하면 좋은가라는 구체적인 문제로 변형된 덕분입니다. 이것도 가능세계론이 전통적 형이상학에 가져다준 커다란 공헌이라고 말해야만 합니다.

§10. 세계들을 관통하는 개체

관세계적 동일화

앞 절의 'de dicto' 양상, 'de re' 양상의 논의는 복수의 세계들에 같은 개체가 등장하게 된다는 것을 전제로 하고 있었습니다. 이것은 우리의 직관에도 합치합니다. "나는 회사를 그만둘 수도 있었다"라는 가능성의 진술은 화자가 자기 자신의 이야기를 하고 있음에 틀림없고, 반사실적 조건문에 있어서도 현실의 케네디 대통령 바로 그 사람에 관해서 "만약 케네디가 암살당하지 않았다면……" 하고 생각하는 것이기 때문입니다. 그러나 양상의 진술에는 여러 가지 종류가 있습니다. 예컨대 "내가 만약 당신이었다면……"이라는 충고나 선망의 표현에 나오는 반사실적 가정은 어떠할까요. 바로 내가 바로 당신인 가능세계를 생각하고 있는 것일까요. 이것은 그야말로 기묘합니다. 내가 당신일 수 있을까요. 이것은 "만약 나 자신이 이 성격과 기력(氣力)을 가진 채 당신이 있는 입장과 유사한 경우에 있다고 한다면"이라는 언명의 생략형으로 생각할 수도 있을 것입니다.

그러면 반사실적 가정은 어디까지 문자 그대로 말할 수 있는 것일까요. "만약 내가 이 의자였다면"이라는 반사실적 가정은 어떨까요. 이것은 이 나 자신에 관해 내가 의자인 세계를 제시하고 있는 것일까요. "어떤 세계에서 인간인 것이 다른 세계에서 의자일 수 있는가. 내가 의자라는 것은 의미를 갖는 말인가. 무의미한 것은 아닌가. 그러나 '아아, 내가 이 나비였다면 전혀 이렇게 노력하지 않아도 됐을 텐데'" 정도의 생각은 누구나 한 번쯤은 마음속으로 중얼거린 적이 있지 않을까요.

복수의 가능세계 내의 존재물을 동일한 것으로서 결정하는 것을 '관세계적 동일화'(transworld identification)라 합니다. 관세계적 동일화에는 많은 난문이 얽혀 있습니다. 'de dicto' 양상만을 생각할 때는 엄밀한 의미에서 관세계적 동일성의 문제는 생기지 않습니다. 각 세계에 뿔뿔이 흩어져 개체가 존재하고 있고 케네디라면 케네디, 나라면 나라는 명사가 각자의 세계에서 각자의 개체를 지시하고 있다고 하면 되기 때문입니다. □(Fa)나 ◇(Fa)는 각각의 세계에서 a라 불리는 대상이 결정되기만 하면 명제 Fa가 각자 결정되고, 각자 결정된 명제들의 전부 혹은 어떤 것이 해당 세계에서 옳은지 그른지에 따라 전체의 'de dicto' 양상 명제의 진위가 결정된다고 간주할 수 있습니다. 여기서는 각 세계를 통해서 동일한 a의 존재는 전제되어 있지 않습니다.

그렇지만 (□F)a나 (◇F)a라는 'de re' 양상 명제는 a라는 이름으로 지시되는 현실세계 내의 개체에 관해 어떠한 세계에서도 F, 어떤 세계에서 F 등으로 기술하고 있습니다. 이 경우 현실세계에 있는 a 그 자체가 다른 가능세계에 등장하지 않으면 명제 전체가 의미를 잃게 됩니다. 이러한 이유로 많은 철학자가 'de re' 양상의 유의미성을 의심해 온 것입니다.

똑같은 두 세계

내가 나비일 수 있다든가 의자일 수 있다든가 하는 극단적인 상정에 대해서 개체의 기원이 다르면 동일물일 수 없다는 제한을 생각할 수 있습니다. 인간과 의자는 무릇 무엇에서부터 생기게 되었는가 하는 출발점이 다르다, 내가 나이기 위해서는 같은 부모로부터 태어났어야만 한다, 그 뒤에는 무엇이 일어나든 무엇을 하든 나는 나인 채로 있게 되는 것이다, 라고 말입니다. 과연 그럴싸한 제한입니다. 확실히 나의 모친의 같은 난자에 부친의 다른 정자가 합체했다면 나는 존재하지 않았을지도 모릅니다만, 기원의 모습이 하나에서 열까지 완전히 똑같지 않으면 안 되는 것은 아닐 것입니다. 예컨대 같은 난자와 같은 정자로부터 발생하기 시작한 수정란의 일부가 유전자 검사를 위해 분리되었다고 해도 나는 나인 채였을 것입니다. 기원의 미세한 차이가 개체의 동일성을 훼손하는 경우는 있을 수 없습니다. 그러면 관세계적 동일화에 반론하기 위해서는 미세한 차이 내에서의 기원의 동일성을 유지한 채로 관세계적 동일화가 여전히 이상한 함축을 갖는다는 것을 보여 주어야만 합니다. 다음과 같은 사고실험은 어떨까요.

일란성 쌍둥이 철수와 영수가 있습니다. 현실세계 ⓐ에서 철수와 영수는 많이 닮아 있지만 신장, 눈의 형태, 보폭, 독서의 취향, 말하기 시작한 연령 등등 미묘하게 성질들이 다릅니다. 가능세계 w_1에서는 두 사람의 신장이 역이 되고 그 외의 성질은 완전히 ⓐ의 경우와 같고, 세계 w_2에서는 눈의 형태를 교환하고 그 외의 성질은 완전히 w_1과 같고, w_3에서는 보폭이 교환되고 그 외의 성질은 완전히 w_2와 같고…… 하며 각 성질들을 조금씩 교환해서, 그것에 따라 수정란이 두 개로 분할하기 시작했을 때의 경계에 관해서도 세계 w_{509}에서는 w_{510}보다도 근소하게 세포 두 개만이 차이가 나고, 세계 w_{511}에서는 같은 방향으로 w_{510}보다도 세포 두 개 정도만이 차이가 나고…… 하는 식으로 기원의 경계 영역도 조금씩 교환합니다. 어떤 변화도 미세한 차이이므로 어떤 세계로부터 다음 세계로 바뀔 때 철수가 철수가 아니게 되고 영수가 영수가 아니게 되는 단층(斷層)은 어디에도 없습니다. 동일성 관계는 이행적 관계이므로 사슬의 고리가 몇 개 끼어도 말단 간에 관계가 중단되지는 않습니다. 이리하여 마침내 세계 w_n에서는 철수는 철수인 채 외모도 기억도 성질도 기원도 출발점 ⓐ의 영수와 똑같은 인간이 되고, 영수는 영수인 채 외모도 기억도 성질도 기원도 출발점 ⓐ의 철수와 똑같은 인간이 되어 있습니다. 뿐만 아니라 두 사람 이외에는 불필요한 변화는 없으므로 세계 ⓐ와 w_n 사이에는 아무런 질적인 차이가 없고 모든 역사에서 일어나고 있는 일이 하나에서 열까지 똑같습니다. 단 하나의 차이는 ⓐ의 철수에 해당하는 것을 점하고 있는 것이 w_n에서는 영수이고 ⓐ의 영수에 해당하는 것을 점하고 있는 것이 w_n에서는 철수라는 차이뿐입니다…….

4절에서 했던 '인과가 없는 세계'의 사고실험과 마찬가지로 현실세계와 똑같지만 철수가 실은 영수이고 영수가 실은 철수인 세계가 이렇게 만들어졌습니다. w_n이 ⓐ와 다른 것은 철수의 심신을 갖고 있는 것이 벌거숭이 특수자(Bare Particular) - 영수이고, 영수의 심신을 갖고 있는 것이 벌거숭이 특수자 - 철수라는 점뿐인 것입니다.

쌍둥이 이외의 쌍에 관해서도 당사자의 기원 그 자체를 조금씩 교환해 가는 방식을 궁리하면, 이것과 같은 설정을 고안할 수 있을지도 모릅니다. 두 척의 배의 재료가 세계마다 나사 하나, 판 한 장씩 교환되어 가는 동안에 서로 전체가 통째로 상대의 재료로 만들어지는 경우도 있을 수 있습니다. 도쿄타워와 마릴린 먼로가 교환된 똑같은 세계도 아마도 불가능하지는 않게 될 것입니다.

그러나 어떤 성질도 갖지 않는 벌거숭이 특수자-철수 그 자체, 영수 그 자체란 대체 무엇인가. ⓐ와 w_n이란 과연 별개의 세계일까요? 구별해야 할 질적 특징의 차이가 없는 한 동일한 것이고(라이프니츠의 '구별 불가능자 동일성 원리' Principle of Identity of Indiscernibles),[1] 따라서 ⓐ와 w_n이란 동일한 한 세계에 다름 아니고 벌거숭이 특수자 같은 것이 등장할 곳은 어디에도 없는 것은 아닐까요? 결국 이 사고실험은 어떤 사물이 무엇인가 하는 것은 그 사물이 갖고 있는 성질들 위에 부대하는 것은 아닐까 하는 상식에 반하고 있습니다. 결론적으로 벌거숭이 특수자의 동일성을 전제하는 관세계적 동일화는 이상한 것이 될 듯합니다.

벌거숭이 특수자와 '이-것성'

관세계적 동일화는 관시간적 동일화(transtemporal identification)를 모델로 생각할 수 있을까요. 어제의 당신과 오늘의 당신이 동일하고 오백 년 전의 후지산과 내일의 후지산이 동일하다고 우리가 말할 때, 당연하지만 여러 시점에 등장하는 존재 간의 동일성이 인정되고 있습니다. 그렇다기보다 적어도 그들 각 시점의 순간적 존재자들이 모여 동일한 지속적 존재를 형성하고 있다는 것이 인정되고 있습니다. 통상적으로 여기서는 문제

---

1) 구별 불가능자 동일성 원리가 참인가에 대해서는 학자들 간에 의견이 갈리고 있다. 대표적으로 블랙(Max Black), 에이어(Alfred Jules Ayer) 같은 학자들이 구별 불가능자의 동일성 원리에 대한 반례를 제시하고 있다. 블랙은 크기, 색깔, 재질 등 모든 속성에 관해 똑같은 성질을 갖고 있는 두 개의 구(球)만이 있는 우주를 상상해 보라고 제시한다. 이 구들은 분명 모든 속성이 같음에도 불구하고 구별 가능한 두 개의 구라는 것이다. 이에 대해 해킹(Ian Hacking)은 이 구들이 속한 세계의 공간적 구조와 구의 관계가 어떠한가에 따라 이 반례는 (적어도) 구별 불가능자의 동일성 원리에 대해 중립적일 수 있다고 반론한다. 예컨대 어떤 내적 성질들 Q를 갖는 구는 한 구체로부터 직선으로 두 직경 거리만큼 갔을 때 도달할 수 있는데 이런 가능세계는 유클리드적 공간에서는 두 개의 구체로, 비유클리드적 공간에서는 한 개의 구로 기술될 수 있다는 것이다(즉, 공간이 굽어 있어서 한 구로부터 두 직경 거리에 있는 것이 바로 그 구 자신과 관계하게 되는 것이다). 해킹의 이 반론에 대해서 시공간에 대해 이렇게 일종의 도구주의적·규약주의적 접근을 하는 것은 옳지 않다는 재반박도 제시되었다. 그러나 구별 불가능자의 동일성 원리를 진리로 인정하지 않는다면 속성들 외에 특수자를 결정하는 알 수 없는 기체와 같은 것을 도입하는 이론적 부담을 지게 되므로, 에이어는 반대 사례를 제시하면서도 결국은 구별 불가능자의 동일성 원리를 받아들인다. 하지만 '이-것'주의(haecceitism)를 지지하는 가능세계론자들은 '이-것성'이 일반적인 의미에서의 속성은 아니지만 개체들을 지시하거나 표상할 수 있다는 의미에서 개체 식별에 유용한 개념으로 받아들이고, 따라서 'de re' 양상에 있어서의 관세계적 동일성 문제를 해결할 수 있다고 주장한다.

는 없습니다. 관시간적 동일화의 경우 각 시점을 통해 시공적 연속성을 추적할 수 있기 때문입니다. 아메바나 거품처럼 분열·융합하거나, 텔레포트나 양자처럼 불연속적으로 시공을 비약하는 현상이 있을지도 모릅니다만, 그러한 경우도 어떠한 인과적 연결을 인정하는 방법이 있는 것이 보통일 것입니다. 즉, 관시간적 동일화에는 무엇과 무엇을 같은 것으로 간주할 것인가에 관해 시공적·인과적 연속성이라는 기준이 있는 것입니다. 그에 비해 이미 보았듯이 다른 가능세계 간에는 시공적·인과적 연결이 전혀 없습니다. 세계 w_1 내의 개체와 세계 w_2 내의 개체 사이에 동일성 관계를 수립할 기준은 전혀 없는 듯 생각되는 것입니다.

모든 성질로부터 독립되어 있는 벌거숭이 특수자는 '개별화의 원리'(principle of individuation)라든가, 혹은 질적이지는 않지만 이것도 광의(廣義)의 성질이라는 함의에서 '이-것성(性)'(haecceity) 등으로 불려 왔습니다. 그러나 어떤 실질적 특성도 갖지 않는데도 개체 그 자체를 결정하는 '성질'이라는 것은 너무나도 궤변처럼 들립니다. 만약 동일성 기준이 있다고 한다면 성질적 유사성뿐인 듯 생각됩니다만, 그것도 앞의 사고실험에서 보았듯이 자기부정적인 귀결에 도달합니다. 결국 전혀 다른 사물들끼리 동일하게 되어 버리거나 분별할 수 없이 똑같은 두 개의 사물들이 별개의 개체가 되어 버렸습니다. 이 귀결은 전적으로 엄밀한 동일성이라는 관계를 관세계적으로 상정한 것에서 생기고 있는 듯합니다.

§11. 지명된 개체

본질주의와 상대역 이론[2)]

관세계적 동일성의 문제에 처해서 취해야 할 주된 방도는 두 가지가 있습니다. 우선 세계의 질적 존재양식에 관해 가능성이나 반사실적 가정을 기술하는 것이 가능할 뿐이라는 철저한 'de dicto'주의. 이것은 세계 내의 개체에 관해서는 이미 있는 그대로밖에 있을 수 없다는, 즉 각각의 개체는 단지 하나의 세계 내에 갇혀 있다는 '본질주의'입니다.

미우라 도시히코는 이 ⓐ에밖에 없다. 인간이라는 것, 남자라는 것, 오전 12시 반에 태어났다는 것, 왼손잡이라는 것, 귓불에 점이 있다는 것, 미학과를 졸업했다는 것, 1996년 7월 23일 오전 11시에 자고 있었다는 것 등등 그가 현실에서 갖고 있는 어떠한 사소한 성질이든 그에게 있어서는 본질적인 것이 됩니다. 경직된 숙명론 같습니다만 'de dicto'적인 가능성이나 반사실적 가정을 인정하는 한 그만큼 융통성이 없는 입장인 것도 아닐 것입니다.

두번째는 각 세계에 존재하는 각 개체를 엄격한 동일성 관계가 아니라 상대역 관계라는 완만한 관계로 묶는 사고방식. 미우라 도시히코의 상대역은 ⓐ에 있는 그 자신과 어느 정도 이상 유사한 가능적 개체 모두이고 미우라 도시히코에 관한 'de re' 양상 명제, 예컨대 "미우라는 윤리학과에 진학했을 수도 있었다"는 어떤 가능세계에 있는 미우라 도시히코의 상대역이 윤리학과에 진학했다면 참으로 간주할 수 있다는 것입니다.

상대역 관계는 동일성 관계가 아닌 유사관계이므로 이행적이진 않습니다. ⓐ의 미우라(三浦)와 w_1의 니우라(新浦)가 상대역 관계이고 w_1의 니우라와 w_2의 니지마(新島)가 상대역 관계에 있다고 해도, ⓐ의 미우라

---

2) 상대역 이론(counterpart theory), 혹은 상응자 이론이라고도 한다. 일본에서는 '분신설'(分身說)이라고 옮기기도 하지만, 상대역 이론이라고 번역하는 것이 국내의 관행이므로 그렇게 옮겼다. 분신이라는 용어가 상대역이라는 말보다 훨씬 직관적인 이미지를 가지므로, 이후 원서에서 '분신설'이라고 사용했다는 것을 염두에 둘 필요가 있다.

와 w₂의 니지마는 전혀 닮지 않아서 상대역 관계가 아닐지도 모릅니다. 이리하여 앞 절의 사고실험과 같은 난국은 생기지 않고 질적 관계만으로 문제를 처리할 수 있게 됩니다.

『명암』의 저자가 『명암』을 쓰지 않은 경우도 있을 수 있었다?

그러나 우리가 사용하는 언어의 어떤 측면에 주목해 보면 관세계적 동일화를 버리는 것은 불가능한 듯 생각되기도 합니다. 그 측면이란 지시구의 작용방식입니다. 지시구, 특히 특정 개체를 지시하는 명사에는 두 개의 중요한 범주(category)가 있습니다. 그것은 고유명사와 한정기술(definite description)입니다(한정기술이란 성질을 기술하는 것으로 유일한 대상을 결정해서 지시하는 표현입니다).

동일한 개체를 고유명사와 한정기술로 지시할 수 있습니다. 예컨대 '나쓰메 소세키'(夏目漱石)라는 고유명사와 '『명암』(明暗)의 저자'라는 한정기술은 동일 인물을 가리키고 있습니다. 그러나 그것은 어디까지나 현실세계에서 우발적으로 같은 개체를 가리키고 있음에 지나지 않는 것으로 두 지시구의 의미가 동일한 것은 아닙니다. 이것은 "나쓰메 소세키가 『명암』을 쓰지 않았을 수도 있었다"라는 명제가 참임에 비해 "『명암』의 저자가 『명암』을 쓰지 않았을 수도 있었다"라는 명제는 일견 기묘해 보이고, 통상적인 해석으로는 참이 아니라는 것에 의해 알 수 있습니다. 한정기술 '『명암』의 저자'가 현실이 우발적으로 어떠한 과정을 밟았는가에 따라 실제로 『명암』을 쓴 인물을 유연하게 지시함에 비해 고유명사 '나쓰메 소세키' 쪽은 현실이 어떠한 존재양식이었다고 해도 그 인물과 같은 사람을 완고하게 계속 지시하는 듯합니다.

그렇다면 가능세계론의 구조틀로 이 두 가지 기능을 구별하는 자연적인 방법은 아무래도 다음과 같은 정의가 되는 것은 아닐까요. 기술구는 가능세계마다 무엇이든 기술 성질을 만족하는 대상을 지시함에 비해 고유명사는 모든 가능세계를 통해 동일한 그 대상을 지시한다고 말입니다.

'『명암』의 저자'라는 한정기술은 누구든 그 기술을 만족하는 개체를 지시하는 경향이 있습니다. 그러므로 화제가 된 세계 속에서 그 기술된 성질을 만족하는 개체를 가리키도록 지시대상이 세계마다 바뀌어 가는 특성을 갖고 있습니다. '나쓰메 소세키'는 그렇지는 않습니다. 어떠한 세계가 화제가 될 때에도 이 현실세계의 나쓰메 소세키 그 사람을 지시하는 것으로서 이해되는 경향이 있습니다. 이것은 아마도 이름은 의미를 갖지 않고 단지 지시할 뿐이라는 것이 우리의 암묵적 상식이기 때문입니다. '오니즈카 도라오'(鬼塚虎雄) 씨가 귀신[鬼]이나 호랑이[虎]와 같이 무서운 사람이어야만 한다는 것은 있을 수 없습니다. 의미를 통해 지시하는 것은 아니라는 것은 세계마다 개체를 선택하거나 하지 않고 현실에서 지시된 것과 같은 개체를 직접적으로 지명할 뿐이라는 것이겠지요. 나쓰메 소세키가 '『명암』의 저자이다'라는 성질을 ⓐ에서 갖고 있다고 해도 그것은 소세키를 지시하는 고유명사의 지시기능과는 전혀 관계가 없다는 것입니다.

역사적 조사에 의해 의외의 것이 판명되었다고 하면 어떨까요. 예컨대 『명암』이라는 텍스트는 누군가 생각한 것이 아니라 돌 위에 비가 새긴 모양을 여러 사람이 촬영한 사진을 배열했더니 우연히도 문자열처럼 보여서, 그것이 어느 새인가 소설로서 보급되었던 것이라고 말입니다. 그 경우 '『명암』의 저자'는 존재하지 않는 것이 될 것입니다. 그러나 나쓰메 소세키 쪽은 여전히 존재합니다. 어떤 이야기를 쓰든 쓰지 않든 다름 아닌 그 인간이기 때문입니다.

이러한 작용을 갖는 고유명사와 같은 지시구는 지시대상이 고정되어 있으므로 '고정 지시어'(Rigid Designator)라 불립니다. 한정기술과 고유명사의 이 차이는 물론 우리가 현실에서 행하는 언어 운용과 딱 일치하고 있다고는 단정할 수 없습니다. 버트런드 러셀(Bertrand Russell)이 주장한 유명한 '기술 이론'은 고유명사는 위장된 한정기술이고 내용을 갖고 있으며 성질의 다발로 분해 가능하다는 생각이었습니다. 반대로 키스 도넬란(Keith Donnellan)은 한정기술구가 스스로 기술한 성질이 들어맞지 않는 개체를 무턱대고 직접 지시해 버리는 경우가 많다는 것을 지적했습니다.[3] 그러나 러셀도 '논리적 고유명사'(logically proper name)라는 직접적으로 대상을 지시하는 범주를 남겨 두지 않으면 안 되었고, 도넬란도 한정기술의 본래적 용법이 속성을 통해 지시하는 것이라는 것은 인정하고 있습니다. 현실의 개개의 기술구나 고유명사의 사용방식은 어떻든, 지시구에는 이념적으로 속성을 통해 지시하는 기능과 직접 대상 그 자체를 지시하는 기능의 두 종류가 있다는 것을 염두에 두는 것이 중요합니다.

---

[3] 도넬란 자신이 든 예는 다음과 같다. 비참하게 살해된 스미스의 시체를 보고 그 잔인성에 오한을 느낀 내가 "스미스를 죽인 자는 미쳤어"라고 말한다면, 이것은 스미스를 죽인 자가 누구든 그가 미쳤다는 것을 뜻하므로 문제가 없다. 그러나 만약 스미스의 살인 용의자로서 존스란 사람이 법정에 불려 왔는데, 검찰 측의 증거로는 그가 범인인 것이 확실한 것 같고 존스 본인은 매우 불안한 모습을 보이며 정신이 나간 것처럼 혼잣말을 중얼거리고 있다고 하자. 그 모습을 보고 내가 옆 사람에게 "스미스를 죽인 자는 미쳤어"라고 말한다면 이때 비록 존스가 정말로 스미스를 죽인 범인이든 혹은 그가 무고하든 상관없이, 나는 존스를 지시하는 데 "스미스를 죽인 자"라는 말을 사용하고 있고 그 말을 듣는 옆 사람 역시 별 문제없이 그렇게 받아들일 것이다. 더욱 직관석인 예로서 어떤 파티에서 내가 눈에 띄는 한 남자를 보고 옆 사람에게 "저기 마티니를 마시고 있는 남자가 누구야?"라고 물었다고 하자. 하지만 실제로 그가 마시고 있던 것은 물이었고 그 파티장에서 마티니를 실제로 마시고 있던 유일한 남자는 옆 당구실에 있던 디노라는 남자였다. 이 경우에도 '마티니를 마신다'라는 속성은 디노가 아니라 물을 마시고 있던 그 남자를 가리키는 데 사용되었다. 즉, "스미스를 죽인 자", "마티니를 마시고 있는 남자"라는 기술구는 그 기술구가 묘사하는 속성을 대상이 가지고 있느냐 없느냐에 상관없이 그 대상을 지시하기 위해 쓰였다.

규약으로서의 '명명'

앞에서 고유명사가 지시대상으로서 '같은 그 인물'이라는 표현을 했습니다만(러셀이 논리적 고유명사라 부른 것도 '이것', '나', '지금', '여기'와 같이 지시어라 불리는 표현이었습니다), 고유명사가 성립하기 위해서는 언제 어디에선가 지시대상에 대해 면전에서 '명명'(命名) 행위를 행하는 것이 필수적인 것처럼 생각됩니다. 신생아에 대한 명명이 그 전형적인 예입니다. 공동체에서의 약정에 따라 명명 현장에서 고유명사와 지시대상 사이에 결합이 생겨 그 현장에서부터 이름이 사람의 입이나 종이 위나 전화선 등을 통해 전달되고, 그 덕분에 항상 어디에서나 원래 지시대상이 확보되고 있는 구조입니다. 이리하여 고유명사의 직접 지시 메커니즘을 다루는 이론은 '인과적 지시론'(Causal Theory of Reference)이라든가 '역사적 이론'이라고도 불리는 것입니다.

따라서 이 직접 지시 이론은 대강 이렇게 됩니다. 현실세계 내의 개체 a에 대해 a와의 접촉 중에 고유명사 p가 부여되고, 그 현장에서부터 이 이름을 끊기지 않고 주고받는 한에 있어서 p는 a 그 자체를 계속 지시한다. 세계가 가령 어떠한 모습을 하고 있든 a 그 자체가 어떠한 성질을 갖고 있든 이 지시관계는 변하지 않는다(단, 인과설이므로 대략적인 기원만큼은 동일해야만 한다는 제한이 가해지는 경우가 많다. 인간이라든가 같은 부모로부터 태어났다든가……. 기원의 동일성에도 같은 설명이 적용된다). 현실세계 내의 a를 닻으로 해서 다른 가능세계 내에 있는 어떤 개체도 p의 지시대상, 즉 a 그 자체라고 결정할 수 있다.

네, 결정하는 것이 가능합니다. 앞 절에서 본 관세계적 동일화에는 동일화 기준이 없었다는 문제를 상기합시다. 다른 가능세계는 자연계에 존재하는 것이 아닌 우리가 상상하는 것이므로, 가능세계 내의 무엇이 현실세계 내의 이것과 동일한가는 탐구의 문제가 아닌 규약의 문제라는 것을 깨달으면 아무것도 고민할 필요가 없는 것입니다. 사고가 지향하는 바에 따라 자유롭게 결정할 수 있는 것입니다. 필요가 있다면 적당하게 '이-것성'을 인정하면서 말입니다. 이리하여 앞의 두 가지 입장, '본질주의', '상대역이론'과 나란히 '이-것주의'(haecceitism)가 성립할 여지를 얻게 됩니다. 뿐만 아니라 가능세계론자 사이에서 가장 널리 지지되고 있는 입장이라고까지 말할 수 있습니다.

그러나 관세계적 동일화를 인정하는 '이-것주의'는 고유명사의 분석에 입각하고 있는 한 가능성의 이론으로서는 꽤 빈약한 형태로 닫혀 버리게 됩니다. 그것은 이 현실세계 ⓐ에 존재하는 개체의 관세계적 동일화만을 행할 수 있기 때문입니다. ⓐ에 존재하는 개체가 아니면 출발점의 명명이 대상 그 자체와 결부될 수 없으므로 다른 가능세계 내의 무언가를 '이것과 동일하다'고 규약으로 결정하기 위한 원점이 없고, 지시행위를 시작할 수 없게 됩니다. 허구의 등장인물 등에 관해서도 전혀 지시를 인정할 수 없게 될지도 모릅니다. 전체적으로 직접 지시의 '이-것주의'는 양상 이론이면서도 너무나도 현실 중심이랄까, 현실지상주의처럼 생각됩니다.

이것은 가능세계란 대체 무엇인가라는 가장 근본적인 질문과 관련되는 문제입니다. 그러므로 다음으로 드디어 가능세계란 무엇인가 하는 것에 관해 몇 가지 경합하는 이론을 개관하기로 합시다.

3장_가능세계란 무엇인가?

§12. 크립키형과 루이스형

현실주의와 추상세계

양상논리학의 가능세계 의미론의 창시자라고도 말할 수 있는 솔 크립키(Saul Kripke)는 철학에 있어서도 지시 이론을 비롯한 많은 분야에 가능세계론을 응용했습니다만, 가능세계란 도대체 무엇이냐라는 형이상학적인 문제에 관해서는 견해를 발표하지 않았습니다. 직접 지시 이론가 크립키에게는 가능세계는 약정(約定, Convention)된 것이라는 것만이 중요한 것입니다. 즉, 가능세계란 우리의 약속을 벗어난 어딘가에 있는 것이 아닙니다. 바로 수학자가 원주율이나 루트 2, 집합 같은 추상적인 대상을 발명하고 조작하듯이, 논리학자나 철학자는 가능세계라는 추상물을 다룬다는 것입니다.

추상적 실체는 눈에 보이지 않고 여기, 저기 하는 구체적인 장소에 존재하는 것은 아니지만, 그래도 현실세계 내에 존재하고 있습니다. 원주율은 우리에게 가까이 혹은 멀리 존재하고 있는 것도 아니고 인과관계를 가지는 것도 아니지만, 존재는 하고 있고 또 현실세계의 원소입니다. 가능세계도 같다는 것입니다. 이 의자나 책상과는 다른 존재 방식을 취하고 있을 뿐입니다. 구체적인 세계로서 존재하는 세계는 현실세계뿐이고 가능세계는 전부 현실세계 내에서 구성된 추상적 대상이 됩니다.

그런데 그렇게 생각하면 바로 앞 절에서 우리가 걱정했던 픽션의 등장인물과 같은 비존재자에 대한 지시는 어떻게 될까요? 걱정할 것 없습니다. '셜록 홈즈'라는 고유명사를 코난 도일이 이야기와 함께 만들어 낸 시점에 명명의 현장에서 성립하고 있기 때문입니다. 단, 거기서 명명된 것은 통상 생각되고 있는 구체적인 인물은 아니고 어떤 추상적인 대상입니다. '셜록 홈즈'라는 고유명사는 비평가나 독자, 신문이나 잡지에 의해 전달되고 이름 사용의 인과선이 끊기지 않고 계속됨으로써 같은 추상물을 지시하는 것으로 약정됩니다. 가능세계와 마찬가지로 가능적 대상도 전부 현실세계에 존재하는 추상적인 것이 되는 것입니다.

이 입장은 구체적 존재로서는 현실세계만을 인정하는 현실 중심의 입장으로 '현실주의'라 불립니다. 그러나 이 입장을 취하는 경우 가능세계들이 추상적 존재라는 것만이 문제가 아니라 어떠한 추상적 존재인가가 문제가 될 것입니다. 14, 15절에서 그 후보를 개관하겠습니다만 한 가지 더, 현실주의와는 전혀 다른 방향도 있습니다. 즉 "다른 가능세계들이 있다"라는 아이디어를 문자 그대로 취하는 방식입니다.

가능주의와 구체적인 세계

데이비드 루이스(David Lewis)가 자신의 이론을 이 방향으로 정력적으로 전개하고 있는데, 그의 이론에서는 다른 가능세계는 현실세계 내에 존재하는 추상물이 아니라 현실세계 밖에 존재하는 구체물이 됩니다. 구체적으로 존재하는 세계는 이 현실세계만이 아니고, 다른 무수한 가능세계도 동격(同格)으로 존재한다는 것입니다. 이쪽은 현실세계에 중심을 두지 않고 현실세계는 가능세계의 하나라는 선을 굳게 지키기 때문에 '가능주의'라고 불립니다.

현실주의와 가능주의, 어느 쪽 생각이 타당하게 보입니까? 언뜻 보면 현실주의 쪽이 우리의 직관에 부합하는 듯 생각됩니다. 우리가 살고 있는 이 세계와 같은 구체적인 세계가, 예컨대 제2차 세계대전에서 인류가 멸망했다는 반사실적 세계들이 시공을 초월한 어딘가에 물리적으로 실재한다고 하는 것은 상식적으로는 도저히 생각할 수 없기 때문입니다. 가능세계란 어디까지나 추상적으로 상정된 것에 지나지 않는 것이라고 생각될 것입니다. 그러나 일이 그렇게 간단하지는 않습니다. 현실주의보다도 가능주의 쪽이 적절한 듯 생각되는 점이 얼마든지 있습니다. 이 논의는 뒤에서 살펴보기로 하고 관세계적 동일화에 관해 이 두 입장이 어떠한 생각을 취하게 되는지를 일별해 두기로 합시다.

세계의 형(型)과 개체의 동일성

편의적으로 현실주의에 기반한 가능세계를 크립키형 세계, 가능주의에 기반한 가능세계를 루이스형 세계라 부르기로 합시다. 현실세계에 있는 개체에 있어서 크립키형 세계에 있는 개체는 추상적인 것이므로 동일성 관계로 결부하는 것은 자유로운 듯 생각됩니다. 상대는 추상 개념과 같은 것이므로 바로 규약으로 어떻게든 할 수 있다고, 내가 생각하는 나의 마음속 마릴린 먼로도, 당신이 꿈에서 보는 꿈속의 마릴린 먼로도 둘 다 실재의 마릴린 먼로 바로 그 사람을 지시하고 있다고 생각하는 것에 불합리한 점이 없는 것처럼 말입니다. 현실에 없는 가공의 개체들끼리의 경우에도 각자 명명의 원점에 의해 고정된 것들끼리를 동일성 관계로 결부하는 것에 곤란함은 없을 것입니다. 단지 그렇게 약속하면 될 뿐입니다.

한편 루이스형 가능세계에 있는 개체는 각자 구체물로서 실재하고 있다고 한다면 다른 세계에 있는 개체들을 동일성 관계로 결부하는 것은 어렵다고 생각됩니다. 구체물들이 서로 동일하기 위해서는 추상물의 경우와 달리 단지 약속하면 되는 문제는 아닌 듯 느껴집니다. 즉, [그것들이 서로] 동일한 이상 시공적·인과적 연결이 있어야만 하는 듯 생각됩니다. 따라서 가능세계를 관통하는 시공간도 인과도 없다는 점에서, 루이스형 개체는 동일성 관계가 아니라 유사성에 기반한 상대역 관계로 연결되어 있을 뿐이라고 하는 것이 자연스러운 듯 생각됩니다.

이리하여 규약주의에 의한 크립키형 현실주의는 관세계적 동일화나 '이-것'주의를 인정하고, 실재론에 의한 루이스형 가능주의는 상대역 이론으로 기울게 될 것입니다. 물론 이런 대응은 절대적인 것이 아니라서 관세계적 동일화를 인정하지 않는 크립키형, 관세계적 동일화를 인정하는 루이스형이라는 패턴도 있을 것이고, 'de dicto' 본질주의는 크립키형과도 루이스형과도 잘 결부될 수 있는 듯 생각됩니다. 단, 실제로 철학자들 중 크립키형 세계관을 신봉하는 사람들은 대개 관세계적 동일화를 인정하고, 루이스형 세계관을 옹호하는 철학자들(주창자 루이스 이외에는 실제로 거의 없습니다만)은 상대역 이론을 주장하고 있는 듯합니다. 우선은 그것이 무리가 없는 자연스러운 선택이 되겠지요.

관세계적 동일화와 상대역 이론은 용어와 표기법의 미묘한 차이만이 있을 뿐이고 서로 같은 구조를 공유하고 있다고 알려져 있습니다. 즉, 가능세계를 이용해서 양상이나 의미나 반사실적 조건문의 분석을 행함에 있어서 크립키형, 루이스형 양 진영의 철학자들이 1장에서 본 기법을 함게 사용할 수 있는 것입니다. 그러나 표면상 잘 기능하고 있는 듯 보이는 그 기법들이 정말로 바람직한 분석이 되고 있는가 아닌가는 근본적으로는 가능세계 그 자체를 어떠한 것으로서 생각하는가 하는, 기법 이전의 존재론(형이상학)에 크게 의존하고 있습니다. 그래서 본 장의 남은 절과 다음 4장에서 현실주의와 가능주의의 이점, 결점을 상세하게 비교·검토하기로 합시다.

§13. 가능주의 — 있을 수 있는 것은 있다

여기는 정말로 현실인가?

앞 절에서 가능주의를 루이스형이라고 불렀습니다만, 가능주의에는 실은 두 종류가 있습니다. 루이스형과 라이프니츠형입니다. 상대주의와 절대주의라고 불러도 좋을 것입니다.

가능주의론의 선구자인 라이프니츠는 역시 구체적으로 실재하는 가능세계들을 상정했습니다. 라이프니츠는 현대의 분석철학자처럼 가능세계의 본성이나 의식이나 효용에 관해 확실히 명확하게 말하고 있지는 않으므로 단정은 할 수 없습니다만, "신은 최선의 세계를 실현했다"는 그의 말로부터 상상해 보면 무수하게 존재하는 가능세계 중 이 유일한 현실세계는 특별한 것이자 '현실'이라는 우월한 성질을 띠고 있는 혹은 높은 지위에 있는 세계로 보았던 듯합니다. 다른 가능세계는 어느 것이나 전부 구체적으로 존재는 하지만 현실이라는 성질을 결여한 그림자와 같은 존재인 것입니다.

그러나 이러한 절대주의적 가능주의에는 문제가 있습니다. 만약 라이프니츠가 말하는 대로라고 해도, 그러면 우리들 자신은 '현실세계'에 살고 있다는 것을 어떻게 확신할 수 있는 것일까요? 혹시 우리가 그 외 대다수의 초라하고 단순한 가능세계에 있는 것은 아닐까요. 아니, 확률적으로 그러할 전망이 압도적으로 클 것입니다. 또한 빈곤이나 전쟁이나 재난으로 가득 찬 이 세계의 불완전함에 비추어 보아도, 신이 선택한 최선의 현실세계는 이 ⓐ는 아니라고밖에 생각할 수 없습니다.

크립키형 현실주의를 취한다면 우리들 자신이 추상물이라는 것은 있을 수 없으므로, 자신이 유일의 현실세계에 살고 있다고 확신할 수 있습니다. 그러나 가능주의를 취하면 우리가 구체물이라는 사실은 전혀 자신이 현실존재라는 증거가 되지는 않을 것입니다. 라이프니츠와 같은 절대주의는 우리가 현실세계의 존재가 아니라는 귀결을 야기합니다. 우리는 실은 허구가 아닐까라든가 꿈속의 존재는 아닐까 하는 사변은 노장사상(老莊思想)이나 대승불교(大乘佛敎) 등 동양사상의 저류에 있는 생각입니다만, 그러한 의식적인 '범허구주의'의 문맥을 떠난 상식적인 경우 이곳이 현실이 아니라는 것은 '현실'이라는 말의 용법에 반하는 불합리한 결론일 것입니다.

상대주의라면 현실은 자명하다

이리하여 가능세계는 구체물로서 존재한다는 가능주의를 취하는 이상, 단 하나의 세계를 현실로서 특별 취급하는 절대주의가 아니라 모든 세계를 동등하게 인정하는 상대주의를 채용해야만 하게 됩니다. 루이스의 상대주의적 가능주의는 다음과 같은 다항(多項)으로 이루어져 있습니다.

가능세계들이나 가능적 개체들은 이 현실세계나 현실적 개체들이 존재하는 것과 완전히 같은 의미, 같은 강도로 같은 종류의 것으로서 존재한다. 현실에는 없지만 가능한 테이블은 이곳에 있는 이 테이블과 같은 물리적 대상이고, 실재하지 않지만 가능한 셜록 홈즈는 당신이나 나와 같이 피와 살로 이루어진 인물이다(실재론). 그러므로 가능세계들이나 가능적 개체들은 그 자체로서 기본적인 것으로서 존재하고 있고, 보다 명백한 기본적인 무엇인가에 의해 설명하거나 정의하거나 하는 것은 불가능하다(반환원주의). 어떤 개체에 관해서 '현실의'라든가 '실재의'라고 말하는 경우 그것은 그 개체가 갖는 특별한 성질을 기술하고 있는 것이 아니라 실제로는 그 개체와 세계와의 관계를 기술하고 있다. 즉, 발화가 행해진 세계 내에 그 개체가 있다는 의미이다. 각자의 세계로부터 보면 그 세계에 있는 모든 것만이 '현실'이고 '실재한다'. 즉, '현실'이라는 말은 '나'나 '여기'나 '지금'과 같이 누군가가 어디에서 시작되는가에 따라 지시대상이 다르다 (지표이론).

이리하여 루이스에 의하면 우리가 있는 세계 ⓐ는 어떤 특별한 존재가 아니라 무수하게 있는 가능세계 내의 한 가능세계에 지나지 않습니다. 그것은 내가 이웃사람이나 지인이나 다른 사람들과 비교해서 어떤 특별한 인간이 아니라 단지 나 자신에게 있어서 특별한 인간임에 지나지 않은 것과 같은 것입니다. 우리들 자신이 ⓐ에 있기 때문에 여기를 현실이라 부르고 있을 뿐으로, 우리의 상대역이나 다른 가능적 존재가 있는 다른 세계에서는 그곳이 현실이라 불리고 있는 것입니다. 그러므로 라이프니츠형 가능주의에서 생겼던 이곳이 정말로 현실인가 하는 의문은 생기지 않습니다. 루이스의 이론에서는 어디든 발화 주체가 존재하고 있는 시공간이 그에게 있어서 현실인 것이고, 유일한 절대적 현실 같은 것은 어디에도 없기 때문입니다. 우리가 현실세계에 살고 있다는 것은 자명하게 됩니다. 누구나 어떤 세계의 거주인도 그들에게 있어서의 유일한 현실에 살고 있는 것입니다.

논리공간에 중심은 없다

논리공간 내의 모든 세계를 평등하게 취급하고 있다는 점에서 이것은 코페르니쿠스적 이론이라고 말해도 좋을지도 모릅니다. 지구가 우주의 중심이 아니듯이 현실세계 ⓐ는 논리공간의 중심이 아니다, 그리고 우주에 중심이 없듯이 논리공간에 중심은 없다는 것입니다. 모든 가능세계가 단지 각자 있을 뿐인 것입니다.

이 생각은 현실세계나 우리들 자신의 존재를 자명한 것으로서 인정하는 것과 마찬가지로 가능세계들을 인정하면 된다는 것이므로, 가능세계란 무엇인가 하는 질문에 대한 가장 솔직하면서 간단한 대답을 제공하고 있습니다. 관세계적 개체(transworld individual)를 상대역의 집단에 의해 대체해야만 하는 다소의 복잡함을 제외하면, 1장에서 본 각종 응용을 직관적 이미지대로 가장 거리낌 없이 전개할 수 있는 입장이기도 합니다.

그러나 반복해서 묻지 않으면 안 됩니다만, 루이스형 가능주의가 편리하고 간단한 생각이라는 것을 인정한다 해도 우리가 정말로 모든 가능세계의 평등한 물리적 실재라는 것을 마음속으로 믿을 수 있는가 하는 고뇌에 직면합니다. 대체 가능세계의 실재라는 부담을 안이하게 받아들여도 좋은 것일까. 그래서 루이스형의 내용을 더 음미하기 전에 존재론적 부담이 보다 적다고 생각되는 크립키형 현실주의 이론 유형들의 전망을 살펴 두어야만 할 것입니다.

§14. 양상주의 — 악순환의 우려

언어에 의한 세계 제작

현실주의란 이 현실세계에 존재하는 것만이 존재의 전부라는 상식에 기반해서 현실세계 내의 자원만으로 모든 가능세계를 구성하려고 하는 입장이었습니다. 그러나 현실세계 내에 무엇이 존재한다고 인정할 수 있는가 하는 것을 둘러싸고 예부터 '개념실재론'과 '유명론'이라는 두 입장이 대립해 왔습니다.

대략적으로 말하자면 이 세상에는 저 산이나 이 의자나 저 사람이나 이 세포 조각이나 분자, 원자 하나하나와 같은 개체만이 존재한다고 주장하는 것이 유명론이고, 개체에 더해서 산 그 자체라든가 의자 그 자체라든가 성질이라든가 명제라든가 하는 보편적 실체의 존재도 인정하는 것이 개념실재론입니다. 이 두 기질에 대응하는 형태로 가능세계의 본성에 관한 현실주의도 유명론적 현실주의와 개념실재론적 현실주의로 분기하게 됩니다.

유명론적 현실주의 중에서 가장 자연스럽게 착상하게 되는 이론은 가능세계란 언어에 의한 구성물은 아닌가 하는 것이겠지요. 가능세계란 결국 현실세계의 인간이 말하거나 쓰거나 하는 이론으로 만들어진 것이라고 한다면 개개의 말의 집합은 아닐까 하고 말입니다. 예컨대 가능적으로 성립하고 있는 상황을 기술하는 문장의 집합, 그것이야말로 가능세계 그 자체의 대체물이 되는 것은 아닌가. 구체적으로는 임의의 단문에 관해 그 긍정이나 부정 어느 한쪽만을 포함하는 집합을 생각하면 그것이야말로 가능세계라는 것입니다. 1940년대에 이 아이디어를 제기한 사람이 루돌프 카르납(Rudolf Carnap)이었습니다.

그러나 이 생각에는 일견 불합리한 면이 있습니다. 그것은 쓰여진 잉크의 얼룩이든 입에서 나온 음파든 디스플레이상의 도트든 말이 되는 실재물의 수는 유한하기 때문입니다. 한 가능세계의 전모를 기술할 만큼의 말이 이 현실 내에 존재한다고는 생각되지 않습니다. 하물며 무수한 가능세계의 기술은 도저히 무리입니다. 그래서 무한한 말을 공급하기 위해 현실에 존재할 수 있는 문장이라는 것을 생각한다고 해도 무익할 것입니다. 존재할 수 있는 문장이란 당연한 것이지만 현실에 존재하지 않는 문장도 포함하고 있는 것이고, 현실에 존재하는 것만으로 가능세계를 만들어 내려고 하는 현실주의의 이념에 반하기 때문입니다. 게다가 무릇 '존재할 수 있다'란 어떠한 것인가 하는 양상의 이해에 바로 가능세계를 이용하고 싶었던 것입니다.

그래서 여러 문장들의 대용이 되는 보다 풍부한 자원을 현실세계 내에서 찾아야만 합니다. 그 노선에는 두 유력한 방법이 있습니다. 하나는 목소리나 잉크 등 상식적으로 문자로 간주되는 물질에만 한정하지 않고 이 세상에 있는 것 전부를 문장을 형성하는 소재로 간주해 버리는 방법입니다. 의자나 책상, 분자 등 무엇이든 좋다, 온갖 모든 것을 어떤 문장의 구성요소, 구체적으로는 명사나 동사나 형용사나 접속사로서 동원하면 된다는 생각입니다. 그렇게 하면 확실히 무한하다고 말할 수 있는 문장이 확보될 수 있겠지요. 이 유형의 유명론적 현실주의에 관해서는 다음 15절에서 음미하기로 합시다.

'명제'를 제안하면 순환이 시작된다

또 하나의 방법은 문장이 나타내는 의미, 즉 명제라는 것을 제안하는 개념실재론적 방법입니다. 명제 외에 존재양식이라든가, 사태라든가 하는 것을 제안하는 방법도 있습니다. 참인 명제는 현실세계의 어떤 특징에 대응하므로 존재하고 있습니다만, 거짓인 명제, 예컨대 "일본의 수도는 오사카(大阪)이다"와 같은 명제는 현실세계와는 대응하고 있지 않습니다. 그러나 그럼에도 불구하고 여전히 거짓이라는 형태로 그 명제 자체는 존재하고 있다고 말할 수 있습니다. 세계의 구체적인 모습과는 대응하지 않지만 추상적인 실체로서 존재하는 것입니다.

또 현실세계에 의해 예시된 (현실세계가 그 예가 되고 있는) 존재양식은 실제로 생겨나 있는 존재양식이므로 구체적으로 존재하고 있습니다. 그러나 예시되지 않는 존재양식, 예컨대 "거기에 있어서 일본의 수도가 오사카다"라는 존재양식도 존재는 하고 있습니다. 구체적으로 예시되고 있지 않을 뿐으로, 예시할 수 있는 세계가 아닌 추상적인 존재양식이라는 것입니다.

마찬가지로 사태 혹은 사건이라는 것을 생각해도 같습니다. "일본의 수도가 도쿄(東京)이다"라는 사태는 실제로 성립하고 있고, 그 때문에 존재합니다. 그러나 "일본의 수도가 오사카이다"와 같이 성립하지 않는 사태도 추상적인 실체로서 존재는 하고 있다고 간주할 수 있습니다. 이른바 '성립하고 있지 않다'라는 성질을 갖는 사태라 말해도 좋을 것입니다.

이리하여 명제에 있어서 존재하기 위해서는 반드시 참일 필요는 없고, 존재양식에 있어서 존재하기 위해서는 반드시 예시되어 있을 필요는 없으며, 사태에 있어서 존재하기 위해서는 반드시 성립하고 있을 필요가 없다고 생각하면, 어느 것이나 전부 현실세계 내에 존재하는 대상인 것입니다. 그렇다면 명제라든가 존재양식이라든가 사태라든가 하는 '실재'를 가능세계를 구성하는 데 이용할 수 있는 듯 생각됩니다. 잘 채용되는 구성법은 다음과 같은 정의에 의한 것입니다. 가능세계란,

① 다음과 같은 명제의 집합 S이다. 즉, 어떠한 명제 p에 관해서도 p가 S의 요소이든지, ~p가 S의 요소이든지 둘 중 하나이고, 게다가 S의 모든 요소를 '그리고'로 묶은 큰 명제가 참임이 가능한 집합.

② 사물이 그렇게 있을 수 있는 전체적인 존재양식이다.

③ 다음과 같은 사태 S이다. 즉, 어떠한 사태 S′에 관해서도 S는 S′를 포함하든 S′를 배제하든 둘 중 하나이고, 게다가 S는 성립 가능하다. 단 S가 S′를 포함한다는 것은 S′가 성립하지 않고는 S는 성립할 수 없다는 것이고, S가 S′를 배제한다는 것은 S′가 성립하면 S는 성립할 수 없다는 것이다.

각자 ①명제의 최대 집합, ②포괄적 성질, ③최대 사태 등으로도 불리고 있습니다. ①은 로버트 애덤스(Robert Adams), ②는 로버트 스톨네이커(Robert Stalnaker), ③은 앨빈 플란팅가(Alvin Plantinga)가 주창자라고 말할 수 있습니다. 그 외에도 ④구조라든가 ⑤종(種)이라든가 ⑥ 보편자라든가 하는 추상적 실체를 제시하는 생각도 있고, 각자 미묘하게 내용이 다릅니다만 기법상의 세세한 차이이므로 구별하는 것은 그만두기로 하겠습니다.

그런데 ①, ②, ③과 같은 가능세계의 정의는 일견 부족하다고 생각될 것입니다. 어느 것이나 정의 내에 '가능하다', '있을 수 있다', '성립 가능하다'와 같은 말이 들어가 있기 때문입니다. 가능세계란 원래 '가능하다', '있을 수 있다'와 같은 양상을 설명하는 개념으로서 호출된 것인데, 그 가능세계의 정의로서 또 '가능하다', '있을 수 있다'를 제시하는 것은 순환 정의가 되고 이해가 한 걸음도 나아가지 않게 되기 때문입니다. 게다가 첫번째로 명제라든가 성질(존재양식)은 5절에서도 보았듯이 가능세계를 사용해 그 실상을 비로소 이해할 수 있었던 골칫거리가 아니었습니까. 예컨대 명제는 가능세계의 집합이었습니다. 그럼에도 불구하고 가능세계 그 자체가 또 명제의 집합이었다니……. 루이스 식의 반환원주의라면 이러한 순환은 일어나지 않을 텐데 말입니다.

현실주의자의 해명

이러한 불만에 대해 이런 유형의 현실주의자가 제시해 온 대응은 요약하자면 다음 두 가지로 집약된다고 생각합니다. 우선 하나는 ①, ②, ③과 같은 정의는 '최대', '포괄적'인 양상만을 필요로 하고 있음에 지나지 않다는 것. 그것들, 즉 수로서는 최소한의 양상만 눈을 감고 기본적인 것으로 인정하면, 뒤의 압도적 다수의 양상, 즉 보다 소규모적인 "오늘 비가 내리는 것도 있을 수 있었다"라든가 "내가 만약 하늘을 날 수 있다면" 하는, 우리가 일상 문제로 삼는 양상(세계의 진짜 부분으로서의 양상)은 3, 4, 5절과 같이 비양상적으로 정의하고 산출할 수 있다는 것입니다. 즉, 모든 양상을 가능세계에만 전가해 버립니다. 그러므로 확실히 형태로서는 순환 정의지만 실제로 도움이 되고 충분히 허용되는 순환 정의가 아닌가 하는 것입니다.

두번째의 응답은 순환 정의는 전혀 문제없다는 것입니다. 왜냐하면 가능세계라는 것은 결국 말의 기교로, 우리가 가능성이라든가 명제나 의미라든가 하는 것을 통일적으로 파악할 때 정리(整理)의 도구가 되는 이른바 기능적 개념에 지나지 않았다는 것을 이것으로 알 수 있다는 것입니다. 우리는 바라는 것을 손에 넣거나 서비스를 받거나 자신의 기술을 팔거나 할 때, 일을 매끄럽게 진행하기 위해 돈의 신세를 집니다. 가치라는 애매한 추상 개념을 공통의 수량적 척도로 일단 두고 비교·교환하는 것입니다. 그러나 그렇다고 해서 돈 그 자체가 가치를 낳는 원천이라든가, 돈이야말로 중요하고 노동의 목적이 되는 것은 아닙니다. 마찬가지로 가능세계도 계산 도중에 편의상 호출되긴 했지만 계산에 공헌한 뒤에는 소거해도 좋은 실체가 없는 촉매였다는 것입니다.

그러나 우리는 이러한 응답에 만족할 수 있을까요? 첫번째로 우리는 소규모적인 가능성이나 반사실적 가정만이 아니라 때로는 전체적인 세계 그 자체의 구조나 성분도 해명해야만 합니다. 특히 픽션이나 상대주의적 세계관 등에 관해서 다룰 때는 더욱 곤란해집니다. 그러한 경우에는 세계는 설명의 도구라기보다 설명되어야 할 대상이 됩니다. 양상과 가능세계의 순환 정의가 커다란 문제로서 그대로 남게 될 것입니다.

두번째로 명제의 집합을 기본적인 것으로 삼아야 할지, 포괄적 성질을 기본적인 것으로 삼아야 할지, 최대 사태를 기본적인 것으로 삼아야 할지, 어느 것을 선택해야 하는지를 결정할 결정적 수단이 없습니다. 특별히 어느 것을 선택해도 자의적인 듯 생각되고, 게다가 5절에서 본 우아한 의미론, 즉 명제·성질·관계 등에 대해 중립적이고 초월적인 가능세계라는 것을 사용해 그것들을 전부 통일적으로 설명한다는 정연한 이론을 이미 확보할 수 없고, 어쩔 수 없이 어떤 식으로든 편향(명제 중시라든가, 성질 중시라든가……)되어 버립니다.

그리고 세번째로 명제라든가 존재양식이라든가 하는 양상적인 추상물을 현실세계 내의 '실재'로서 받아들이는 것에 위화감을 전혀 느끼지 않는가, 그것이야말로 언어의 기교인 것은 아닌가 하는 의문이 들게 됩니다. 윌러드 콰인(Willard Van Orman Quine)과 같은 지도적인 철학자는 명제, 성질과 같은 많은 양상적 실재들을 어떻게든 환원하려고 노력하였고, 집합과 같은 비양상적인 추상물조차 물리주의적으로, 즉 구체적인 시공적 총화로서 해석하려고 하는 철학자도 있습니다(루이스가 그 중 한 사람입니다).[1] 어쨌든 애매모호한 '성질'이나 '가능성'을 그 본성을 불문에

---

1) 콰인은 '존재한다는 것은 변항의 값'이라고 말한다. 그는 술어 외에 따로 이름으로서의 범주가 필요없다고 주장한다. 'a'가 이름이고 'Fa'가 'a'를 지닌 문장이라고 할 때 Fa는 '∃x(a=x, Fx)'와 동치이고 따라서 'a'는 'a='의 문맥이 아니고는 필요가 없게 된다. 또한 'a='을 단순술어 'A'이게끔 하면 이름 'a'를 버릴 수 있다. 즉 'Fa'는 '∃x(Ax, Fx)'가 되며 이러할 때 술어

부친 채 묵인하는 것은 철학적 탐구심에 다소 반하는 태도라고 말할 수밖에 없습니다.

이 개념실재론적 입장들은 특히 양상을 기본적인 실체로서 인정한다는 점에서 '양상주의'라 칭합니다. 의심스러운 양상이라는 것을 어떻게든 인정하지 않으려고 한다면, 다음으로 양상적이지 않은 현실주의의 전망을 살펴보아만 하게 되겠지요.

§15. 자연주의—신의 마음인가, 시공간 좌표인가

마음은 가능세계를 만들어 낼 수 있는가

양상주의가 아닌 현실주의는 유명론적인 이론이 됩니다만, 보다 완곡하게 '자연주의'라고도 불립니다. 성질이라든가 명제라는 의심스러운 양상적인 것이 아니라 자연스럽게 누가 봐도 실재한다고 동의할 수 있는 상식

'A'는 오직 대상 a에 대해서만 참이다. 그리고 우리가 Fa라고 쓸 때는 "어떤 것이 있는데" 'a'는 그것을 지시하는 말이고 F는 그것에 대해서 참이라고 말할 뿐이라고 한다. 여기서 세계 안에 있는 것으로서 존재론적으로 개입한 것은 '어떤 것이 있다'(∃x)뿐이다. 보통 속성 혹은 보편자라고 간주되는 일상어의 F 부분은 그저 어떤 '있는 것'을 지시할 때 참이 되거나 말거나 하는 작용을 할 뿐이지 정말 보편자로서 그러한 F가 있다는 것은 아니라는 것이다.

루이스에 따르면 우리의 세계는 우주에 존재하는 모든 것들의 부분전체론적(mereological) 총합이다. 부분전체론이란 말은 수학자 레시니에프스키(Stanisław Leśniewski)가 창안한 개념으로 본래는 기존의 집합론에서 '자기언급의 역설'과 같은 문제를 해결하기 위해 제시한 것이다. 집합의 내포는 어떤 속성이나 보편자, 혹은 최소한 일반명사와 같은 추상자를 전제하는 경우가 있다. 예컨대 '한국인의 집합'의 한 원소 '홍길동'은 바로 '한국인'이라고 부를 수 있다. 반면 부분전체론적 총합에서는 개개의 원소들은 그저 하나하나 그것이 모여 전체로서의 총합을 구성할 뿐이다. 이런 관점에서는 '우주의 모든 붉은 것들의 부분전체론적 총합'은 '붉음'이라는 개념하에 붉은 구체적인 개체들이 모이는 것이 아니라 그 붉은색을 띠는 개체들이 모인 큰 덩어리(the big red one)가 이 총합을 형성한다. 루이스의 시각에 따르면 세계는 집합이라기보다 일종의 개체가 된다.

적인 대상에 의해 가능세계를 정의하려고 하는 입장입니다. 예컨대 마음이라는 것은 어떠할까요. 마음이 구체물인지 아닌지는 별도로 해도 그것이 존재한다는 것 자체는 우리들 자신의 마음을 의식함으로써 확신할 수 있습니다. 가능성이라든가 가능적 개체라든가 반사실적 가정이라는 양상은 전부 마음이 만들어 낸 것은 아닐까요? 이리하여 가능세계라는 것을 일정한 지적 프로세스의 대상으로서 파악할 수 있습니다. 상상, 가설, 기대 등 마음이 여러 가지로 활동하고 있을 때 생겨나는 대상이 가능세계인 것이라고 말입니다.

니콜라스 레셔(Nicholas Rescher) 등이 이 방향의 가능세계론을 탐구하고 있고 이런 종류의 자연주의적 현실주의는 '개념주의'라고 불립니다. 가능세계는 '약정된' 것이라고 한 크립키도 이 입장에 가까울지도 모릅니다(단, '마음'을 '제도적 규약'으로 치환한 형태로).

개념주의에도 문제가 있습니다. 하나는 현실세계에 있는 어떠한 마음으로 그려 낸 것도 아닌 가능성, 가능세계라는 것이 있을 수 있다는 것입니다. 그러한 가능세계를 수용하기 위해 마음의 잠재의식이라든가, 마음의 상상능력을 제안한다고 하면 그것은 갑자기 양상주의로 빠져 버리게 될 것입니다. 두번째로 마음의 기능이나 마음이 품는 대상이라는 것은 불가능물(不可能物)을 배제할 수 없다는 문제가 있습니다. 사람은 완전히 세세하게 확정된 세계 같은 것을 마음속으로 그리지 않고 빈틈 투성이의 불완전한 상황만을 마음속으로 그릴 수 있거나, 때로는 스스로 알아차리지 못한 채 모순된 있을 수 없는 상황을 생각하고 있을지도 모릅니다. 그러한 불가능 대상을 가능세계라 부르는 것이 불가능하다는 것은 명백합니다.

이러한 난점에 대처하기 위해 이상적인 완전무결한 마음이라는 것, 예컨대 신의 마음과 같은 것 속에 안겨져 있는 대상으로서 현실세계나 가능세계 전부를 위치 짓는다는 전략은 어떨까요.

데카르트나 버클리나 라이프니츠가 모든 존재를 '신의 사고대상'으로 삼은 것은 잘 알려져 있습니다. 그러나 전지전능한 신이라는 것은 많은 사람들에게 있어 양상에 못지않게 의심스러운 인공적 개념이고, 설령 백보 양보해서 전지전능한 신의 실재를 인정했다고 해도 신은 왜 이 현실세계만을 실현시키고 다른 무수한 가능세계는 마음에 품은 채로 놔둔 것인가 하는 오래된 의문이 남아 버립니다. 그래서 개념주의 외에 보다 물질적인 자연주의적 현실주의는 없는 것일까 하고 생각하게 됩니다.

극소 원자, 그리고 시공간 좌표

앞 절에서 문장의 집합으로서의 가능세계라는 그야말로 물질주의적 자연주의의 입장을 소개했을 때 문자나 음성에 한정하지 않고 모든 것을 말로서 이용해 버린다면 어떠한가 하는 생각에 관해 언급했습니다. 문장이란 단어가 어떤 구조하에서 여러 가지로 조합되어 만드는 물질적 매체입니다. 그러나 단순히 일상적인 온갖 의자라든가 산, 인간이나 단어 대신에 동원되어 조합되는 것으로는 잘 기능하지 않을 것입니다. 실재하지 않는 완전히 새로운 개체가 존재하는 것도 가능할 것이기 때문입니다(9절의 바칸식에 관한 논의를 상기해 주십시오). 따라서 이 극단적인 버전은 실재하는 크고 작은 여러 물질을 무수한 작은 파편으로 분해해서 있을 수 있는 모든 조합 방식으로 재결합한 것, 그 조합 결과들이 각자 바로 가능세계라는 이론이 될 것입니다. '조합주의'라 불리는 자연주의 이론입니다.

이 이론은 원자적 사태가 모여 세계를 구성한다는 비트겐슈타인의 논리적 원자론에서부터도 영향을 받은 것으로, 브라이언 스컴즈(Brian Skyrms), 데이비드 암스트롱(David Armstrong) 등 많은 철학자들이 논고를 발표하고 있습니다만, 성분으로서 성질이라든가 관계와 같은 양상적 보편자를 배제하고 있지 않고 양상주의와 같은 난점을 안고 있는 듯 보입니다. 그러나 그 중에서 막스 크레스웰(Max Creswell)의 조합주의는 극소의 기본 입자만을 인정하는 것으로 유물론적 조합주의로 길을 열고 있습니다. 이 방향을 철저하게 추구하면 다음과 같은 이론이 될 것입니다.

현실세계의 4차원 시공간을 실수 좌표점 $\langle x, y, z, t \rangle$로 분할한다. 이리하여 실수와 같은 만큼의 무한한 존재자가 얻어진다. 그리고 각각의 시공간 좌표 $\langle x, y, z, t \rangle$에 물질이 채워져 있으면 1, 물질이 없는 공허라면 0을 할당한다. 이리하여 $\langle\langle x, y, z, t \rangle, u \rangle$의 변수에 구체적 수치가 대입된 쌍(pair)이 무한개 갖추어진다(x, y, z는 공간의 3차원, t는 시각, u는 0 혹은 1). 그것들을 전부 모은 집합이 한 개의 가능세계에 해당하는 것이다.

이것은 이 세상의 모든 물질의 궁극적인 조성은 단지 한 종류의 물질(혹은 에네르기)로 이루어진다는 암묵적 상정에 서 있는 듯이 보입니다만, 만약 현실에 n종류의 궁극 단위가 있다면 u에 대입되는 수를 0에서 n까지로 늘리면 그만일 뿐입니다. 궁극 단위로서의 비물질, 예컨대 정신이라는 것이 만약 현실에 있다면 u값의 후보로 그것도 포함하면 될 뿐인 것입니다(단, 이하 단순화를 위해 소재로서의 비물질은 무시하기로 합시다). 이것이라면 한쪽 팔이 없는 나든 제3차 세계대전이든 초광속 로켓이든 네시(Nessie)든 유령이든 영원의 허공과 흑암 속에서 일순 한 점 빛만 번뜩이는 세계든 마음대로 할 수 있습니다. 확실히 그럴듯한 이론이 아닙니까?

앞 절의 '명제의 최대 집합'이나 '최대 사태'의 정의를 상기해 주십시오. 가능성에 관해 생각하는 모든 사람은 무수한 가능세계 산출을 위해 어떤 조합의 개념에 의존해야만 했습니다. 7절에서 세계의 포화성이라는 것을 보았습니다만, 무릇 왜 우리들이 가능세계가 무한하게 있다고 생각하느냐

하면 사물의 조합이 무한하게 있기 때문인 것입니다. 따라서 조합의 결과를 특별한 실체로 승격시키지 않고 조합을 그대로 사용하는 것이 훨씬 경제적인 생각이라고 조합주의자들은 주장하는 것입니다. 양상도 가능세계도 완강하게 거부하는 콰인과 같은 철학자도 이 조합주의적인 생각에는 꽤 공감을 나타내고 있는 듯합니다.

'조합' 이론으로의 관문
조합주의는 현실주의이므로 현실세계 내의 시공간 좌표와 물질밖에는 이용할 수 없습니다. 그렇다면 첫번째로 현실세계보다도 차원이 큰 가능세계를 어떻게 다룰 것인가 하는 문제가 생길지도 모릅니다. 5차원 이상의 기묘한 시공으로 이루어진 세계 같은 것 말입니다. 그러한 경우는 아마도 쌍의 처음 네 변수 중 어느 것인가를 반복 이용해서 다섯 쌍, 여섯 쌍 하고 증가시켜 가는 것으로 해결될 것입니다.

　현실세계보다도 많은 물질이 있는 가능세계도 조합주의에 있어서 위협은 되지 않습니다. 확실히 가능세계를 극소 원자의 조합이라고 하는 생각은 현실에 존재하지 않는 원자가 한 개라도 등장하는 세계를 다룰 수 없게 되어 버립니다만, 시공간 좌표의 충전(充塡)을 이용하는 버전이라면 쌍의 두번째 변수 u에 단지 0이나 1(……혹은 n)을 지정하면 될 뿐이므로 간단합니다. 그러나 수량에 문제는 없다고 해도 충전 소재의 성질에 관해서는 어떨까요. 현실에 존재하지 않는 종류의 물질이 있을 수 있지 않을까요.

　알기 쉽게 어떤 특성을 가진 물질로 생각해 봅시다. 예컨대 전자도 양자도 존재하지 않는 세계를 생각해 보면, 우리가 사는 세계에 있는 전하(전기)라는 성질은 불가능, 아니 불가능하다기보다 이해 불가능할지도 모릅니다. 그럼에도 불구하고 대전(帶電) 물질은 실제로 가능합니다. 그렇다면 우리가 생각할 때는 이해 불가능하고 구성 불가능한 기본 성질을 띤 물질이 실은 가능하다고 생각하는 것이 타당하지 않을까요.

이 문제에 대해서는 다음과 같이 답할 수 있을지도 모릅니다. 물리적 성질이라는 것은 전하나 스핀이나 쿼크의 '색'(color)이라든가 '향'(flavor)과 같은 아무리 미세한 성질이라도, 어느 것이나 u에 대입되는 기본 단위가 아니라 시공간의 충전/비충전의 패턴이 결정되면 그 위에 단순히 부대한다. 그러므로 실수 개로 세밀하게 분할된 치밀한 시공 조직만 주어진다면 그 모든 시공간 좌표의 충전/비충전의 조합에 의해 어떠한 정묘한 성질도 실현시킬 수 있는 것이라고 말입니다.

확실히 그렇게 생각하는 것은 우리의 직관에 어느 정도 합치하고 있는지도 모릅니다. 물리학자가 그리는 대통일 이론 등도 이러한 종류의 생각일지도 모릅니다. 모든 성질이, 말하자면 이 현실세계의 어떠한 개체도 그것을 구현하고 있지 않은 불가사의한, 우리가 상상도 할 수 없는 성질도 포함해서, 어떠한 성질도 실수 좌표의 미세한 모양 위에 부대한다. 이러한 공리에 호소하면 몇 종류나 되는 충전 물질을 생각할 필요도 없고 변수 u는 실로 추상적인 0이나 1만으로 족하며 충전 단위의 종류도 신경 쓸 필요가 없게 될 것입니다. 무한히 작은 미시적 패턴 전체만을 결정하면 광역적 성질은 전부 알아서 부대하여 결정된다는 것이 조합주의의 의도이기 때문입니다. 그러나 실은 그 부대성이라는 그것 자체가 조합주의에 치명적인 문제를 야기합니다.

부대성을 비양상화하라!

시공간 좌표 충전의 미분적 반복 패턴 Q가 있을 때 광역적으로는 마이너스 전하가 부대한다고 합시다. 이것은 "충전 패턴 Q가 실현되어 있다면 거기에는 마이너스 전하가 실현되어 있다"는 것이 필연적이라는 것입니다. 그러나 시공간 좌표의 충전 패턴에만 전념하는 조합주의의 범위 내에서는 "배열 Q가 실현되어 있고 거기에 마이너스 전하가 실현되지 않는다"라는 (불가능한) 경우를 배제할 수 없게 되는 것은 아닐까요. 중력장이 있다든가, 삼각추가 있다든가, 단풍이 있다든가, 인간이 있다든가 하는 일상적인 광역적 성질에 있어서도 마찬가지입니다.

그래서 조합주의는 미세한 조합만이 아니라 광역적인 성질이 나오는 조합도 고려해서 불가능한 세계를 배제해야만 합니다. 즉, 미세한 충전 패턴조직과 부대관계로 결부되지 않은 광역적인 성질을 같은 시공영역에 공존시키는 조합을 금해야만 합니다. 그러나 이것은 "충전 패턴 Q가 실현되어 있다면 거기에 마이너스 전하가 실현되지 않는다는 것은 불가능하다", "패턴 R이 실현되어 있다면 거기에 인간이 실현되어 있지 않다는 것은 불가능하다"……라는 양상적 조건의 인식에 기반하고 있습니다. 이것으로는 기본 개념으로서의 양상을 시공간 좌표의 조합으로 환원한 것이 아니라 역으로 양상 쪽을 기본적인 지침으로서 이용하고 있는 것이 되어 버릴 것입니다. 이리하여 조합주의는 가능세계를 모두 포함하고 불가능세계를 전부 배제하려고 하면, 근본적인 곳에서 어떻게 해도 양상에 의존하지 않으면 안 되게 되는 듯 생각되는 것입니다.

개념주의가 중시하는 '마음'의 존재를 둘러싸고도 비슷한 문제가 생깁니다. 마음은 물질 위에 부대하는 현상인 것일까요, 물질로부터는 독립된 실체인 것일까요? 이 현실세계 ⓐ에서는 물질의 복수적 충전 패턴 T가 실현되어 있을 때 광역적으로 반드시 슬픔 S가 생기고 있다고 합시다. 그러나 다른 가능세계에서는 같은 패턴 T가 분노를 생기게 하거나, 기쁨을 생기게 하거나, 전혀 의식을 발생시키지 않거나 하는 경우가 있는 것은 아닐까요. 역으로 패턴 T와는 다른 더욱 단순한; 경우에 따라서는 완전한 공허에서 슬픔 S가 둥둥 떠다니고 있는 가능세계 역시 있어도 상관없지 않을까요. 충전 패턴만으로 세계를 결정하는 조합주의에서는 그러한 광역 성질의 다양성(variation)을 설명할 수 없는 것입니다.

§16. 현실주의의 한계

현실주의자의 딜레마

각종 현실주의의 딜레마가 이리하여 명백하게 되었습니다. 이론의 여지가 없는 실재 대상만을 사용해서 가능세계를 만들어 내려고 하면 아무래도 너무 부족하게 되고, 부족하지 않은 가능세계의 목록을 얻으려고 하면 기본개념으로서의 양상을 갖고 들어가야만 합니다. 그리고 양상이라는 것은 1장에서 보았듯이 애매하고 의미를 잘 알 수 없는 것이고, 따라서 그것을 가능세계의 개념에 의해 소거할 수 있을 것이라고 기대했던 것입니다. 그 양상이 가능세계의 정의로 부활하는 순환론은 바람직한 것은 아닙니다.

　필시 최선의 현실주의적 가능세계론의 방침은 다음과 같이 되지 않을까요. 우선 가능한 곳까지 조합주의와 같은 자연주의를 적용하고, 어쩔 수 없는 아슬아슬한 지점에서 명제나 성질과 같은 양상에 호소한다. 그리고 양상이 적용될 곳을 최소한으로 억제해서 순환 정의는 무해하다고 변증한다. 그러나 순환 정의가 반드시 전혀 도움이 되지 않는 것은 아니라 해도 순환을 범하지 않는 경합 이론이 있는 경우에는 순환을 포함하는 이론을 고집할 동기는 희박하게 되어 버립니다.

　라이벌인 루이스형 가능주의의 이점은 바로 순환론을 회피하고 양상이라는 내포를 외연주의적으로 설명할 수 있다는 것입니다. 앞 절 마지막에서 본 문제, 왜 미세 조직과 광역 성질이 부대성으로 결부되는가 하는 문제에 관해서도 조합주의와 같이 양상에 호소할 필요는 없습니다. 가능세계란 우리가 어떻게든 조리에 맞춰 만들어 낸 추상개념이 아니라 객관적으로 그러한 것으로서밖에 존재하지 않는 것이기만 하면 모든 문제는 해결되는 것입니다(루이스의 가능세계 실재론은 '양상실재론'Modal Realism이라 불려 왔습니다. 양상이 기본 요소로서 실재한다는 양상주의적 현실주의와 혼동하기 쉬우므로 그다지 좋은 명칭은 아니라고 생각합니다만, 관례이므로 이제부터 루이스의 이론을 가리키는 데 '양상실재론'이라는 이름을 종종 사용하기로 하겠습니다).

인식적 순환은 무해하다

단, 루이스의 가능세계론이 정말로 순환을 피하고 있느냐에 대해서는 뿌리 깊은 반론도 있습니다. 생각해 보면, 루이스는 대체 왜 논리공간 속에 무수한 가능세계들이 실재하고 있다고 믿게 된 것일까요. 다시 말해, 가능세계들이 '가능한' 세계라는 것을 어떻게 알고 있을까요.

예컨대 "제2차 세계대전에서 10억 명이 죽었다"는 것이 성립하는 세계는 가능세계로서 존재하고 "제2차 세계대전이 독신이다"라는 것이 성립하는 세계는 불가능하므로 존재하지 않는다는 것을 루이스는 어떻게 알 수 있는 것일까요. 그 이유는 곧 "제2차 세계대전에서 10억 명이 죽었다"라는 것이 가능하고 "제2차 세계대전이 독신이다"라는 것이 불가능하다는 것을 루이스가 알고 있기 때문에 다름 아닙니다. 즉, 루이스도 어떠한 가능세계가 있는가 하는 것을 기초로 해서 어떠한 사태가 가능한가를 인식하고 있는 것은 아닙니다. 그 역입니다. 어떠한 사태가 가능한가를 미리 알지 못하고는 어떠한 가능세계가 있는가 하는 것을 아는 것은 불가능한 것입니다.

그렇다면 이렇게 가능세계론이 무엇이 가능한 것인지를 발견하거나 설명하는 것에 사용되지 않고 단지 우리의 양상적 직관을 추인(追認)할 뿐이라고 한다면, 왜 그것이 필요케 되는 것일까요. 아니, 물론 1장에서 보았듯이 가능세계 개념이 철학이나 논리학의 개념 정리에 극히 유용한 역할을 하고 있다는 것은 주지의 사실입니다. 그러나 그것은 단순히 가능세계라는 개념이 유용하다는 것을 나타내고 있을 뿐이지, 가능세계라는 물리적 실재가 존재하고 있다는 것을 전혀 나타내고 있지 않다는 것이 현실주의자들이 역설하는 점인 것입니다.

그러나 첫번째로 인식의 순서는 형이상학적 우선성과는 관계가 없습니다. 바위나 식물이나 인간과 같은 일상적인 감각대상과 분자나 원자나 소립자와 같은 이론적 대상에 관해 생각해 봅시다. 감각대상의 본성을 설명하기 위해 분자나 원자의 구체적 실재를 제안하고, 원자나 분자의 구체적 실재를 인식하기 위해 감각대상(예컨대 현미경 사진의 도상이나 계기計器가 내놓는 그래프)에 의존했다고 해도, 그것은 전혀 이론적인 순환은 아닙니다. 원자나 분자의 인식 수단이 감각대상이라 해도, 분자나 원자의 본성을 감각대상으로 정의하지만 않으면 그것은 단순한 인식적 순환으로 무해한 것입니다. 마찬가지로 가능성이나 필연성을 설명하기 위해 가능세계들의 실재를 제안하고, 가능세계들의 실재를 인식하기 위해 가능성이나 필연성에 관한 직관에 호소한다고 해도, 서로가 서로를 정의하지 않는 한 그것은 전혀 이론적인 순환은 아닙니다. 그리고 루이스의 이론은 가능세계를 양상으로 정의하고 있지 않은 것입니다.

실재론이야말로 우리의 직관에 부합한다?

양상의 인식과 관련해서 '양상적 직관의 개정(改訂)'이라는 또 한 가지 더 있을 수 있는 사태에도 루이스적 실재론은 잘 대응할 수 있는 듯 생각됩니다. 즉, 무엇이 가능했는가에 관해 우리가 인식을 변경하는 일이 일어난다는 것입니다(예컨대 플러스 전하와 마이너스 전하가 동일 시공영역에 겹쳐서 실현되는 일은 가능한가?). 이것도 인간의 규약적 정의로는 필연성이나 가능성의 본성이 다 해명되지 않고 인간 지성 바깥에 객관적인 가능세계들이 가능성의 범위를 통어(統御)해서 존재한다는 직관을 입증하고 있는 듯 생각되지는 않습니까? 직관적 파악이 따라잡지 못한 채 어떤 정의로 미리 양상의 본성을 결정한 척해야만 하는 현실주의 이론들 쪽이 이런 점에서 불리하다는 것은 부정할 수 없을 것입니다.

무릇 현실주의 이론들이 제시하는 '가능세계'의 본성이 되는 실체들은 '가능세계'라는 말의 지시대상으로서 의도된 모델과는 어긋나 있습니다. 현실주의 이론들의 장점이라고 하면 가능물이라는 현실 바깥의 존재를 제안하지 않고 논의할 수 있다는 것입니다만, 본래 우리가 가능물이나 가능세계의 이야기나 사색을 시작했다는 것 자체가 이러한 현실주의의 경계를 파괴할 결의를 하고 있었던 것은 아닐까요. 그런데 다시 현실세계의 내부로 모든 논의를 되돌려야만 한다면 대체 가능세계의 이야기를 시작한 의의는 무엇이었던 것일까요.

완벽한 묘사를 찾는다면……

이 장에서 채택해 온 현실주의의 여러 이론들은 어느 것이나 다시 크게 이분할 수 있습니다. 즉, 모든 유형을 종단(縱斷)하는 형태로 다음 관점에서 두 종류의 형이상학을 구별할 수 있습니다. 제안된 실체가 곧(equal) 가능세계(혹은 가능물)인 것인가, 그렇지 않으면 해당 실체가 가능세계(혹은 가능물)를 단순히 표현하는 것인가 하는 구별이 그것입니다.

　전자의 생각에 의하면 가능세계는 실재합니다. '문장의 집합'이라든가 '명제의 집합', '최대 사태', '개념의 내용', '시공간 좌표의 조합'이라는 추상적 실체 그 자체로서. 한편 후자의 생각에 의하면 그 추상적 실체들은 단순한 표현입니다. 표현된 가능세계 그 자체는 우리의 소박한 이미지대로, 즉 루이스가 말하는 대로의 구체적인 세계들이 됩니다만, 그러한 세계들은 전혀 존재하지 않습니다. 가능세계 그 자체는 실재하지 않고 그 표현만이 실재합니다. 그것들은 바로 "셜록 홈즈는 독신이다"라는 문장 속의 고유명사 '셜록 홈즈'가 셜록 홈즈를 표현하고 있다거나, 불을 토하고 비늘과 날개를 가진 동물 같은 도상이 용(dragon)을 나타내는 회화인 것과 마찬가지인 것입니다. 표현 대상인 셜록 홈즈나 용 그 자체는 어디에도 없고 아무것도 아니지만, '셜록 홈즈'라는 말이나 어떤 색과 형태로 이루어진 도상이 존재한다는 것에는 의문의 여지가 없습니다. 마찬가지로 실재하는 추상적 실체가 실재하지 않는 구체적 세계들을 의도하는 모델로서 표현하고 있다는 것입니다.

　그러나 이 '표현주의'라고도 부를 수 있는 입장을 취하면 '표현하다'라는 것이 정확히 무엇을 의미하고 있는가 하는, 마찬가지로 순환처럼 보이는 문제가 생길 우려가 있을 것입니다. '표현'이 '의미'와 밀접한 관계가 있다는 것은 당연한 일이고 또 1장에서 보았듯이 대체 의미란 무엇인가를 설명하는 것이 가능세계 도입의 한 효용이었으므로, 그 가능세계란 무엇인가 하는 것에 "명제의 최대집합이 표현(의미)하는 것이다"라든가 "최대 사태가 표현(의미)하는 것이다"라든가 하는 정의가 잠재하고 있는 것이라면 당초의 '의미'의 이해로부터 한 걸음도 나아가지 않게 되어 버립니다.

단, 가능세계론이 해명하는 것에 뜻을 두고 있었던 '의미'란 본래는 '언어적 의미' 혹은 '명제의 의미'에 한정되어 있었습니다. 그러므로 만약 '명제의 최소 집합'이나 '최대 사태', '포괄적 성질' 등등이 회화(繪畵)가 주제를 표현하듯이 루이스형 가능세계를 '의미하는' 것이 가능하다면 순환은 일어나지 않을 것입니다. 게다가 회화(혹은 영상)와 주제의 결합은 구성요소의 시공간적 배치의 동형 대응이라는 비내포적, 비관습적, 자연적 개념으로 정의할 수 있을 전망이 있습니다.

그러나 여기에서도 문제가 있습니다. 회화, 영상적 묘사가 간략화된 것이 아니라 완전하기 위해서는 그 묘사 자체가 시공적으로 완전해야만 합니다. 그렇다면 그 묘사는 이미 '추상적 실체' 따위가 아니라 그 자체가 시공적으로 펼쳐진 루이스적 가능세계 그 자체가 되지 않을 수 없습니다. 즉, 묘사대상과 구별된 표현 매체일 여지가 없게 되어 버리는 것입니다. 이리하여 어떻게든 현실의 경계 내부에 머물려 하는 표현주의의 의도는 높이 사지만 역시 표현주의적 현실주의가 유효한 것도 아니라고 판정을 내리지 않을 수 없을 것입니다.

§17. 허구주의 ― 실용이라는 진리

'믿기 힘들다'로부터의 해방

앞 절에서 허구적 묘사의 이야기를 꺼냈습니다만, 허구라는 개념을 이용하는 것으로 또 다음과 같은 구별을 생각할 수도 있습니다. 즉, 가능세계가 '물리적 실재'라든가 '명제의 집합'이라든가 '최대 사태'라든가 '시공간 좌표의 조합'이라고 말할 때 그 주장은 문자 그대로의 의미에서 참인가, 그렇지 않으면 "가능세계 이론(이라는 허구)에 의하면"이라는 단서를 붙

인다는 조건하에서만 참이라고 간주되는가 하는 구별입니다.

이것은 제안된 실체를 표현 대상과 직접 결부시키는 것이 아니라 이론 전체를 허구적 표현의 입장에 둠으로써 가능세계의 장점(기능)만을 남기고 까다로운 존재론적 논의를 전부 괄호에 넣어 버리려고 하는 전략입니다. 이것은 기디언 로젠(Gideon Rosen) 등이 주장하는 '허구주의'라는 입장입니다.

허구주의는 가능세계 이론이라는 허구 내에서 가능세계라는 실체가 마치 존재하는 듯이 취급된다고 생각합니다. 그 실체의 본성이 무엇이라고 간주되는가는 각각의 허구에 따라 다릅니다. 그 중에서 가장 잘 기능하는 허구를 정통적 이론으로서 인정하고 사용하려고 하는 것은 아닌가 하고 생각됩니다.

그러나 이미 보았듯이 14, 15절에서 든 현실주의의 각 버전에 관해서는 양상주의적인 현실주의도 자연주의적인 현실주의도 가능세계라는 편리한 장치의 잠재 능력을 백 퍼센트 활용할 수 없다는 아쉬움이 있었습니다. 그렇다면 그 능력을 '허구'라는 또 한 단계 더 간접적인 층위에 억지로 집어넣을 동기도 명목도 얻을 수 없다고 말하지 않을 수 없습니다. 즉, 허구주의를 취하는 동기가 확실하게 되는 것은 가능세계 이론이라는 허구의 내용이 루이스형 양상실재론인 경우에 한정될 것입니다. 어쨌든 양상실재론의 명백한 결점은 '믿기 힘들다'라는 한 가지뿐인 듯 생각되므로, 그것을 '허구'라는 것으로 괄호로 묶기만 하면 존재론적 부담에 고민할 것 없이 양상실재론의 장점을 충분히 활용할 수 있다는 것입니다.

허구주의에 의하면 "제3차 세계대전이 일어나는 구체적 가능세계가 존재한다"고 우리가 말할 때 그것은 실제로는 "양상실재론이라는 허구에 의하면 제3차 세계대전이 일어나는 구체적 가능세계가 존재한다"라는 의미라고 간주됩니다. 즉, 우리는 결코 가능세계 그 자체에 관해 말하고 있는 것이 아니라 양상실재론이라는 허구에 관해 말하고 있음에 지나지 않다는 것입니다. 용감무쌍한 실재론의 풍부한 전과만 가로채고 자신은 안전권으로 물러나 있는 듯한 넉살 좋은 이론입니다만, 이론에 있어서 참이란 정말로 실재하는 사태의 존재양식과 일치하는 것이라는 진리 대응설을 방기하고, 잘 기능하기만 한다면 그것이 진리라는 프래그머티즘(실용주의)의 이론관을 관철한 생각이라고 평할 수도 있을 것입니다.

그러나 이 전략이 과연 잘 기능할까요? 허구주의에 관해서는 다중 양상이 나타나는 경우에 부자연스러운 해석에 빠져 버린다는 난점이 지적되고 여러 개량안이 제출되고는 다시 수정되는 등 활발한 논의가 행해지고 있습니다만, 너무나도 전문적이고 너무 세세하여 재미있는 논의는 아니므로 여기서 논하는 것은 그만두겠습니다. 그 대신에 철학적으로 중요하다고 생각되는 문제점을 두 가지 지적해 두기로 합시다.

이점이 있으므로 선택한다

첫번째는 가능세계 이론이 허구라고 한다면 허구를 가능세계로 분석하는 접근(6절)은 방기해야만 하는가 하는 점입니다. 허구를 허구 자체로 분석하는 것이 되고 순환논법이 될 듯하기 때문입니다.

이것에 관해서는 일단 걱정할 필요는 없습니다. 가능세계에 의한 분석 대상이 되는 허구는 모두 문학적 픽션이고 그 내용은 하나의 가능세계 내에서 일어나고 있는 사건을 기술한 작품으로서 해석됩니다(6절에서 보았듯이 설령 다수의 가능세계에 의해 분석된다고 해도). 이것에 비해 양상실재론이라는 허구는 어디까지나 이론이므로 논리공간 전체를 기술하고 있습니다. 즉, 내용으로 보자면 다수의 가능세계 간의 관계를 기술한 허구입니다. 문학적 허구와 양상실재론의 허구는 묘사 대상인 가능세계와 서로 전혀 다른 관계를 갖는 다른 종류의 허구가 됩니다. 따라서 문학적 허구를 양상실재론이라는 허구로 분석하는 것은 전혀 순환논법이 되지 않는다고 생각됩니다.

그러나 이것으로 정말로 안심할 수 있게 되냐면, 실은 의심스럽습니다. 문학적 허구는 그 내용에 있어서 거의 제한이 없으므로 다수의 가능세계들의 상호 관계를 그리는 작품을 소설가가 쓰는 경우도 전혀 상관없습니다. 개개의 가능세계를 등장인물로 삼아서 그들 간의 유사성이나 도달 관계가 짜여져 이루어지는 드라마를 극적으로 그려 내거나 시공적 연결도 인과관계도 숙명적으로 결여하고 있다는 비애를 각 가능세계의 관점에서 절실히 그려 낸 소설 등도 생각할 수 있습니다. 그러한 통상적인 소설과는 동떨어진 '형이상학적 픽션'에 있어서의 진리를 분석하기 위해서 6절의 정의를 적용 못 할 이유는 없습니다. 적용이 다소 복잡하게 되기는 하겠지만 같은 형태의 정의가 그대로 사용될 것입니다. 그렇게 하면 당연히 순환논법이 되어 버립니다. 글의 내용이 하나의 세계를 그리고 있는가, 다수의 세계들을 그리고 있는가에 따라 허구를 두 종류로 나누는 것만으로는 불충분하다는 것을 알 수 있습니다.

양상실재론이 문학적 허구와는 다른 종류의 허구라는 것을 확실하게 하기 위해서는 기술된 가능세계의 수에 의해서가 아니라 문학인가 이론인가 하는 구별에 의지하는 수밖에 없을 것입니다. 이것은 물론 가능세계론의 화제라기보다는 현실세계 내의 언어행위론의 문제가 됩니다.

허구주의가 잉태한 또 하나의 보다 결정적인 난점은 양상실재론을 '허구이다'라고 함으로써 존재론적 부담을 면하기는커녕 역으로 설명의 의무가 생겨 버린 것은 아닌가 하는 의혹입니다. 즉, 왜 가능세계론의 허구로서의 여러 현실주의나 라이프니츠형 가능주의가 아니라 루이스형 양상실재론을 채용하는 것인가에 대한 설명이 요구되는 것입니다.

허구로서라 할지라도 굳이 양상실재론을 채용하는 것은 그것만의 이점이 있기 때문입니다. 그러나 무릇 우리는 이점이 있는 이론이나 세계관을 단적으로 '실재'라 부르고 있습니다. 지구가 둥글다는 것, 어제라는 날이 존재했다는 것, 눈앞에 있는 이 불에 닿으면 화상을 입는다는 것 등등은 그렇게 생각하고 행동하거나 이론을 구성하거나 하는 쪽이 그렇지 않은 것보다도 확실히 이점이 있기 때문에 진실이라 불립니다. "확실히 지구는 둥근가", "확실히 어제는 있었는가" 하고 캐물으면 마지막까지 고집해야 할 100%의 확신은 없으므로 엄밀한 의미에서는 그것들도 '허구'라 불려야 할지도 모릅니다. 그러나 그렇게 되면 모든 이론이나 명제는 허구가 되어 버리고, 허구라는 개념은 의미를 잃습니다. 결국 프래그머티즘의 진리관을 성실하게 끝까지 파고들어 따져 보면 우리는 있을 수 있는 선택지 중에서 가장 잘 기능하는 생각을 있는 그대로의 진실을 나타내는 생각이라고 인정하지 않을 수 없습니다. "실제로는 그것은 허구이다"라는 단서는 완전히 쓸모없는 것이라고 말해야 할 것입니다.

프래그머티즘은 어느 쪽?
역으로 허구주의의 이념을 충실하게 끝까지 파고들어 따져 본다고 하면 허구주의 자체가 잘 기능하는 허구라고 말해야 합니다. "제3차 세계대전이 일어나는 구체적 가능세계가 존재한다"는 실제로는 "양상실재론이라는 편리한 허구에 의하면 제3차 세계대전이 일어나는 구체적 가능세계가 존재한다"라는 의미이고, 그것은 실제로는 "허구주의라는 편리한 허구에 의하면, 양상실재론이라는 허구에 의하면, 제3차 세계대전이 일어나는 구

〈그림 3〉 '가능세계란 무엇인가'를 둘러싼 '주의'들

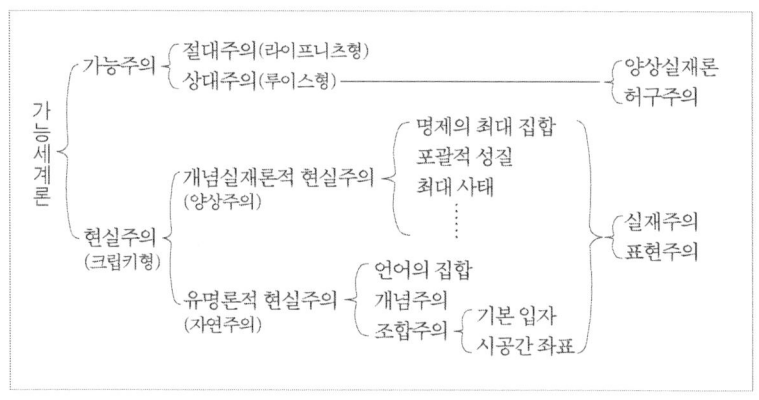

체적 가능세계가 존재한다"라는 의미이고 그것은 실제로는 …… 하고 무한소급에 빠집니다. 어딘가에서 "허구에 의하면"이라는 조건을 멈추어야만 합니다. 그 장소가 출발점인 양상실재론을 채용한 시점이라 하는 것에 아무런 불합리가 없는 것은 아닐까요? (있는 그대로의 양상실재론에 있어서는 허구주의 특유의 새로운 다중 양상 문제 등이 아직 생겨나지도 않았고 말입니다.)

결국 허구주의는 이점이 있는 생각을 단적인 진실로 인정한다는 프래그머티즘의 진리관에 반하고 있습니다. 허구주의의 근저에 있는 것은 아마도 다음과 같은 망설임일 것입니다.

"양상실재론은 확실히 잘 기능한다. 그러나 가능세계가 구체적으로 존재한다는 생각을 믿어 버려도 좋은 것인가. 실제로는 그런 구체적 가능세계 따위가 존재하지 않으면 어떻게 할까. 사실에 반하는 이론을 그대로 채용하는 것은 꺼림칙하다. 하느님이 화 낼지도 모른다. 그렇지만 양상실재론이 도움이 되는 것은 확실하므로, 뭐 공공이용(公共利用)의 허구라고

해두자."…… 이것이야말로 이른바 진리대응설, 실재론적인 진리관이라고 말해야 합니다. 사실이란 무엇일까요. 그것에 대조해서 진위를 가늠하는 절대적 실재일까요. 전지전능한 신의 뜻일까요. 도움이 되는 것만으로는 진위의 궁극적 판정에 불충분한 것일까요.

이렇게 해보면 실재에 개입하지(commit) 않는 실용론적 사상이 허구주의이고 실재에 구애되는 것이 양상실재론이라는 당초의 이미지와는 정반대로, 허구주의야말로 실재론이고 양상실재론 쪽이 확실하게 프래그머티즘이라는 것을 알 수 있습니다(실제로 루이스가 자기 이론을 옹호하는 요점도 결국 양상실재론이 가장 잘 기능하기 때문입니다).[2] 따라서 허구주의는 형이상학으로서도 기법으로서도 받아들일 수 있는 입장은 아닙니

---

[2] 여기서 저자는 가능세계에 관한 논의를 크게 양상실재론과 양상현실론(Modal Actualism)으로 나누고 있는데, 세세한 분류 기준에서는 차이가 나긴 하지만 크게 이렇게 대조하는 것은 루(M. J. Loux)나 반 인와겐(Peter Van Inwagen) 등 대부분의 철학자들이 전통적으로 구분해 온 것과 같은 분류 방식이라 볼 수 있다. 하지만 최근 일부 철학자들에 따르면 가능세계의 존재를 인정하지 않는 반(反)실재론(Anti realism)이 새로운 분류 기준으로 등장하였고, 스스로 반실재론자라고 한 치하라(Charles S. Chihara)는 양상실재론과 양상현실론을 합쳐서 양상실재론이라 칭하고 이와 대조되는 것으로 반실재론이 있다고 구분하고 있다. 이는 아마도 반실재론이 아예 가능세계의 존재를 인정하지 않는 데 비해 적어도 가능세계가 있다는 것을 인정하긴 한다는 점에서 기존의 양상실재론과 양상현실론이 가능세계를 '실재한다'고 보고 있다는 식의 해석인 듯하다. 그러나 이는 전통적으로 차이가 있기 때문에 그렇게 분류해 온 양 가능세계론 간의 차이를 무시하고 있는 듯 보인다. 어쨌든 반실재론의 구분에 따르면 로젠의 허구주의는 포브스(Graeme Forbes)나 치하라의 이론과 함께 가능세계 개념에 대한 설명을 회피하면서 가능세계 의미론의 설명력에 필적하는 다른 대안을 제시하려는 시도로 꼽힌다. 가능세계 명제를 양상 명제로 환원하여 순수 양상 명제만으로 의미론적 설명을 하려고 시도하는 포브스는 확실히 반실재론자인 듯 보인다. 이에 반해서 로젠이 말하는 "양상실재론과 같은 내용으로 구성된 허구"라는 것은 가능세계 개념에 대한 존재론적 개입(ontological commitment)을 회피하려는 시도인데, 치하라는 어쨌든 로젠의 허구주의가 가능세계를 허구로 취급하므로 반실재론적 태도라고 보고 있는 데 비해 저자는 〈그림 3〉에서 양상실재론과 하나로 묶어 분류하고 있다(허구와 실재론에 대한 어찌 보면 이상해 보이는 이런 결합은 저자의 다른 저서인 『허구세계의 존재론』에서 자세히 다루고 있다). 이런 점을 유의하고 위의 도식을 살펴보는 것이 좋다.

다. 양상실재론을 그 함의도 모르면서 받아들일 수 없다면, 허구라는 명목으로만 사용하는 것이 아니라 오히려 그것이 허구주의자가 평가할 만큼 정말로 유용한가, 즉 이점의 이면에 치명적 모순이나 혼란이 잠재하고 있지는 않은가 하는 탐색을 한 차례 시도해 보는 것이 필요할 것입니다. 양상실재론에 대한 그러한 탐색이 다음 4장의 목적이 됩니다.

4장_가능세계는 정말로 있는 것인가?

§18. 면도날을 날카롭게 갈아라

"존재를 무턱대고 증가시켜서는 안 된다"

순환을 포함하지 않고 외연주의적 설명을 수행할 수 있는 양상실재론은 허구주의자가 인정하는 대로 적용했을 때 가장 이점이 큰 학설입니다. 그렇긴 합니다만, 유감천만하게도 "모든 가능세계는 현실세계와 완전히 똑같이 실재하고 있다"라는 터무니없는 주장을 함축하고 있습니다. 그러나 양상실재론의 결점은 이 '믿기 힘들다는 점'뿐일까요? 실은 그 외에도 현실주의 이론들에서는 생기지 않는 양상실재론 특유의 난점이 몇 가지 지적되고 있습니다. 이번 장에서는 이 난점들을 음미할 것입니다만, 우선 본 절에서는 가장 눈에 띄는 '믿기 힘들다'는 난점에 관해 생각해 보기로 합시다.

양상실재론의 믿기 힘든 점은 뭐니뭐니 해도 그것이 용인한다고 해야 할까, 요청하는 존재자의 수와 모습이 상식에서 벗어날 정도로 엄청나게 많다는 것입니다. 보라색의 아기 귀신이나 신장 백 미터의 인간, 광속을 초월한 우주선까지도 당신이나 나와 같은 자격으로 어딘가에 물리적 구체물로서 존재하고 있다는 것입니다. 물론 믿기 힘들다는 것 자체는 루이스의 이론을 전혀 반박하는 것은 아닙니다. 실제로 상대성 이론, 양자역학, 불완전성 정리 등 처음에는 믿기 힘들어도 믿지 않을 수 없는 과학이론은 일일이 들 수도 없을 만큼 많지 않습니까.

철학에서는 전통적으로 '오컴의 면도날'이라는 규범이 있습니다. 14세기의 스콜라 철학자 오컴의 윌리엄(William of Ockham)이 이용한 원리로 "존재를 무턱대고 증가시켜서는 안 된다"라는 절감의 원리입니다. 우리가 도쿄타워나 도쿄 도청 건물이 존재한다고 인정하는 것은 그것이 없다고 생각하면 물리적·사회적으로 좋지 않은 상황이 되고 아무래도 필요하기 때문입니다. 한편 도쿄타워 꼭대기에 항상 눈에 보이지 않는 고양이가 있다고 우기는 것은 결정적으로 반증되는 것은 아니라고 해도 옳다고는 인정할 수 없을 것입니다. 루이스 식의 양상실재론이 무턱대고 인정하는 보라색 아기 귀신, 신장 백 미터의 인간 등도 마찬가지 아닐까요. 그러한 것이 존재하지 않는다고는 확실히 누구도 반증할 수 없습니다. 그러나 직접 증명할 수도 없습니다. 아무리 가능세계론이 쓸모가 있기 때문이라고 해도 그러한 의심스러운 존재를 분별없이 존재케 해도 좋은 것일까요?

그러나 오컴의 면도날은 두 겹의 면도날입니다. 한쪽 날은 존재의 수에, 또 한쪽 날은 존재의 종류에 적용됩니다. 존재의 수를 무턱대로 증가시키는 것은 안 된다. 그러나 존재의 종류를 증가시키는 것은 더욱 조심해야 할 것이다. 오컴학파가 본래 면도날을 갖다 댄 것은 개념실재론자들이 무턱대고 도입하는 보편 개념에 대해서였습니다. 네, 뭐니뭐니 해도 우리는 구체적 개체가 존재한다는 것은 어떠한 것인지 이해할 수 있어도, 보편이라든가 양상, 성질이 존재한다고 하면 어떤 식으로 존재하고 있는 것인지 그 이미지조차 떠올릴 수 없는 것이 보통입니다. 양상실재론은 과도한 수의 개체를 도입하는 대신에 그로써 모든 양상적 추상 개념을 없앨 수 있으므로, 존재의 수를 증가시키면서도 존재의 종류를 감소시키고 있고(구체적 개체라는 한 종류로 통일하고 있고) 우리의 직관적 이해를 돕고 있으며, 그런 의미에서는 오컴의 면도날에 반하기는커녕 오히려 그 이념을 현실주의자보다도 충실히 실행하고 있다고 말할 수 있지 않을까요.

구체적 존재의 문턱은 높다

그러나 한편 구체적인 것, 물리적인 것에 대한 존재 기준은 보편이나 추상적인 것에 대한 존재 기준보다도 엄격하다는 전통적 풍조가 있습니다. "눈에 보이지 않는 구체적 고양이가 있다"라는 것은 이성적으로 거절하는 사람도 "눈에 보이지 않는 고양이라는 개념이 있다"라는 식으로 추상물로서의 존재가 제안되면 그렇게 강하게 반발하지는 않습니다(이 풍조를 '추상물인가, 그럼 신경쓰지 마' 하고 비아냥대는 유명론자도 있습니다만). '명제의 집합', '최대 사태', '시공간 좌표의 조합'과 같은 추상물도 마찬가지입니다.

그러나 추상물에 관해서는 구체물만큼 엄격한 존재 기준이 필요하지 않다는 것이 그만큼 자명한 것일까요. 이것은 평가하기 어려운 문제입니다. 양상이라든가 보편, 추상적 실체는 확실히 구체적인 개체로 환원되기를 기다리고 있는 듯 보이기도 합니다. 그러나 그렇다고 해서 아기 귀신이나 거인이나 초광속 우주선이라는 구체적 개체를 제한 없이 승인하는 것에도 망설임을 느끼지 않을 수 없습니다.

가능세계라는 개념이 철학·논리학과 같은 형식과학에 있어서 성공을 거둔 경우 그 개념의 의도된 모델인 구체적 세계가 실재하고 있다는 증명이 되는 것일까요. 많은 자연과학들처럼 이론적 실체의 존재를 실험적으로 증명할 수 있는 것이 아닙니다(단, 현대물리학과 가능세계 간에는 의외로 깊은 연관이 있다는 것에 관해서는 5장에서 개관하겠습니다). 결국 문제는 현실세계와 시공적·인과적으로 관계가 없는 곳에 무수한 가능세계가 존재한다는 식의 (확실히 편리한) 상정이 대체 어떠한 근거에서 나오게 되는가 하는 것으로 좁혀질 것입니다. 무릇 무수한 세계가 존재하고 있다고 하는 것을 우리가 있는 여기서 어떻게 알 수 있는 것일까요. 가능세계와 여기는 인과관계가 전혀 없을 텐데 말입니다. 그것은 이미 정의상 알려질 수 없는 것은 아닐까요.

실재론의 유추적 근거

루이스라면 이렇게 대답할 것입니다. 가능한 것은 필연적으로 가능하다 (8절 참조). 즉, 여러 가능성이 있다는 것은 필연적이다. 따라서 무수한 가능세계의 존재는 필연적 사실이다. 수학이나 논리학의 진리와 마찬가지로 관찰에 의해 알려지는 것이 아니라 우리의 양상적 직관에 의해 성립하지 않을 수 없는 진실인 것이다. 바로 지구에 인간이 살고 있다는 전제가 주어진 경우에 그 전제만 인정한다면 필연적으로 지구 역사상 가장 키가 컸던 인간이 존재한다는 것을 내가 알 수 있듯이. 게다가 가장 키가 큰 그 사람과의 인과관계 없이 나는 그러한 사람의 존재를 확신할 수 있다. 필연적 존재에 관해서는 그것과의 인과관계 없이도 그것의 존재를 알 수 있는 것이다…….

또 하나, 양상실재론의 다음과 같은 변증법도 생각할 수 있습니다. 지금까지 자연과학, 형식과학을 불문하고, 여러 존재들이 가정되고 예언되고 뒤에 실증·용인되어 왔다. 중간자(meson), 해왕성, 블랙홀, 음수, 무리수, 허수……. 그것들을 존재로서 도입하는 것이 이론의 통일성, 일관성을 쉽게 실현시키고 개념끼리의 결합을 자연스럽게 했으며 그 효용에 충실하여 존재성을 인정받은 것이다. 가능세계 개념도 철학, 논리학 이론에 대해 이 개념들이 달성한 것과 꼭 같은 형태의 기능을 광범위하게 달성하고 있다. 이것이야말로 가능세계 모델이 그리고 있는 것과 같은 실체가 존재하고 있다는 증거이다…….

이것은 유추에 의한 판단입니다. 즉, 과거의 여러 이론들과 그 속에서 사용된 개념이 더듬어 온 역사를 그대로 철학, 논리학에도 적용하고 있는 것입니다. 과거의 유사한 사상(事象)들의 빈도의 크기로부터 현재의 새로운 사상의 성격을 결정하는 이 방법은 '귀납법'이라 불립니다. 귀납법은 확실히 직접 검증할 수 없는 대상의 유무를 추정하는 강력한 간접적 방법이 될지도 모릅니다.

종합적으로 보면, 지금으로서는 '오컴의 면도날'이라는 기준에 비추어도 양상실재론이 합격하게 될지 불합격하게 될지는 명확하지 않다고 하는 것이 타당할 것입니다.

그러나 양상실재론에 의문을 던지는 다른 요인도 몇 가지 있습니다. 그 중에서 우선 지금 막 제기된 귀납법과 관련된 논의를 살펴봅시다.

§19. 귀납법을 정당화하라

태양은 내일도 동쪽에서 뜰 것인가

우리의 거의 모든 일상생활은 귀납법적 기대에 의해 유지되고 있습니다. 오늘까지 매일 태양이 동쪽에서 떴다. 그러므로 내일도 동쪽에서 뜰 것이다. 어제까지 내가 말을 하면 타인이 이해해 주었다. 그러므로 오늘도 말이 통할 것이다. 의식하든 하지 않든 관계없이 이러한 과거의 패턴과 유사한 사상(事象)이 계속되는 것을 우리는 기대하면서 행동을 하고 있습니다. 일상생활도 자연과학도 지금까지 성립해 온 법칙이 지금부터 갑자기 파괴되는 것은 아니라는 '자연의 제일성(齊一性, uniformity of nature)'에 대한 신뢰에 의해 성립하고 있다고 말할 수 있을 것입니다.

확실히 이 현실세계 ⓐ에서는 지금까지 갑자기 말[馬]이 사람 말을 했다거나, 산이 공중에 떴다거나, 물리법칙이 뒤죽박죽이 된 경우는 없었습니다. 개개의 사상에 관해서는 잡다하고 복잡하지만 거시적인 규칙으로서는 일정(一定)의 정연한 결정성 내에 안정되어 있다고 말할 수 있을 것입니다.

그러나 생각해 보면 이것은 불가사의한 일이 아닐까요. 4절에서 본 흄의 회의론을 상기해 주십시오. 법칙이란 우발적으로 성립하고 있는 규칙성은 아닐까요. 그렇다고 한다면 그것은 당장이라도 변해 버릴지도 모릅니다. 어떻게 우리는 오늘도 어제까지와 같은 법칙하에서 세계가 움직여 간다고 믿을 수 있는 것일까요.

뿐만 아니라 양상실재론이 옳다고 한다면 이 의심은 확실한 불신으로 변합니다. 그것은 이러한 것입니다. 구체적 세계가 무수하게 존재하고 있다고 한다면 무릇 가능한 것은 전부 어떤 세계에서 실제로 일어나고 있다. 그 중에는 정연한 법칙에 따르고 있는 세계도 있고 난잡하고 흡사 무질서한, 단지 에네르기가 어지럽게 뒤섞이고 있을 뿐인 세계도 있다. 일견 우리의 현실세계 ⓐ는 귀납법이 통용되는 법칙에 의해 지배되는 세계인 듯하다. 그러나 문제는 여기서부터이다. 확실히 현재까지는 ⓐ는 법칙적인 세계였다. 그러나 지금부터의 일은 알 수 없다. 오히려 현재의 이 순간까지 ⓐ와 똑같은 역사를 갖는 가능세계는 무수하게 있지만 그 무수한 가능세계 중 수로 말하자면 다음 순간부터 전혀 법칙이 없게 되는 세계, 적어도 법칙의 몇 가지가 파괴된 세계, 즉 귀납법이 통용되지 않게 된 세계 쪽이 압도적으로 많아질 것이다. 어쨌든 흄의 원리가 가르치는 대로 사상의 모든 인접조합의 패턴이 가능하기 때문이다. 전체적으로 중력이나 전자기, 화학반응이나 행성의 운행이 과거와 한결같은 패턴인 채로 계속되는 가능세계는 단 하나라고는 말할 수 없지만 압도적으로 소수일 것이다. 그렇다면 확률적으로 말해서 우리의 세계 ⓐ가 그 정연한 미래를 갖는 세계일 전망은 극히 적지 않은가. 따라서 내일 돌연 모든 인류가 소멸할지도 모르고, 태양이 분열할지도 모르며, 우주가 수축하도록 변할지도 모른다. 귀납법적 예측이 들어맞을 전망은 만에 하나도 없고 지금부터 일어나는 일에 관해 우리는 아무것도 기대할 수 없게 된다……

이것은 극히 이론적인 반론인 듯 보입니다. 만약 우리가 내일도 태양이 동쪽에서 뜨고 거리에는 사람이 왕래하며 뜨거운 물은 100°C에서 끓는다고 계속 믿는다면, 그것은 곧 이 현실세계만이 유일하게 존재하는 특별한 세계이고 다른 대다수의 무엇이든 가능한 가능세계는 역시 단순한 개념에 지나지 않다고 인정하는 것이 되지는 않을까요. 즉, 확률에 반해서 귀납법적 기대를 품고 있는 우리는 전부 반(反)양상실재론자가 됩니다.

귀납법은 특별한 세계의 것?

그러나 이 반론은 과연 정말로 합리적인 반론일까요? 첫번째로 이 반론이 기술하는 가능세계의 수의 상대적 비율, 즉 법칙적 세계의 비율이 압도적으로 소수라는 견해는 옳은 것일까요? 귀납법에 따르는 법칙적 세계도 마찬가지로 무수하게 있다고 한다면 무한과 무한을 비교하는 것이 되고, 이것은 통상의 확률이 통용될 수 있는 영역이 아니게 됩니다.

예컨대 자연수 전체에 대한 소수(素數)의 비율은 압도적으로 적으므로 무작위로 하나를 골라서 선택했을 때 우발적으로 소수를 뽑을 확률은 극히 작은 듯 느껴집니다만, 모집단이 정말로 무한개 갖추어져 있다면 비소수와 소수의 개수는 완전히 같고 어느 쪽을 선택할 확률이 높다고는 말할 수 없게 됩니다. 역으로 압도적 다수의 소수 중에 비소수가 산재하는 식으로 전 자연수를 배열하는 것도 가능하기 때문입니다. 그러므로 적어도 확률의 개념을 근본적으로 세련화시켜서 우리의 직관과 대조할 필요가 있을 것입니다.

귀납법에 관한 회의주의는 물론 양상실재론자에게 있어서만의 문제는 아닌 듯 보일지도 모릅니다. 그러나 만약 현실세계 ⓐ가 모든 가능세계 중에서 단 하나 절대적으로 현실이라는 의미에서 특별한 존재라고 한다면 귀납법적 필연의 시스템을 안에 갖추고 있다는 것은 일단 있을 법한 일입니다. 귀납법적인 정연한 세계이기 때문에 비로소 현실화 가능했다고 볼 수 있기 때문입니다.

한편 현실세계는 전혀 특별한 세계가 아니라고 하는 양상실재론에는 귀납법을 정당화하기 위해, 즉 회의주의에 빠지지 않도록 하기 위해 불필요한 이유가 부과되어 있다는 것은 틀림없습니다. 양상실재론에 귀납법이 들이대는 문제는 확실히 난관입니다. 명확한 해결 시안(試案)은 30절까지 미루도록 합시다.

오컴의 면도날을 사용할 수 없다

또 하나, 비슷한 논의로 우리가 이 현실세계에서 '오컴의 면도날'을 어떻게 신용할 수 있는가 하는 문제도 있습니다. 예컨대 내가 있는 이 방에는 지금 나 외에 인간은 없습니다만 실은 내 눈에 보이지 않고 귀에도 들리지 않고 감각적으로도 그냥 통과해 버려서 느낄 수 없는 유령 같은 남녀가 5명 있다는 것은 쓸데없는 실재물의 상정이라고 해서 오컴의 면도날로 금지됩니다. 그러나 왜 금지되어야 할까요. 유령과 같이 나와 인과관계를 갖지 않는 인간 혹은 고양이, 혹은 도라에몽이 이 방에 살아서 활동하고 있을 수 있지 않을까요. 우리의 존재체계와 상호 작용이 없을(혹은 관찰 불가능할 정도로 아주 작을) 뿐으로 이 같은 시공간에서 그들이 독자적으로 상호 관계하면서 체계적으로 실재하고 있다는 것은 있을 법하지 않습니까. 그렇다고 한다면 우리의 시점에서 분별되지 않는 그러한 가능세계(존재체계가 다중으로 겹쳐 있는 비오컴적 세계)는 무수하게 있을 것입니다.

이 방에 인간이 2명 있는 세계, 3명 있는 세계, 16명이 북적거리고 있는 세계, 고양이가 2마리 있는 세계, 큰 지네가 100마리 있는 세계……. 그중에서 이 방에 인간은 나밖에 없고 보이지 않는 고양이나 지네 등이 없는 세계는 단 하나뿐입니다. 그렇다면 확률에 반해서 왜 이 현실세계 ⓐ가 그 오컴적 세계여야만 할까요. 이것도 현실세계가 다른 가능세계들 중에서 특별한 존재라는, 즉 어떤 자의적이지 않은 구조에 의해 유일하게 현실화한 세계라는 식의 상정 없이는 정당화할 수 없는 것은 아닐까요.

오컴의 면도날은 귀납법에 비교하면 믿어야 할 보다 강한 근거를 갖고 있는 듯 느껴집니다. 즉, 흔들림 없는 철학적 진리인 듯 생각됩니다(이에 비해 귀납법은 단순한 실천적 진리, 기껏해야 물리학적 진리일 것입니다. 물론 우리의 일상생활에 있어서 직접적으로 중대한 의의를 갖는 것은 철학적 진리보다는 물리학적 진리 쪽입니다만). 오컴의 면도날과 같은 철학적 진리에 대한 회의론이 성립할 여지가 있을까요. 없다고 한다면 양상실재론자는 어떻게 오컴적 세계에 대한 의심을 배제할 수 있을까요. 어느 쪽이나 어려운 반론입니다. 철학적 진리가 성립하지 않는 가능세계의 문제에 관해서는 28절에서 또 한 번 생각하기로 합시다.

§20. 허무주의를 회피하라

'무관심'이라는 합리적 태도

앞 절의 귀납법에서 한 반론은 확률 개념의 재고를 포함하고 있고 양상실재론이 우리의 세계관을 근본부터 흔들어 버릴 수 있다는 우려를 시사하고 있습니다. 이 절에서는 윤리에 관해 제기되어 온 비슷한 논의를 또 하나 채택해 봅시다.

  당신이 지금 사람들이 지나다니지 않는 도로를 걷고 있는데 옆의 풀숲에 피투성이가 된 아이가 쓰러져 있었다고 합시다. 찌그러진 자전거가 옆에 뒤집어져 있고, 아무래도 뺑소니를 당한 것 같습니다. 호흡은 하고 있는 듯하지만 의식불명으로 빨리 구급차를 부르지 않으면 죽어 버릴 것입니다. 백 미터 정도 되돌아가면 공중전화가 있습니다. 오늘은 「드래곤볼 GT」를 녹화할 비디오를 설정하는 것을 잊어버렸으므로 빨리 돌아가고 싶다고 순간 망설이면서도 당신은 돌아가서 119를 부르고 구급차가 올 때까지 아이의 상태를 지켜보았습니다.

  자, 당신은 도덕적으로 말해서 무언가 좋은 일을 한 셈입니다. 이때 빨리 텔레비전을 보고 싶으니까 하고 생각해서 시치미를 떼고 옆을 지나쳐 버렸어도, 그리고 그것이 들통났다고 해도 형법상 죄를 물을 수 없습니다. 당신은 굳이 자신의 시간을 희생해서 아이를 도운 것입니다. 그러므로 현실에서는 당신은 좋은 행위를 한 것입니다.

  그러나 당신은 잠자코 옆을 지나칠 수도 있었습니다. 가능했습니다.

이것은 틀림없습니다. 그런데 양상실재론에 의하면 당신이 아이를 죽게 내버려 둔 세계가 존재하게 됩니다. 아니, 뿐만 아니라 논리적 가능성으로 말하자면 당신이 아이를 걷어차서 숨을 끊어 버리는 세계도 존재하고, 계속 고문하며 즐거워하는 세계도 존재하게 됩니다. 현실세계에서는 당신은 그런 것은 하지 않았지만, 당신이 쓰러져 있는 아이를 봤을 때 그때부터 있을 수 있는 무수한 가능성이 분기하고 각각의 세계가 이 현실세계와 완전히 같은 의미에서 물리적으로 존재하는 것입니다. 그 세계들 중에는 구체적인 생생한 고통도 슬픔도 존재할 것입니다.

 이 가능세계 상(像)들을 생생하게 믿었을 때 다음처럼 모든 윤리적 행위는 허무하게 되는 것은 아닌가 하는 의문이 돌연 생기게 됩니다. "가능한 모든 사건은 실제로 어딘가에서 일어나고 있다. 그렇다고 한다면 우발적으로 이 세계에서 당신은 아이를 살리는 것을 선택했지만 그렇다고 해서 아이가 완전히 살아난 것은 아니다. 다른 세계에서는 여전히 아이는 죽도록 방치되거나 학대를 당하거나 하고 있는 것이다. 역으로 당신이 이 현실에서 아이를 걷어차는 행위를 선택했다고 해도 다른 세계에서는 아이는 도움을 받고 있다." 결국 무엇이 일어나고 있든지 선악의 총량은 결코 변하지 않는 것입니다. 현실에서 당신이나 내가 무엇을 하든 모든 가능세계를 통해서 보면 선행과 악행의 총량은 일정한 것입니다. 확실히 이 현실세계의 선악의 총량은 변화합니다. 당신이 좋은 행위를 하면 그만큼 선이 증가하고 악한 행위를 하면 그만큼 악이 증가합니다. 그러나 가능세계 전체를 통한 모든 존재의 선악의 존재양식은 전혀 변하지 않는 것입니다.

 아인슈타인이 마음속에 그렸던 우주(cosmos)처럼 모든 것은 미래도 과거도 가능성도 전부 일제히 논리공간 내에서 영원절대의 전체로서 한 가지 방식으로 존재하고 있습니다. 이 ⓐ에서 무엇이 일어나고 있든 이 전체는 조금도 변하지 않습니다. 이리하여 어차피 일어날 수 있는 것은 모두 실제로 일어나고 있는 것이라고 초연한 시각을 취하게 되어 버리면 윤리적 행위만이 아니라 노력, 선망, 희망, 후회, 불안 등 일체의 심리적 태도의 근거가 없어지게 되고, 무관심만이 합리적인 태도가 되어 버리는 것입니다. 시험에 합격하는 것, 싸움에 이기는 것, 무사히 아이를 낳는 것, 승진하게 되는 것 등등은 단 하나의 더할 나위 없이 소중한 세계에 있어서의 사실과 관련되는 일이기 때문에 비로소 우리는 열을 올리며 중요하게 생각하는 것입니다. 노력하거나 기대하거나 하는 사람은 바로 양상실재론-대체세계를 믿고 있지 않는 사람들이 되겠지요.

당신은 '이 세계'에만 존재한다

그런데 이것은 양상실재론에 대한 반론이 될까요? 다음과 같이 대답할 수 있을지도 모릅니다. 양상실재론에 의해 확실히 윤리의 의미라든가 행위의 의의에 대한 상식은 붕괴하게 될지도 모르지만, 그것은 논리적인 반론은 되지 않을 것이다. 인간의 감정을 건드리는 이론이라도(예컨대 그리스도교 신자에게 있어서의 진화론) 옳은 이론은 얼마든지 있을 것이라고.

확실히 그렇다고 해도 논리적 난점이 없으면 무엇이든 허용된다는 것은 아닙니다. 어떤 학설이 너무나도 상식에 반하고 있는 경우 그 이론을 일단 의심해야 할 근거가 충분히 될 수 있습니다. 윤리적 허무주의는 필시 인간의 선조는 원숭이라는 독신(瀆神) 사상보다도 중대한 상식 위반일 것입니다. 따라서 양상실재론이 우리의 윤리라든가 행위에 관한 상식을 무너뜨려 버린다는 것이 정말인가 하는 것 자체를 생각할 필요가 생깁니다.

이것은 논리적인 문제입니다. 논리적으로 양상실재론은 윤리적 허무주의로 귀결될까요? 우선 상기해야만 하는 것은 양상실재론은 'de dicto'

이론이었다는 것입니다. 12절에서 보았듯이 양상실재론에서는 관세계적 동일화는 인정하지 않고 상대역 이론이 채용되기 때문에 이 ⓐ에 있는 당신과 다른 가능세계들에 있는 당신 같은 입장의 사람들은 엄밀히는 동일인물이라고는 간주되지 않는 것입니다. 그것은 다름 아닌 당신 자신은 당신 자신의 행위를 납득하고 싶다고 생각하는 한 ⓐ 내에서 당신이 납득이 가는 방식으로 행동해야 하고 노력해야만 한다는 것이 귀결됩니다. 당신 자신의 만족이나 행복이나 자의식을 다른 사람의 만족이나 행복이나 자의식으로 대용하는 것은 불가능합니다. 다른 세계들에 있는 당신의 상대역들이 무엇을 하든지 그것은 당신이 자기 책임에 있어서 떠맡는 윤리와는 관계가 없는 것입니다.

물론 관계없다고 해도 인식적인 관계는 있을 것입니다. 어딘가 다른 세계에서 당신의 상대역이 타인을 학대하거나 당하거나 하고 있는(게다가 필연적으로!) 것을 유감으로 생각하고 또 다른 세계에서 당신의 상대역이 행복의 정점에 이르는(게다가 필연적으로!) 것을 부러워하는 것은 있어도 상관없고 자연스러운 것이기도 할 것입니다. 그것은 이 ⓐ 내의 어딘가 시공적으로 멀리 떨어져 있는, 예컨대 중세의 불합리한 종교재판에 회부되어 고문당한 끝에 죽은 불행한 학자를 가엾게 생각하거나 영화의 극에 달한 권력자를 부러워하거나 하는 것과 완전히 같은 것입니다. 그러나 그 타인의 경우를 당신 자신의 행위로 변화시키는 것이 불가능한 한에서는 그 연민이나 시샘은 단순한 인식의 수준에 머물러 있고 윤리적인 내용을 갖는 실천적인 의식이 되지는 않습니다. 마찬가지로 다른 다양한 세계들의 실재를 믿으면서도 당신은 단지 하나의 ⓐ에서 생활을 최선으로 만들려고 노력할 뿐인 것입니다.

선악의 양이라든가 정도를 객관적으로 인식할 때에는 가능세계의 총체 내의 선악이 일정하다는 것에 허무주의적으로 되는 것도 무리가 아닐 것입니다. 그러나 객관적인 선악 인식과 자신의 일에 관한 결단을 동반하는 윤리적 판단은 별개의 이야기입니다.

다름 아닌 '당신'의 윤리적 가능성

단, 당신의 상대역을 어디까지나 타인으로서 간주해 버리면 관세계적 동일화의 대체물로서의 상대역 이론의 위력이 줄어들게 될 수 있습니다. "만약 당신이 그때 그 아이를 죽도록 방치할 수도 있었는가"(="만약 당신의 상대역이 그 아이의 상대역을 죽도록 방치한 가능세계는 있는가")라는 반사실적 가정은 틀림없이 당신 자신이 갖는 가능성에 관해 기술하고 있는 것이고, 다른 세계의 완전한 타인에게만 관계되는 명제는 아닙니다. 상대역은 확실히 완전한 타인은 아닙니다만, 다른 세계의 그 완전한 타인에 관한 비양상 명제를 현실세계의 당신 자신에 관한 양상 명제(반사실적 조건문)로서 이해하는 것이 상대역 이론의 요점인 것입니다.

그리고 중요한 것은 위의 반사실적 가정은 "당신의 상대역이 그 아이의 상대역을 죽도록 내버려 둔 가능세계는 있는가"라는 의미가 아니라 "만약 작은 변화가 생긴 세계들 중 현실세계와 가장 유사한 세계들 중에 당신의 상대역이 그 아이의 상대역을 죽도록 내버려 둔 가능세계는 있는가"란 의미라는 것입니다(3절 반사실적 조건문의 정의를 상기해 주십시오). 즉, 윤리판단과 관련이 있는 것은 무제한의 윤리적 가능성이 아니라, 즉 모든 가능세계를 모집단으로 하는 가능성이 아니라, 도달 가능성을 제한한 뒤의 가능성인 것입니다. 무제한의 논리적 가능성이었다면 아마도 모든 사람이 같은 가능성을 갖고 잠재적 행위에 관해 동등하게 되어 버리지만, 도달 가능한 세계가 제한된 경우라면 어떠한 세계가 이 세계로부터 도달 가능한가 하는 것은 이 세계의 존재 방식, 즉 이 세계에 있어서 당신의 실제적 행동에 좌우되는 것입니다.

따라서 현실세계에서 당신이 어떠한 인간인가, 어떻게 행동하는가는 무제한의 논리적 가능성에는 전혀 영향을 미칠 수 없다고 해도 윤리적으로 의의 있는 도달가능세계의 범위를 결정, 즉 위의 반사실적 가정의 대답이 '예'가 되는가 '아니오'가 되는가를 결정합니다. 그런 의미에서 윤리적으로 대단히 의미가 있게 됩니다. 반사실적 가정이 다름 아닌 당신 자신의 일을 기술하고 있다는 것과 상대역은 완전히 타인이라는 것, 서로 반대되는 듯 보이는 이 두 가지가 윤리를 의미 있게 하는 인식 내에서 이렇게 모순 없이 조정되는 것입니다.

덧붙여, 그래도 윤리적 허무주의를 고집하는 사람이 있다면 그 사람은 당연히 죽음의 공포로부터도 자유롭게 될 것입니다. ⓐ에서 당신의 존재가 소거되었다고 해도 다른 무수한 가능세계에 있어서 당신과 흡사한 상대역 ── 당신과 같은 기억, 성격, 취미를 가진 인간── 은 끊임없이 계속 존재하고 있을 것이기 때문입니다. 윤회론의 논리학판이랄까, 양상실재론이야말로 죽음의 공포를 뛰어넘을 실마리를 부여한다고 말할 수 있을지도 모릅니다.

§21. 평행우주를 분리하라

정말로 왕래는 불가능한가

루이스는 가능세계를 동일화하는 기준으로서 '시공적 관계 혹은 인과적 관계를 갖는 것 전체'라는 개념을 이용합니다. 그러나 이것은 두 가지 의미에서 틀렸는지도 모릅니다. 첫번째로 어떤 것 A와 다른 것 B가 시공적으로, 혹은 인과적으로 분리되어 있다는 것은 A와 B가 별개의 세계에 속하기 위한 필요조건이 아닐지도 모릅니다. 반사실적 가정이나 양상의 이해에는 예컨대 빅뱅이나 빅크런치(big crunch)로 떨어져 있기는 하지만 시간적으로 전후관계가 있는 영겁회귀의 반복우주, 웜홀로 이 세계와 연결되어 있는 이차원 세계, 혹은 또「백투더퓨처」와 같이 연속된 심신을 갖는 인간이 타임 머신으로 서로 왕래할 수 있는 다원 세계 등으로 충분하지 않은가, 그것이야말로 우리가 소박하게 "그때 ~했다면……"이라는 가정과 함께 생각하는 세계인 것은 아닌가, 완전히 분리된 세계들같이 낭만적이지 않은 규정을 갖다 댈 필요가 있는가 하는 의문이 드는 것입니다.

혹시 서로 시공적·인과적 관계를 갖는 영역들끼리 서로 반사실적 가상공간 관계로 결부되어 있을지도 모른다는 자연과학으로부터의 제언(提言)에 관해서는 5장에서 접하기로 합시다(단, 그러한 경우 인과관계를 가능세계로 분석하는 것은 방기해야만 할지도 모릅니다만. 4절 참조). 이 절에서 우리가 문제 삼고 싶은 것은 지금의 의심과는 완전히 반대되는 발상에 의한 또 하나의 반론입니다.

즉, 어떤 것 A와 다른 것 B가 시공적으로 혹은 인과적으로 분리되어 있다는 것은 A와 B가 별개의 세계에 속해 있기 위한 충분조건이 아닐지도 모른다는 것입니다. 18절에서 우리는 이 현실세계와 시공적·인과적으로 분리된 전체가 얼마든지 존재한다는 것은 믿기 힘들다는 입장을 일별했습니다만, 그 입장을 '물리적 현실주의'라고 부를 수 있다고 한다면 조금 더 들어가서 '논리적 현실주의'라고도 부를 수 있는 입장이 있지는 않을까요? 즉, 시공적·인과적으로 분리되어 있는 영역이 존재한다고 설령 인정했다고 해도 그것들이 별개의 가능세계라고는 단정할 수 없다는 생각입니다.

양보해도 논쟁은 끝나지 않는다

현실주의자는 현실세계 이외의 것은 존재하지 않는다고 주장합니다. 현실에 존재하지 않는 것은 전혀 존재하지 않는다고 주장합니다. 역으로 말하자면 무릇 존재하는 것은 현실세계 내에서 존재한다는 것입니다. 현실주의자에 의하면 이것은 경험적 사실이 아니라 '존재하다'와 '현실'이라는 개념의 의미에서 오는 필연적 사실입니다. 그렇다고 한다면 논리적 현실주의자에게 있어서 루이스 식의 분리된 세계들이 존재하는가 존재하지 않는가 하는 것은 진정한 쟁점은 아닙니다. 물리적 현실주의자와 달리 논리적 현실주의자는 루이스적 세계가 존재해도 별로 상관없습니다. 단지 그들을 '별개의 가능세계'로 인정하는 것을 거부하는 것입니다.

따라서 루이스와 현실주의자들의 논쟁을 "이 우주와 시공적·인과적으로 단절되어 있는 다른 세계가 존재하는 것인가 존재하지 않는 것인가"라는 사실에 관한 논쟁이라고 생각해서는 안 됩니다(확실히 외관상으로 그러한 논쟁인 듯한 느낌을 주는 경우가 많습니다만. 실제로 바로 앞의 두 절은 별개의 시공들의 존재 자체를 믿을 수 없다는 것을 표현한 반론이었습니다). 그것이 아니라 논쟁의 본질은 어디까지나 개념적인, 즉 철학적인 문제인 것입니다. 현실주의자가 분리 우주의 실재를 인정했다고 해도 여전히 거기서부터 진정한 논쟁이 시작되는 것입니다.

"단순히 정의에 의해 가능적인 사태는 성립하고 있지 않다. '내가 오늘 아침 5시에 일어났다면'이라는 반사실적 가정에 대응하는 물리적 가능세계는 없다. 설령 나와 아주 닮은 나의 분신[즉 상대역] 같은 인물이 오늘 이 날과 아주 닮은 날의 아침 5시에 일어났다는 사건이 내가 있는 이 장소로부터 시공적·인과적으로 무관한 장소에서 실제로 성립하고 있다고 한다면, 그 사건은 성립하고 있는 이상 현실세계의 일부인 것이다. 이 장소와 시공적·인과적으로 무연한 곳에 있었다고 해도 그러한 장소가 존재한다면, 그것은 이미 현실의 내부인 것이다. 시공적 단층이 있든 없든 존재하는 것 전체가 하나의 현실세계다."…… 이렇게 말하는 것이 논리적 현실주의의 굳은 신념입니다. 즉, 루이스가 말하는 구체적 분리 세계가 설령 여럿 존재한다 해도 그것은 필연성이라든가 가능성, 반사실적 가정과 같은 개념과는 무관계하게 됩니다. 양상의 분석에 사용된 가능세계는 루이스형 구체 세계일 수는 없다고 말입니다.

이 논리적 현실주의의 입장은 미묘하게 물리적 현실주의와 혼합되어 중간적인 형태를 취하는 것도 있을 것입니다. 예컨대 우리가 사는 현실세계 ⓐ는 시공적·인과적 전체에 다름 아니다, 그러나 다른 가능세계 중에는 시공적·인과적 단층을 포함한 단일하면서 분리된 세계가 있어도 좋다라고 생각하는 것입니다. 즉, 무엇이든 진정한 물리적 존재인 한에서는 다른 모든 물리적 존재와 반드시 어떤 시공적 관계를 맺어야만 하지만, ⓐ 이외의 가능세계는 진정한 물리적 실재는 아니고 추상적 혹은 개념적 실체이므로 그 내부에 시공적·인과적 단층을 포함하는 것으로 상정해도 좋다고 말입니다. 그러나 가능세계란 현실주의의 틀 내에서는 확실히 진정한 물리적 존재는 아니라 해도 명목적으로는 물리적 존재입니다. 즉, 본래 현실세계가 그럴 수 있었을지도 모르는 존재양식입니다. 예컨대 이 입장에서도 ⓐ 그 자체가 실은 인과적·시공적으로 분리된 부분들로 이루어진다는 것을 금해야 할 합리적 이유는 전혀 없게 되겠지요.

외적 관계와 내적 관계

어쨌든 논리적 현실주의에서는 우발적으로 어떤 물리적 체계가 단일한 시공인과 연속체인가, 시공인과적으로 독립된 다수의 부분을 포함하고 있는가 하는 것은 그 전체가 하나의 현실세계라는 절대적 사실에 영향을 미치지 않습니다. 대개 어떠한 형태든 존재하는 것은 현실에 존재하는 것이어야만 합니다. 이것은 확실히 지당한 주장입니다. 단, 여기서 주석이 필요할 것입니다. 현실세계가 시공적으로 분리된 부분들을 포함할 수 있는 경우, 그 부분들이 상식적인 시간·공간 이외의 다른 좌표에 의해 외적으로 관계하고 있다고 상정해서는 안 된다는 것입니다.

외적 관계란 루이스의 정의로는 이러한 관계입니다. "관계하는 것 각자가 갖는 물리적 성질 위에 부대하는 것은 아니지만 관계하는 것을 함께 하는 체계가 갖는 물리적 성질 위에 부대하는 관계." 시공관계는 이런 의미에서 외적 관계입니다. 두 개의 물체 A와 B의 색이나 질량이 여러 가지로 변화해도 그 사이의 거리는 변화하지 않는 경우도 있고, A와 B의 색이나 질량이 일정해도 거리는 여러 가지로 변할 수도 있지만, 한편 A와 B를 합한 복합체가 갖는 공간이라는 성질이 변화하지 않고는 A와 B의 거리는 변할 수 없기 때문입니다.

한편 내적 관계란 '관계하는 것 각자가 갖는 물리성질 위에 부대하는 관계'입니다. 유사관계나 대소관계가 그 예입니다(덧붙여 내적이지도 외적이지도 않은 관계의 예는 '같은 인물에 의해 소유된다'와 같은 관계입니다. 또한 인과관계를 사물들 간의 관계라기보다 성질들 간의 접촉과 변화의 관계라고 생각한다면 이는 내적 성질과 시공관계로 구성된 부차적 관계가 될 것입니다).

실제로 시공관계 외에 외적 관계라고 말할 수 있는 관계가 있는지 없는지 명확하지 않습니다. 그러나 최근 물리학의 상대론적 양자역학에서는 우리가 시간·공간이라 부르고 있는 것은 기본적인 물리적 범주가 아니라 훨씬 기본적인 물리 변수가 특수한 형태로 나타난 모습이라는 설도 있는 듯합니다. 그것이 옳은 경우에는 같은 물리계(같은 세계)에 속하는 A와 B가 시간적으로도 공간적으로도 무관계한 경우가 있게 됩니다만, 그 때 A와 B는 여전히 시공관계가 아닌 보다 기본적인 외적 관계 내에 관계 지어져 있는 것이 됩니다. 따라서 루이스 식의 가능세계는 일반적으로는 '시공적으로 상호 관계를 갖는 것 전체', 즉 최대 시공체계로서 정의되는 것이 아니라 '외적으로 상호 관계를 갖는 것 전체', 즉 최대 외적 관계체계로서 정의되게 될 것입니다.

여기서 만약 자칭 논리적 현실주의자가 시공관계보다도 기초적인 어떤 외적 관계를 존재물에 대해 갖는 것이 현실에서 존재하기 위한 조건이라고 암묵적으로 상정하고 있다고 한다면, 즉 모든 존재물은 ⓐ와 어떤 외적 관계를 가질 것이라고 상정하고 있다고 한다면, 이것은 진정한 의미에서의 논리적 현실주의는 아닙니다. 양상실재론은 ⓐ와 시공관계뿐만 아니라 어떠한 외적 관계도 갖지 않는 다른 영역을 바로 가능세계로서 존재케 한다는 생각이기 때문입니다.

무엇을 가능세계라 부르는가

이리하여 논리적 현실주의자는 양상실재론을 반박하기 위해서는 여기와는 어떠한 외적 관계도 갖지 않는 다른 시공(정확히는 다른 외적 관계체계) 즉 물리적인 완전 고립계가 존재한다는 것도 인정할 준비를 한 뒤에 그러한 체계들도 전부 "이 현실세계 내에 있다"고 인정해야만 하게 됩니다. 물리적 현실주의자가 시공적 관계에 대한 고집을 버리기만 한다고 논리적 현실주의자로 될 수 있을 리는 없고 모든 외적 관계에 대한 인식을 바꿔야 비로소 논리적 현실주의자로 될 수 있는 것입니다.

이렇게 되면 전체가 언어의 문제로 됩니다. 서로 전혀 외적 관계를 갖지 않는 물리계가 무수하게 존재하고 있다는 것을 가령 인정한 경우, 그 무수한 물리계 전체를 '현실세계'라 부를 것인가, '각각 별개의 가능세계'라 부를 것인가. 이것은 어느 쪽 어법이 편리한가 하는 문제입니다.

현실주의자의 주장은 당신의 어떤 상대역에 의해 아무리 물리적 조건 P가 만족된다 해도 그 상대역 자체가 구체적으로 존재하고 있다면 P는 그 상대역에 관해 현실에 다름 아니므로 당신 자신의 '가능성'과는 관계가 없다는 것입니다. 그러나 과연 그럴까요. 예컨대 당신이 "나도 100미터를 11초대로 달릴 수 있을지도 모른다" 하고 기술할 경우, 그 근거가 되는 것은 때때로 당신과 체격·체력적으로 아주 흡사한 다른 인간이 실제로 100미터를 11초대로 달린 광경을 봤다는 것입니다. 즉, 당신과 흡사한 인물에 관한 사실이야말로 당신 자신의 가능성도 되는 것입니다. 그러나 그러한 가능성의 판단의 근거가 되는 모델은 반드시 이 같은 물리적 연속체 내에 존재한다고는 단정할 수 없습니다. 양상 판단은 필연적이어야만 한다고 하면 필연적으로, 무수하게 존재하는 멀리 떨어진 물리계 내의 존재를 바로 가능성의 판정을 위해 이용하는 것이 됩니다. 멀리 떨어진 장소라 해도 모델(상대역)이 있다면 그들이 실현하고 있는 행동이야말로 당신 자신의 가능성을 나타내고 있다는 것에 불합리는 없을 것입니다.

따라서 루이스의 어법 쪽이 자연스럽다고 생각됩니다. 즉, 우리가 있는 이곳, 지금과 전혀 외적 관계를 갖지 않는 물리계는 가능성이나 반사실적 가정의 판단에 필연적으로 이용되어야 할 대상인 이상 현실세계의 일부가 아니라 다른 가능세계라 불러야 한다고 말입니다. 단, 이 판정은 가능성의 수만큼, 즉 반드시 무한하게 독립계들이 존재한다는 포화성의 주장을 인정하고 나서입니다.

현실주의자는 독립계들의 존재를 인정한다고 해도 우발적으로 몇 개의 독립계가 존재한다는 것만을 인정, 무수한 독립계의 필연적 존재 같은 것은 인정하지 않고, 따라서 그것들은 양상의 판단에는 사용할 수 없다고 주장할지도 모릅니다. 이것은 논리적 현실주의로부터 물리적 현실주의로의 후퇴처럼 보입니다. 그러나 실은 현실주의자의 이 반발은 물리적 신념에서 오는 것이 아니라 논리적 추론에서 귀결되는 반론이라고도 생각할 수 있습니다. 그래서 다음으로 가능세계가 무수하게 존재한다는 것은 논리적으로 말해서 있을 수 없다고 하는 반론을 음미해 봅시다.

§22. 세계의 개수를 결정하라

무한에는 계층이 있다

지금까지 이 장의 네 절에서는 루이스류 양상실재론에 대한 많든 적든 외부적인 반론을 고찰해 왔습니다. 즉 양상실재론이 틀린 것 같은 상황증거를 배열해 온 셈입니다. 이 절에서는 완전히 반대로 양상실재론이 내부에 잉태한 모순, 비일관성을 들춰내는 반론을 다룹시다. 그 반론은 논리공간에 있는 가능세계의 수에 관한 문제를 지적하는 것입니다.

7절에서 보았듯이 논리공간은 포화되어 있어야만 하므로 양상실재론은 무한한 가능세계가 물리적으로 존재하고 있다고 주장해야만 합니다. 그러나 무한하다고 해도 어떠한 무한일까요. 무한에는 한 종류만이 아니라 무한개의 무한이 있다는 것을 수학적으로 증명할 수 있습니다. 우선은 간단하게 이 증명을 따라가 보기로 합시다.

자연수의 개수는 무한합니다. 이것을 자연수 집합의 기수(基數)는 무한하다고 합니다(기수란 집합의 원소의 개수입니다). 그러면 무한의 기수는 전부 자연수의 기수와 같을까요? 같기 위해서는 원소가 일대일로 대응

⟨그림 4⟩ 대각선 논법

```
1    0.1101100011101……
2    0.1111000100000……
3    0.0000010000010……
4    0.1111001010101……
5    0.0011111111111……
6    0.0011001100111……
⋮         ⋮
```

해야만 합니다. 짝수, 정수, 소수(素數), 유리수 등은 전부 자연수와 일대일로 대응시킬 수 있습니다. 즉, 모두 기수가 같은 무한입니다. 그러면 실수는 어떨까요? 실수의 기수가 자연수의 기수와 같다고, 즉 실수를 하나도 빠짐없이 자연수와 쌍으로 나열할 수 있다고 가정해 봅시다. 예컨대 위의 표(그림 4)처럼 일대일대응을 했다고 합시다.

단순화를 위해 실수는 모두 이진법의 무한 소수(小數)로 나타내었습니다. 그런데 여기서 다음과 같은 실수 D를 생각해 봅시다. 자연수 1과 쌍이 된 실수의 소수점 이하 1행째의 수를 보면 1이지만, D의 소수 1행째의 수는 0. 자연수 2와 쌍이 된 실수의 소수점 이하 2행째의 수를 보면 1이지만, D의 소수 2행째의 수는 0. 자연수 3과 쌍이 된 실수의 소수점 이하 3행째의 수를 보면 0이지만 D의 소수 3행째의 수는 1.…… 이런 식으로 자연수 n과 쌍이 된 실수의 소수점 이하 n행째의 수가 1이라면 D의 소수 n행째의 수는 0, 0이라면 D의 소수 n행째의 수는 1로 하는 조작을 반복한 결과 만들어진 실수가 D라고 합시다. D는 틀림없이 하나의 실수입니다만 어떤 자연수와 쌍이 될까요? 1은 아닙니다. 1에 대응하는 실수와는 1행째가 어긋나 있기 때문입니다. 2도 아닙니다. 2에 대응하는 실수와는 2행째가 어긋나 있기 때문입니다. …… 이런 식으로 어떤 자연수와 대응하는 실수와도 D는 동일하지 않게 됩니다. 그것은 D는 어떤 자연수와도 쌍이 될 수 없다, 즉 자연수와 실수는 일대일대응하지 않는다는 것입니다. 위의 배열 방식은 임의이므로 자연수와 실수를 어떻게 배열해서 대응시키려고 해도 반드시 D와 같이 남는 실수를 구성할 수 있습니다. 따라서 자연수의 기수보다도 실수의 기수 쪽이 큽니다.

이것은 〈그림 4〉의 왼쪽 위부터 오른쪽 아래로 $0 \Leftrightarrow 1$ 변환을 해가는 논법이므로, '대각선 논법'이라 불립니다. 이것으로 적어도 실수와 자연수라는 두 종류의 무한이 있다는 것을 알게 되었습니다. 그러면 이것으로 끝일까요. 그 이상으로 큰 기수가 있을까요.

자연수의 기수를 N이라 쓰기로 합시다. 앞의 표를 잘 보면 실수의 개수는 2의 N승이라는 것을 알 수 있습니다. 왜냐하면 무한 소수의 행수는 N개이고 각자의 행에 관해 1이나 0 두 선택지가 있기 때문에, 두 가지의 선택이 N회 누적되어 전체 조합은 2의 N승 개가 되는 것입니다. 그리고 이 2의 N승이라는 수는 실은 자연수를 선택하는 방식의 수입니다. 즉, 한 개 한 개의 실수가 자연수의 어떤 집합을 나타내고 있습니다.

어떠한 것이냐 하면, 소수점 n행째가 1인 실수는 n을 포함하고 있고 소수점 n행째가 0인 실수는 n을 배제하고 있다고 보는 것입니다. 예컨대 표에서 가장 위의 실수는 1, 2, 4, 5, 9, 10, 11, 13행째가 1이고 나머지는 0이므로, 집합 {1, 2, 4, 5, 9, 10, 11, 13 ……}을 나타냅니다. 마찬가지로 두 번째의 실수는 집합 {1, 2, 3, 4, 8 ……}을 나타냅니다(덧붙여 실수 0은 하나도 자연수를 포함하지 않는 집합, 즉 공집합을 나타냅니다). 이리하여 하나의 실수가 자연수의 어떤 집합(자연수 전체로 이루어진 집합의 부분집합)을 나타내고 있습니다. 따라서 실수의 개수는 자연수의 집합의 개수와 같습니다. 모든 실수의 집합의 기수는 자연수의 부분집합의 집합의 기수와 같다는 것입니다. 여기서부터 다음을 추측할 수 있습니다.

임의의 집합의 기수 K에 관하여, K < 2의 K승,
즉, 임의의 집합의 기수 < 그 집합의 부분집합의 집합의 기수

일반 대각선 논법

이 부등식은 K가 유한이든 무한이든 성립합니다. 이것을 증명하기 위해서는 자연수와 실수의 경우에 한정하지 않고 앞의 대각선 논법을 일반적으로 적용한 '일반 대각선 논법'이 필요합니다. 해봅시다(수학을 싫어하시는 독자는 다음 두 단락을 건너뛰고 결론을 바로 읽어도 지장은 없습니다).

임의의 집합 S와 S의 부분집합을 모든 원소로 하는 집합 Ω를 생각해봅시다. Ω의 원소에는 S의 원소 각각에 관해 그 한 개만을 원소로 하는 집합도 있으므로 Ω의 원소의 수는 S의 원소의 수보다 적은 경우는 있을 수 없습니다. 그러면 같다고 합시다. 즉, S의 원소와 Ω의 원소가 일대일대응된다고 가정합시다. S의 원소 x에 대응하는 Ω의 원소를 Ωx라고 씁시다. 그런데 여기서 S의 원소 x 중 자신과 대응하는 Ωx의 원소가 아닌 x만을 전부 모은 집합 S′를 만듭시다(이 S′를 만드는 방법이 앞의 대각선 논법에서 D를 만드는 방식과 같다는 것을 확인해 주십시오. 또한 S′는 반드시 존재합니다. 조건에 적용되는 x가 하나도 없는 경우는 공집합이 S′가 되기 때문입니다). S′는 S의 부분집합이므로 당연히 S′는 Ω의 원소입니다. 그러므로 가정에 의해 S의 어떤 원소가 S′에 대응하고 있는 셈입니다. 그 요소를 a라고 합시다. 그러면 S′는 Ωa로 쓸 수 있습니다. 그런데 S′ 즉 Ωa는 본래 자신과 대응하는 Ωx의 원소가 아닌 x만을 모은 집합이었습니다. 그러므로 Ωa의

원소로서 a가 있다는 것은 있을 수 없습니다. 그러나 그렇게 하면 S' 즉 Ωa를 원래 만들었던 방식으로부터 a는 Ωa의 원소가 되어 버립니다. 이것은 전제와 모순됩니다. Ωa와 대응하는 a는 있을 수 없게 됩니다. 따라서 Ωa 즉 S'는 어떠한 S의 원소와도 대응될 수 없습니다. 즉, 이것은 가정한 일대일대응이 존재하지 않는다는 것을 의미합니다. Ω의 기수는 S의 기수보다도 큰 것입니다. (집합론의 기호로 간결하게 재기술하면 이렇게 됩니다. S' = {x | x ∉ Ωx} = Ωa로 가정한다. 그러면 ① $a \in \Omega a$라면 $a \notin \Omega a$, ② $a \notin \Omega a$라면 $a \in \Omega a$. ①과 ②는 모순된다. 따라서 a는 존재하지 않고 Ω의 원소 S'는 S의 원소와 대응하지 않는다.)

이 정리로부터 무한에는 상한(上限)이 없다는 것이 도출됩니다. 실수의 기수든 훨씬 큰 기수든 그보다 큰 무한이 반드시 존재하는 것입니다.[1]

가능세계의 집합의 기수는?

그런데 그렇다면 가능세계는 대체 몇 개라고 말할 수 있을까요? 이미 15절에서도 보았듯이 ⓐ의 시공을 무한하게 분할하면 적어도 실수 개의 시

---

1) 수학자 칸토르(Georg Cantor)는 자연수 집합의 기수로 $\aleph_0$(Aleph-null)을 부여하고 이것을 초한수(超限數, transfinite number)라고 하여 무한을 나타내는 단위로써 다른 수 개념과 구별했다. 그는 $\aleph_0$ 다음 수인 $\aleph_1$은 실수연속체의 기수라고 보고 $\aleph_1 = 2^{\aleph_0}$이라는 연속체 가설(continuum hypothesis)를 주장했다. 1908년에 하우스도르프(Felix Hausdorff)는 이를 더욱 확장하여 $\aleph_{n+1} = 2^{\aleph_n}$이라는 일반 연속체 가설(generalized continuum hypothesis)을 주장했다. 쿠르트 괴델(Kurt Gödel)은 1940년 당시 표준적인 집합론 공리체계인 체르멜로-프라켈(Zermelo-Fraenkel) 공리계로 연속체 가설이 반증이 불가능하다는 것을 증명했으며, 1963년 폴 코헨(Paul Cohen)은 같은 공리계에서 일반 연속체 가설이 증명되지 않음을, 즉 결정 불가능함을 증명했다. 따라서 연속체 가설은 체르멜로-프라켈 공리계와 독립적이다. 모순이 없는 듯 보이고 충분히 강력한 공리계에 대해 증명도 반증도 불가능한 명제가 존재한다는 사실은 괴델이 불완전성 정리로 증명한 바 있지만, 연속체 가설의 독립성은 수학적으로 중요한데도 결정 불가능한 구체적인 명제가 존재함을 보여 주는 흥미로운 사례이다.

공간 좌표가 얻어지고 그 각자의 안에서 무엇이 일어나고 있는가에 관해 최소 두 가지 선택지(충전, 비충전)가 있다고 생각할 수 있으므로, 실수의 기수를 C라 하면, 가능세계의 수는 적어도 2의 C승 개는 있다고 생각됩니다. 그러나 그것만으로 끝이라는 보장이 있을까요. 2의 (2의 C승)승, 2의 (2의 (2의 C승)승)승, 2의 (2의 (2의 (2의 C승)승)승)승, …… 으로 기수는 무한하게 있으므로, 가능세계의 집합의 기수가 이 중에서 어떤 것인지 어떻게 정하면 좋은 것일까요.

가능세계 전부를 원소로 하는 집합을 Σ라 합시다. 조합의 원리에 따라 다음과 같은 거대한 세계 A를 생각합시다. Σ 속의 어떤 세계에 관해서도 A는 그 세계와 똑같은 거울상과 같은 상대역인 영역을 포함하고 있습니다. 영역들 전부가 상호 작용하지 않은 채 같은 시공 속에 겹쳐져 있다고 해도 좋고(19절 참조), 영역들이 극소의 상호 작용만을 가지면서 웜홀로 연결되어 있다고 해도 좋을 것입니다.

그런데 Σ 내의 임의의 세계 w가 포함하는 기본 입자의 수를 n이라고 합시다. 그 입자들이 어떤 성질을 갖는가 갖지 않는가에 따른 조합 원리에 의해 적어도 2의 n승 개의 가능세계가 있습니다. 즉, Σ의 기수는 적어도 2의 n승입니다. 거대 세계 A는 그 거울상들을 전부 포함하고 있으므로, 적어도 2의 n승 개의 입자를 포함하고 있습니다. 이것은 w 내의 입자수 n보다도 크고 w는 Σ 안의 임의의 세계였으므로, 거대 세계 A는 Σ 안의 어떤 세계보다도 절대적으로 많은 입자를 포함하고 있습니다. 즉, A는 Σ의 어떤 원소와도 다릅니다. 따라서 모든 가능세계의 집합이라는 것은 존재하지 않게 되어 버립니다(포레스트 Peter Forrest와 암스트롱의 논증).

이 결론은 가능세계론 전반에 대한 반박이 될까요. 그렇지는 않습니다. 현실주의 이론들은 타격을 입지 않습니다. 왜냐하면 현실주의에 의하면 가능세계란 전부 추상적인 구성 개념이기 때문입니다. 모든 수의 집합이라든가 최대의 집합이 존재하지 않아도 수학자가 전혀 곤란하지 않듯이, 현실주의적 철학자는 모든 가능세계의 집합이라는 것이 단적으로는 존재하지 않아도 상관없습니다. 필요한 것은 반복적인 조작에 의한 새로운 가능세계의 산출이라는 처방뿐인 것입니다. 가장 기본적인 현실세계 ⓐ가 하나 주어진다면 거기서부터 2의 C승 개의 세계를 구성하고 그것을 기본으로 또 그 속에 포함되지 않는 새로운 세계들을 구성하고⋯⋯ 하는 개념 산출의 반복이 가능하다면 충분한 것입니다.

한편 양상실재론자에게 있어서는 무한의 반복조작에 의한 가능세계 산출이라는 것은 무의미합니다. 그에게 있어서는 모든 가능세계는 평등하고 어느 것이 기본적이고 어느 것이 복합적이라는 구별은 없습니다. 어떤 세계도 자신의 존재를 다른 세계에 의존하는 것이 아니라 전부 구체물로서 독립되어 있기 때문입니다. 그렇다면 모든 가능세계의 집합도 일의적으로 존재하고 있는 것이어야만 합니다. 모든 가능세계의 집합의 기수가 결정되지 않는 것은 양상실재론에 있어서 심각한 문제가 될 것입니다.

시공의 필연적 용량

양상실재론자의 변명은 대개 두 가지입니다. 하나는 별개의 가능세계의 합성을 무제한으로는 허용할 수 없다고 생각하는 것입니다. 시공 혹은 외적 관계에는 용량의 논리적 한계가 있고 무한한 개수의 무한의 단계 어딘가에 구체물의 존재를 규제하는 단층이 있는 것이다, 가능세계의 총 수는 응분의 상한을 갖고 있는 것이라고 말입니다. 그러면 그것을 어떻게 알 수 있을까요. 모든 가능세계는 필연적으로 존재해야만 하므로, 그 존재 전체의 집합의 기수도 필연적으로 결정되는 기수여야만 합니다. 자의적으로 2

의 (2의 C승)승이라든가 하고 결정되는 것은 아닌 것입니다.

루이스는 아무래도 (이미) 단층은 2의 C승인 곳에 있다고 생각하고 있는 듯합니다만, 마땅한 이유를 들고 있지는 않습니다. 그래서 두번째로 빠져나갈 길은 이렇게 됩니다. 즉, 무엇이 가능한가, 어떤 가능세계가 존재하는가는 우리가 고안해야만 하는 문제가 아니라 실재의 문제이므로 고민할 필요는 없다. 현실주의자라면 가능세계의 구성법을 정의해야만 할 것이지만 양상실재론자는 가능세계를 구성하는 방식을 제시할 필요는 없다. 단지 어딘가에 시공의 용량이 논리적으로 결정되어 있다고 믿기만 하면 된다.

그러나 수학적으로 가능한 것은 논리적으로 당연히 가능하다고 한다면 가능세계의 무한한 합성을 금할 근거는 어디에도 없는 듯 생각됩니다. 그렇다면 양상실재론자는 어떤 논리 외의 물리학적 근거로 가능세계의 규모에 제한을 가하지 않을 수 없습니다. 그러면 루이스형 세계들은 순수한 논리적 가능성의 화제와는 관계가 없는 대용물이 되는 것은 아닐까요. 즉, 양상의 이해와는 관계가 없는 '단순한 현실세계의 영역들을 형성하는 우연적 고립계들'이 되는 것은 아닐까 하는 앞 절에서 본 반론에 다시 노출되는 듯 생각되는 것입니다. 어쨌든 가능세계의 용량에 단순히 우연적인 제한이 아닌 논리상의 필연적 제한이 있는가 없는가 하는 문제는 새로운 수리논리학의 정치한 발전을 기다리지 않으면 안 되는 문제일 것입니다.

명제의 수만큼 가능세계가……

또 하나 양상실재론에 대한 재미있는 반론이 있습니다. 우리는 원리적으로 어떠한 것도 생각할 수 있습니다. 임의의 명제에 관하여 누군가가 어떤 순간에 그것(만)을 생각할 수 있습니다. 즉, 어떤 명제에 관해서도 그것만이 어느 순간 누군가에 의해 생각되고 있는 가능세계가 존재합니다. 그런데 명제는 가능세계의 집합이라는 것을 5절에서 배웠습니다. 그렇다면 가능세계의 어떤 집합에 관해서도 어느 순간 누군가에 의해 그것만이 생각되고 있는 가능세계가 존재한다는 것이 됩니다. 즉, 가능세계의 수는 적어도 가능세계의 임의의 집합의 수와 같게 됩니다. 이것은 앞의 일반 대각선 논법에서 보았듯이 불가능합니다. 따라서 전제가 틀렸으므로 가능세계는 존재하지 않는 것이 됩니다——.

　이것은 앞의 논법에 비해 물리적으로 거대한 합성세계를 필요로 하지 않는다는 점에서 세련되어 있습니다. 이 논법에 대항하기 위해 의식이 생각하는 것이 불가능한 명제라는 것이 있습니다. 생각할 수 있는 명제라는 것은 모든 명제 중 무한히 작은 일부라는 것을 증명하려고 하는 몇 가지 논의가 제시되어 있습니다. 그 과정에서 지적 존재의 사고란 무엇인가, 사고 내용과 물질, 태도, 기능과의 관계는 어떠한가 하는 예부터 내려오는 근본적인 문제에 유익한 빛이 비추어졌습니다. 가능세계의 실재론이라는 것은 그것을 둘러싼 찬반 논쟁을 통해서도 철학의 진보에 공헌하는 극히 강력한 촉매라고 말할 수 있을 것입니다.

5장_자연과학과 가능세계

§23. 왜 양자의 요동인가?

4장의 양상실재론에 대한 여러 비판 중 어느 것 또는 모든 것이 합쳐져서 가능세계의 물리적 실재라는 이론을 결정적으로 매장할 수 있는가 없는가는 더욱 상세한 논의를 해보지 않는 한 알 수 없습니다. 현실이 아닌 다른 물리적 세계가 실재하는가 그렇지 않은가 하는 것은 일견 철학보다는 물리학의 화제인 듯 생각되기도 합니다. 사실 이 주제는 물리학자들이 활발하게 탐구하고 있습니다. 특히 양자물리학과 우주발생론에 있어서 유일하지 않은 다수의 우주라는 것이 화제에 올라 있습니다. 단, 물리학자들은 철학이나 논리학의 가능세계론을 거의 염두에 두지 않은 채 자신들의 다세계 이론을 전개하고 있고, 철학자 진영에서도 물리학의 다세계론은 양상논리의 가능세계론과는 관계가 없다고 생각하는 사람이 많은 듯합니다. 그러나 저는 양자가 무관계하다고는 생각하지 않습니다. 물리학과 논리학의 뜻밖의 구조적 대응이 무언가 심오한 진리를 가리키고 있는 것은 아닌가 하고 탐구해 보는 것은 호기심이 향하는 당연한 순서일 것입니다.

확률의 파에 흔들리는 소립자

양자역학에 의하면 원자의 구성 요소인 전자나 양자를 비롯, 소립자라 불리는 물질의 궁극적인 요소는 정해진 물리량을 갖지 않고 요동 속에 끊임없이 흔들리고 있습니다. 여러 가지 증거가 있습니다만, 가장 잘 알려져 있는 것이 '2중 홈(slit) 실험'일 것입니다(그림 5).

전자 총과 전자 검출 스크린 사이에 장벽을 세웁니다. 그 장벽에는 두 개의 평행한 가늘고 긴 홈이 열려 있습니다. 전자 총에서 다수의 전자를 내쏘면 두 개의 홈을 통과한 전자들이 스크린에 빛의 흔적을 만듭니다. 그 흔적은 다수의 공을 던질 때 그러하듯이 스크린의 배후에 두 줄이 될 듯합니다만, 실제로는 그렇지 않고 스크린 위에 넓게 줄무늬 모양을 만들게 됩니다. 이것은 바로 두 홈을 파가 통과해서 퍼져 파의 마루와 골이 각자 강해지거나 소멸되거나 해서 만드는 것입니다. 이것은 다수의 전자가 서로 물리적으로 작용하면서 전체적으로 파와 같은 성질을 나타낸 것이냐 하면 그렇지는 않습니다. 전자 총에서 전자를 한 번에 한 개씩 발사해서 그것을 수차례 행해 한 개 한 개가 스크린 위에 만든 점의 흔적을 전부 합쳐 보면, 불가사의하게도 이것도 역시 앞의 실험과 마찬가지로 줄무늬 모양이 되기 때문입니다.

이 결과는 전자가 다수 모일 때만이 아니라 한 개인 경우에 있어서조차 파와 같이 퍼지는 경로를 갖는다는 것을 나타내고 있습니다. 그렇지만 홈에 도달했을 때에는 한 개의 점으로 수축하고 있습니다. 즉, 진공 내에서는 전자는 파와 같이 동시에 다수의 경로를 취하지만 거시적인 무언가와 상호 작용한 순간 하나의 위치로 수축하는 불가사의한 행동을 하게 됩니다. 결국 홈을 통과했을 때도 한 개의 전자는 둘 중 하나의 홈만을 통과할 터인데도 동시에 또 다른 쪽의 홈을 통과한 상태도 존재하고 있다는 것

<그림 5> 2중 홈 실험

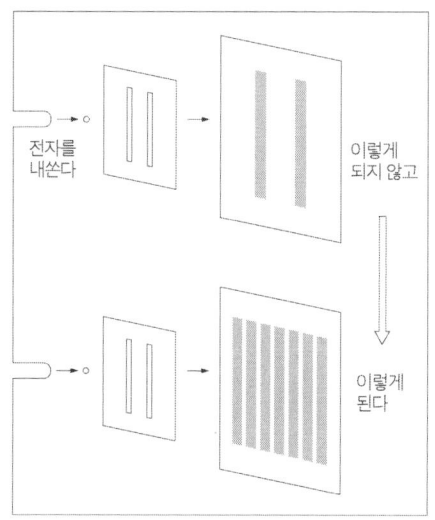

이 됩니다. 그리고 어느 쪽 홈을 통과한 경로든 실현되지 않은 무수한 경로들이 실현된 경로와 간섭해서 전자의 도달 위치에 영향을 미치고 있는 것입니다.

전자란 실재하는 물질이 만드는 파가 아니라 여러 가능성이 공존하는 확률의 파인 것입니다. 측정에 의해 파가 수축했을 때 어떤 측정치가 나타나는가는 완전히 우연으로, 정확히 같은 상태를 재현해도 같은 결과가 나온다고는 단정할 수 없습니다. 아무리 해도 측정 결과를 예측할 수 없습니다. 뉴턴적인 일의적 결정론이 미시적인 층위에서는 성립하지 않는 것입니다.

원자가 안정적으로 존재하는 것, 즉 원자핵의 주변을 도는 전자가 중심으로 떨어져 원자가 파괴되어 버리지 않는 것 자체가 전자가 갖는 이 요동 덕택이라는 것도 판명되었습니다. 이 확률적 요동은 전자에 한정되지 않는 모든 소립자의 특징입니다. 나아가서는 다른 종류의 물리량의 요동은 서로 연동하고 있다는 '불확정성 원리'도 잘 알려져 있습니다. 예컨대 위치와 운동량과 같은 한 쌍의 물리량 중 한쪽을 측정에 의해 수축시켜 확정하면 또 한쪽의 값의 폭이 무한하게 확장되어 버리는 것입니다.

　이러한 현상을 액면 그대로 받아들이면, 원자 이하의 미시적 상황은 다수 상태의 공존에 의해 성립하고 있다고 기술할 수 있을 것입니다. 어떤 상태가 실현되는가는 어떤 통계 법칙에 따르는 한에서 완전히 우연인 것입니다. 그러면 미시적 층위와 거시적 층위 사이는 연속적이면서 결정적인 단층은 없으므로, 우리가 일상적으로 경험하고 있는 방이나 거리나 지구, 나아가서는 은하나 우주 그 자체까지 무수한 다른 상태의 중첩인 것은 아닐까요(미시의 요동과 거시적 상태를 잇는 인상적인 사고실험으로서는 방사선 원자로부터 입자가 우연히 뛰쳐나오면 독가스 병이 깨지는 장치를 둔 방에 고양이를 가뒀을 때 일정 시간 뒤에 고양이는 살아 있는가 죽어 있는가 하는 '슈뢰딩거의 고양이'가 유명합니다).

놀랄 만한 '비국소적 변화'

또 하나, 물리학이 다세계론을 지지하는 실험적 증거로 비국소적인 작용이라는 것이 있습니다. 현재 알려져 있는 자연계의 힘은 중력이든 전자기력이든 핵력(원자핵 내에서 작용하는 힘)이든 입자 혹은 장의 매개에 의해, 즉 어떤 것의 접촉적인 매개에 의해 작용합니다. 이것을 실재의 국소성이라고 합니다. 매개물 없는 원격작용을 부정한 뉴턴의 말대로[1] 모든 인과관계는 물질 혹은 에너지의 직접적 접촉에 의한 연속적인 작용인 것입니다. 그 작용 속도의 상한은 빛의 속도입니다. 어떠한 인과작용도 광속을 초월해서 도달할 수 없습니다.

그러나 광속을 초월한 순간적 원격작용(처럼 보이는 것)이 현재 실증되어 있습니다. 극히 단순화해서 말하자면 다음과 같습니다.

두 개의 입자로 이루어진 계가 있고 스핀이라는 속성에 관해 그 계 전체가 플러스-마이너스 제로 상태가 되어 있다고 합시다. 이 계가 붕괴해서 두 입자가 정반대 방향으로 광속으로 뛰쳐나갔다고 합시다. 원래의 계는 양자론에 따르고 있고(즉 항상 플러스-마이너스 제로인 상태에 있고) 두 개의 입자가 떨어지게 되고 나서도 그것은 같습니다. 따라서 개개의 어느 쪽 입자도 플러스와 마이너스의 공존 상태로 요동하고 있습니다. 거기서 한쪽 입자의 스핀을 측정하면 파의 다발의 수축이 일어나 우연히 예컨대 플러스 값이 측정될 것입니다. 그러면 그 순간 계 전체의 양자법칙에 의해 다른 쪽 입자의 스핀은 마이너스라는 것이 결정됩니다. 파의 다발이 수축하는 방식의 정보가 순간적으로 공간을 가로지르는 것입니다. 이것은 두 입자를 아무리 멀리 몇억 광년 떨어트려 놓고 측정해도 같습니다. 입자의 비행 중에 측정 방식을 도중에서 바꿔 한쪽 입자의 스핀 결정 방식을 바꿔도, 다른 쪽 입자는 그 측정 결과를 텔레파시로 예지하고 있었던 것처럼 대응해서 순간적으로 그 반대 스핀을 보이는 것입니다.

이 놀랄 만한 비국소적 변화는 '벨 부등식의 위배'(violation of Bell's

---

1) 일반적으로 뉴턴은 저자의 기술과는 반대로 매개물 없는 원격작용을 긍정한 것으로 알려져 있다. 현대 물리학자 중에서도 리처드 파인만(Richard Feynman) 같은 이들은 중력이 마치 순간적으로 원거리에서 작용하는 듯한 현상을 받아들이지 못하고(어떠한 물리학적 효과도 빛의 속도보다 빠를 수는 없다는 전제에서), 중력을 아인슈타인 식의 장 이론이 아니라 전자기파로 해석, 파가 미약한 확률이지만 시간을 거슬러 움직일 수도 있다는 가설을 제시할 정도이다(선행파와 후행파의 위상 상쇄 때문에 파가 운동하는 데는 시간이 걸림에도 불구하고 마치 동시적으로 중력이 작용하는 듯 보일 수 있다는 아이디어이다). 오해할 수 있는 부분이므로 주의할 필요가 있다.

inequality)라는 현상으로 정밀한 몇 가지 실험에 의해 확인되었습니다.[2] 중간의 공간을 아무것도 가로지르고 있지 않음에도 불구하고 분리된 입자가 흡사 연동해서 변화하는 듯 보이는 것입니다. 이 우주의 부분들이 인과관계만이 아니라 상호 연관에 의해 결부되어 있다는 것이 제시되었다고 말하는 물리학자도 있습니다. 상호 연관은 국소적이지 않으므로 사이의 공간에 어떠한 장벽을 세워도 이 비국소적 상호 작용을 차단하는 것은 불가능합니다. 실재 전체가 어떤 한 조각 속에도 깃들어 있고, 부분은 즉 전체라는 파르메니데스적·헤겔적인 전체론을 생각나게 합니다. 모든 것은 연관(synchronize)되어 있는 것입니다.

이 사태를 자연스럽게 해석하는 하나의 유력한 방법은 물론 실재는 무수한 가능성의 중첩이라고 생각하는 것이겠지요. 측정이라는 상호 작용에 의해 입자 1에 파 다발의 수축이 생긴 순간에 그 물리량에 관해 하나

---

[2] 위 실험은 아인슈타인(Einstein), 포돌스키(Podolsky), 로젠(Rogen)이 양자역학 및 그에 대한 주된 해설인 코펜하겐 해석에 반대하기 위해 제시한 것으로, 이들의 머리글자를 따서 'EPR 역설'이라고도 불린다. 서로 멀리 떨어진 물체들은 그 사이의 공간을 매개하지 않고 즉 각적인 상호 작용을 할 수는 없다는 국소성이란 성질을 갖고 있고, 여러 파동함수들이 공존하고 있다가 관측 순간 하나로 결정되는 것(코펜하겐 해석)이 아니라 관측 전에 이미 계의 상태가 결정되어 있다는 전제 위에서 진행되었다. 자세한 공식은 생략하지만, 벨의 부등식은 계의 국소성은 유지하면서 위의 실험이 양자역학과 부합하지 않는다는 것을 증명한 것이다. 특히 아직 알지 못하는 어떤 변수가 파동함수들을 결정론적으로 변화시킨다는 숨은 변수 이론(hidden variable theory)이 양자역학과 맞지 않는다는 것을 증명, EPR 역설을 해결했다. 실제로 위 실험은 그저 역설이 아니라 구현 가능하다(양자의 이런 성질을 양자얽힘quantum entanglement이라 하며 양자컴퓨터나 양자암호 등의 개발에 이용되고 있다). 다만 주의할 것은 벨의 부등식은 국소성을 유지하는 상태에서 EPR 역설을 부정한 것이지 비국소성을 긍정함으로써 문제를 해결한 것은 아니라는 것이다. 벨의 부등식이 위배될 수 있다는 것은 다시 그 이후에 여러 물리학적 실험과 이론이 등장한 다음의 일로, 비국소성을 인정하는 한에서 EPR 역설과 같은 현상(즉 더 이상은 역설이 아니다)이 발생한다고 보는 것이다. 위의 저자의 설명은 마치 벨의 부등식이 제시되어 있는데 그에 대한 반론으로 EPR 역설 실험이 제시된 것처럼 독해될 수 있기에 주의해야 한다.

의 세계가 결정되게 됩니다. 그러면 결정된 세계는 물리법칙에 따르는 세계이므로, 당연히 입자 2의 물리량도 응분의 형태로 나타납니다. 입자 2가 갑자기 변화한 것이 아니라 세계가 결정된 것에 지나지 않은 것이라는 것입니다. 이 다세계 해석이라면 확실히 파르메니데스적인 신비로운 세계관도 필요치 않고 초광속 원격작용이라는 상대성 이론에 모순되는 상정도 할 필요 없이 해결되는 것입니다.

가능세계론과의 유사점·상이점

1957년에 휴 에버렛(Hugh Everett)이 양자역학의 다세계 해석을 정식화했습니다. 이것은 적절하게도 논리학에서 가능세계가 사용되기 시작한 것과 거의 같은 시기입니다(영향관계는 없었을 테지만 이것도 일종의 비국소적인 세계의 결정일까요?). 에버렛의 다세계 해석에 의하면 매 순간의 세계는 분열하거나 융합하고 있습니다. 확률의 파에 흔들리고 있는 양자가 거시적인 물체와 상호 작용을 할 때 무수한 가능성 중에서 어떤 특정 위치나 물리량으로 수축합니다. 그것은 결정론적이지 않은 완전히 무작위적인(random) 결정으로, 다른 가능한 결정 방식도 동시에 다른 세계로서 실현된다는 것입니다.

단, 양자론의 해석 문제라는 것은 어려워서 물리학자의 수만큼 해석이 있다고도 합니다. 미시의 세계에만 요동을 국한하고 거시적인 세계에서는 양자 효과를 무시할 수 있다고 하는 이론, 관측 혹은 의식이 실재를 만들어 낸다고 하는 이론, 양자논리라는 특수한 논리가 세계를 지배하고 있다고 하는 이론 등 현재 여러 주장이 난립하고 있는 상황입니다만, 양자역학 그 자체가 현상을 잘 설명하거나 예언할 수 있다는 것을 의심하는 물리학자는 없습니다. 즉, 계산의 표기상, 상태의 중첩을 이용하는 양자역학은 확실히 잘 기능합니다만, 실제로는 무엇을 말하고 있는 것인가 하는 문제의식에서 오는 곤혹스러움이 바로 앞 장까지 보아온 논리철학의 가능세계론의 입장과 같은 것입니다. 가능세계는 확실히 철학, 논리학, 언어이론의 개념들을 잘 체계화하고 있습니다만, 가능세계란 실제로는 대체 무엇인가 하고 말입니다.

물리학에 있어서도, 논리학에 있어서도 이론을 문자 그대로 취하면, 현실과 동격의 무수한 비현실 세계가 있다는 해석에 도달합니다. 요는 그것을 믿는가 믿지 않는가라는 한 가지로 좁혀진다는 것도 아주 유사하다고 말할 수 있을 것입니다.

단, 다른 점도 있습니다. 가장 큰 차이는 양자론에서는 물리학의 법칙에 따르는 세계만이 인정된다는 것입니다. 다세계 해석을 취하는 물리학자도 일반적으로 중력이 거리에 반비례하는 세계라든가, 전자기력이 거리의 5승에 반비례하는 세계 같은 물리법칙에 반하는 세계의 존재는 믿지 않습니다. 양자역학이 허용하는 무작위성의 범위 내에서 세계들의 변이를 인정할 뿐인 것입니다. 여기에서 물리학의 가능세계는 논리철학의 가능세계의 진부분집합을 이룬다, 특히 물리적 가능성이라는 것에 도달관계를 제한한 가능세계이다라고 말할 수 있을 것입니다.

그리고 나아가서는 양자물리학의 다세계가 같은 시공에서 각각 분열되어 가는 듯하다는 것, 무한히 작긴 해도 각각의 세계들끼리 인과관계를 가질 수 있을지도 모른다는 것 등도 고려하면, 물리학의 세계들은 역시 논리철학의 가능세계와는 달리 현실세계 ⓐ를 다중 시공의 중첩으로서 파악하는 이론에 다름 아니라고도 말할 수 있을지도 모릅니다. 어쨌든 자연과학의 문맥에서는 다른 가능성이나 우연성의 근거를 부여하는 것이 양자역학이고 따라서 다른 세계를 상정하는 동기 그 자체가 양자역학이므로, 당분간은 양자론에 모순되지 않는 범위 내에서 다세계에 따라 우주의 수수께끼를 탐구해 가기로 합시다.

§24. 왜 이 우주에 생명이?

우주 발생에 있어서의 도달

물리학자는 여러 초기조건에 물리법칙을 적용해서 그 뒤 우주가 생성되었던 방식을 시뮬레이션해 볼 수 있습니다. 현재 관측되고 있는 우주배경복사는 초기의 우주가 극히 매끈하고 등방적(等方的)이며 질서정연했다는 것을 나타내고 있다고 합니다. 우주가 양자론적으로 아무렇게나 시작했다고 하면 훨씬 무질서한 상태 쪽이 압도적으로 있을 듯함에도 불구하고 말입니다. 빅뱅 전, 우주 발생 시 실제보다도 아주 조금 소립자의 난류가 일그러졌다면 현재와 같은 우주는 생기지 않았을 것입니다. 물리학자들은 안정된 물질이 우주에 생겨난 것 자체가 터무니없이 작은 확률로만 일어나는 우연이 계속 쌓인 것이라고 보고 있는 듯합니다.

무릇 원자나 분자가 존재할 수 있는 것 자체가 대단히 드문 사건인 것입니다. 하물며 별이나 은하가 되면 더욱 그렇습니다. 어떤 계산에 의하면, 원시물질이 혼돈 속에서 소멸되어 버리지 않고 안정된 별이 생길 확률은 10의 100만×1조×1조 승 분의 1에도 미치지 않는 터무니없이 작은 확률이라는 것입니다. 질서와 혼돈에 관한 열역학의 정성적(定性的) 통계 평가는 실험실에서 간단히 실증할 수 있으므로, 물리학자의 계산은 일단 신뢰해도 좋을 것입니다.

왜 우주는 이렇게 안정된 물질의 형태를 취해서 존재하게 된 것인가 하는 의문은 물리법칙 그 자체의 우연성으로 생각을 돌리면 더욱 커져 갑니다. 우주발생 시에 시간과 공간이 생겨나서 소립자가 생기고, 법칙이 생겼다고 하면 물리법칙 그 자체가 현실과 같지 않았을지도 모른다고 생각할 수 있기 때문입니다.

자연계에는 여러 기본 상수(常數)가 있습니다. 중력, 플랑크 상수, 광속도, 전자의 질량 등이 그것입니다. 실제보다도 만약 중력이 아주 조금 강했다면, 핵력이 아주 조금 약했다면, 전자가 아주 조금 무거웠다면……기본 상수에 10의 몇십 승 분의 1이라는 미세한 차이가 생긴 것만으로 우리와 같은 복잡한 탄소형 생명이 생존 가능한 환경은 있을 수 없었을 것입니다. 우주는 영원히 혼돈된 소립자 수프였든가, 블랙홀만이 충만한 불덩어리인 채였을 것입니다.

물리학자는 철학자나 수학자와 같이 뭐든지 인정하는 것은 아닙니다만, 어떤 한정을 가해서 즉 무엇이 기본법칙이고 무엇이 거기서부터 파생되는 우연한 규칙성인지 엄밀히 구별은 할 수 없다는 전제에서, 법칙으로 보이는 것이 변이된 결과를 계산하고 있습니다. 중력과 전자기력이 나뉘는 시점이 조금 어긋나 있었다면 어떻게 되었을 것인가? 왜 이 기본 상수들인 것인가? 현실에 왜 이 소립자들이 만들어졌는가? 초기조건과 법칙의 그물을 빠져나가서 운 좋게도 물질이나 은하나 행성이 존재 가능했다고 해도 아직 시련이 기다리고 있습니다. 거기서부터 우연히 복잡한 분자 결합이 실현되어 생명이 태어나고, 특히 우리와 같은 지성이 진화할 확률이라는 것은 거의 정신이 아득해질 정도로 드문, 무한소라고 해도 좋을 확률 위에 미묘하게 균형을 이룬 기적처럼 생각되지 않습니까.

신인가, 인류원리인가

현실세계에 시점을 두고 생각하면 생물이나 지성의 존재는 실로 더욱 기적적입니다. 우주의 파인 튜닝(fine tuning ; 정묘한 조율)이라는 말로 이 기적을 나타내는 사람도 있습니다. 우주의 설계자——어떤 의도를 가진 창조주라든가 신을 상정하는 것도 자연스러운 듯 보입니다. 순수하게 물리적으로 계산하면 이 우주는 완전히 생명의 존재에 적합하게 조직되어 있다고밖에 생각할 수 없기 때문입니다.

신이나 기적을 제안할 필요는 없다, 생명의 존재에 아무런 불가사의함도 없다고 생각하는 사람이 있을지도 모릅니다. 예컨대 한 번뿐인 사건에는 확률이나 희귀성 등의 개념은 적용할 수 없다고 말하는 철학자도 있습니다. 확률이라는 것은 같은 종류의 다수의 시행 중에 비로소 의미를 이루는 것이고 우주의 탄생은 단 한 번의 전체적 사건이므로 어떤 일이 일어나도 신기하지도 않고 아무것도 아니라는 생각입니다.

이것은 일상의 확률 개념을 오해한 생각이고 전체라는 것을 특별 취급하는 근거를 명확하게 하고 있지 않습니다. 현실에서 일어난 존재상태가 특별한 의미를 갖는 존재상태라고 여전히 느껴지는 한 아직 설명은 주어진 것은 아닙니다. 물론 설명은 필요 없다는 것이 이 입장이겠습니다만, 왜 이런 것인가 하는 불가사의한 느낌을 하나하나 해소하는 것으로 진보를 이룰 수 있었던 것이 과학의 역사였던 것입니다. 따라서 만약 불가사의함을 해소하는 설명이 따로 있다면, 이러한 공연히 초탈한 듯한 세계관은 의의가 없다고 말해야 할 것입니다.

마찬가지로 세계에 대해 초탈한 듯한 생각을 또 조금 더 세련화하면 다음과 같은 논의가 될 것입니다.

"왜 생명이 탄생했는가 하는 의문은 이렇게 의문을 갖는 생명이 존재해야 비로소 생길 수 있다. 즉, 의문의 존재는 생명 그 자체의 존재를 전제로 하고 있다. 그렇다면 생명은 있는가 하는 의문에 대해서는 '예스'라고

밖에 말할 수 없다. '노'라고 답할 수 있는 의식은 있을 수 없기 때문이다. '예스'라고밖에 답할 수 없는 사태에는 왜라는 문제는 생길 수 없다. 따라서 어떤 불가사의도 없다."…… 만약 실제로 생명 혹은 의식이 존재하지 않았다면 생명은 왜 있는 것인가 하는 문제 자체가 일어나지 않고, 무의미했을 것이라는 것입니다.

이것은 인간 자신의 의식의 존재에 의해 우주의 존재양식을 설명하므로 '인류원리'(anthropic principle)라 불리고 있는 생각입니다. 인류원리는 이대로는 명백한 궤변입니다. 이것으로 생명의 존재가 불가사의하지 않게 되는 것은 아닙니다. 우리는 왜 '노'가 아닌 '예스'인가를 알고 싶은 것이 아니라 왜 '무'가 아닌 '예스'인가를 알고 싶은 것이기 때문입니다. "왜 생명이 있는 것인가" 하는 의문 그 자체가 왜 생기고 있는 것인가 하는 것입니다. 이것을 또 인류원리로 설명했다고 해도, 그러면 왜 그 질문이…… 하고 이 후퇴는 무한히 계속되므로 인류원리는 아무런 대답도 되지 않습니다.

그러나 인류원리는 유의미하게 적용할 수도 있습니다. 우주가 딱 한 번 탄생했을 뿐이라고 생각했기 때문에 생명이 유(有) 혹은 무(無)라는 양자택일이 되고 압도적으로 낮은 확률의 유가 실현되어 있다는 것이 불가사의하게 된 것이었습니다. 휴 에버렛 식으로 모든 물리적 가능성에 대응해서 모든 세계가 실현되어 있다는 다세계론을 채용하면 인류원리는 진정한 논리로서 부활하는 것입니다.

다세계론과 결부된 인류원리

다세계론에 의하면 우주가 우발적으로 생명에 적합했던 것이 아니라 생명이 우주를 선택, 도태한 것이라는 다원적 도태설로 유도될 것입니다. 모든 가능성이 각자 실현되어 있다면 압도적 다수의 물질부재-세계, 혼돈-세계, 무생명-세계의 틈에서 아주 적은 경우로서라 해도 확실히 질서-세계, 생명-세계가 존재합니다. 확률 1로 존재합니다. 생명은 스스로에게 적합한 환경을 선택해서 거기서 실현될 뿐입니다. 따라서 생명, 의식, 그리고 의문은 필연적으로 생깁니다. 여기서 인류원리가 기능하게 됩니다. 생명은 스스로를 무생명-세계 속에서 발견할 수는 없습니다. 생명은 필연적으로 생명에 적합한 행운의 세계를, 그러한 세계만을 관측하고 불가사의하게 느끼거나 하는 것입니다. 다세계론과 결부된 인류원리는 '관측선택 원리'라 불리고 생명이나 질서의 불가사의함을 성공적으로 잘 설명하고 있습니다.

인류원리라 하면 인간이 우주의 중심이라든가 의식의 존재가 우주를 낳는다든가 하는 관념론적 사상과 혼동되는 경우가 있습니다만, 보시는 대로 전혀 다른 것입니다. 확실히 세계를 하나로 생각하는 입장에서는 인류원리는 관념론처럼 되어 버릴지도 모릅니다. 혹은 신의 기적을 추인하기 위한 특수한 어법이 되어 버릴지도 모릅니다. 그러나 다세계 이론에서 인류원리란 근본적으로 물리세계를 설명하는 순수 이론의 일부인 것입니다. 우리가 있기 때문에 이 우주는 파인 튜닝된 것이라고 인류원리가 말할 때의 '때문에'는 인과관계의 '때문에'는 아닙니다. 설명의 '때문에'인 것입니다. 이 '설명'이란 법칙적인 설명은 아닙니다. 어디까지나 이유를 규명하기 위한 개념적 설명입니다.

다세계는 단절되어 있는가

일어날 수 있는 것은 무엇이든 실제로 일어나고 있다는 다세계라는 생각은 이렇게 물질이나 생명의 불가사의를 푸는 데는 위력을 발휘합니다. 다른 무수한 세계가 실재한다는, 처음에는 가장 믿기 힘든 의혹의 초점이었던 요소가 설득력의 원천이 되는 것입니다.

양자역학의 해석 문제에 있어서 고안된 에버렛 식의 다세계 이론 외에, 우주발생론의 문맥에서 말하자면 인플레이션 이론이라는 다중우주론도 있습니다. 빅뱅 전에 전자보다도 작았던 고밀도의 양자우주가 점점 물질을 만들어 내고, 분열에 분열을 반복하면서 모(母)우주로부터 자(子)우주, 손자 우주로 무수하게 나뉘졌다는 것입니다. 이것은 시공적으로 본래 연결되었던 한 개의 우주가 그 뒤 독립된 우주들로 분열했다는 이미지인 듯합니다. 우주들은 웜홀로 지금도 연결되어 있다든가, 전자 한 개 한 개가 블랙홀로서 다른 우주로의 출입구가 되고 있다든가 하는 설도 있는 듯합니다.

확실히 인류원리에 의한 행운의 설명은 인과적·시공적으로 완전히 단절된 우주들이라는 모델을 사용하지 않아도 가능합니다. 단 하나의 거대한 모세계가 있고 그 시공 내부에 여러 영역이 병존하고 있으며 여러 초기조건이나 법칙이나 물리상수가 각자의 영역에서 성립하고 있어도 이 절에서 보아온 대로의 설명이 가능할 것입니다. 어딘가에서는 적절한 법칙이 실현되고 반드시 생명이 생기기 때문입니다.

그러나 잘 생각해 보면, 시공적으로 세계가 단일하고 그 내부가 모든 가능성에 대응한 다채로운 모습을 취하고 있다는 모델은 우주의 진정한 불가사의를 풀기 위해서는 불충분하다는 것을 알 수 있습니다. 왜냐하면 시공적으로 단일한 이 세계가 어떻게 해서 그러한 다양한 영역을 포함하고 있어야만 하는가 하는 질문이 생기게 될 것이기 때문입니다. 다음으로 이 일반적인 문제에 임해 봅시다.

§25. 왜 '이 우주'인가?

'희귀성' 재고

우리가 불가사의하게 생각하는 것은 왜 생명이 있는 것인가 하는 확률이나 행운에 관계된 문제만은 아닙니다. 더 일반적으로, 왜 현실세계는 지금 있는 그대로의 이 모습을 하고 있는가 하는 것도 사색의 대상이 됩니다. 그 외에도 여러 존재상태가 있었을 터인데도 어떻게 해서 하필이면 이런 모습을 취하고 있는 것인가? 하는 의문입니다. 어쨌든, 단지 이유도 없이, 우발적으로, 그러한 대답으로 만족할 수 있을까요?

자의적으로 보이는 사상(事象)에 대해서 우리는 설명을 찾습니다. 예컨대 주사위를 10번 던져 전부 6이 나오면 누구나 불가사의하게 생각하고, 어떻게 해서 그런가 하고 설명을 찾습니다. 6의 10승이라는 막대한 가능성 중에서 왜 하필이면 이 하나가 실현되었는가 하고 생각하는 것입니다. 그러나 이것은 다른 어떤 경우에 대해서도 말할 수 있습니다. 나오는 것이 〈3, 6, 1, 2, 1, 5, 3, 4, 6, 2〉라는 겉보기에는 평범한 패턴이었다고 해도 그것이 나올 확률은 역시 6의 10승 분의 1로, 희귀함에 있어서 〈6, 6, 6, 6, 6, 6, 6, 6, 6, 6〉에 조금도 뒤떨어지지 않습니다. 우리의 사회적 문맥에 있어서 전자는 후자만큼 의미가 부여되지 않고 이목을 끌지 않을 뿐인 것입니다. 그리고 확실히 왜 〈3, 6, 1, 2, 1, 5, 3, 4, 6, 2〉가 나온 것인가 하는 것에 관해서는 그럴듯한 설명이 존재합니다(주사위의 재질, 던진 각도, 힘, 방의 기온, 습도, 마루의 경도 등등). 이 현실세계의 존재양식에 관해서도 마찬가지입니다. 이 세계가 어떠한 존재양식을 하고 있든, 그것이 일견 그야말로 진귀한 모습이든 그렇지 않든 단 하나의 존재양식을 취하고 있다면 왜 하필이면 이 모습이 선택되었는가 하는 설명이 필요케 됩니다.

두 개의 합리주의

일견 우연적이고 변덕스럽게 보이는 이 현실이 성립하고 있는 이유를 설명하려고 하는 입장을 합리주의라고 합니다. 합리주의에는 두 종류가 있습니다. 하나는 우연으로 보이는 것은 우리의 무지 탓이고, 완벽한 물리학이 완성되면 현실은 다른 것으로는 있을 수 없었다는 것이 필연의 메커니즘에 의해 설명 가능하다고 하는 합리주의. 이는 물리학을 수학으로 환원하고 물리적 필연성을 논리적 필연성으로 환원해 버립니다. 현실의 존재양태를 규명하기 위해서는 외계를 관찰할 필요는 없고, 논리학과 집합론의 자명한 공리와 추론규칙을 사용한 논리계산만으로부터 유일한 필연적 세계의 모습이 연역된다는 것입니다. 이것을 '일원적 합리주의'라 부르기로 합시다.

또 하나의 합리주의는 물리적 필연성이 유일의 논리적 필연성으로 환원된다고는 믿지 않습니다. 어떠한 현실이 성립하든 그것은 우연이라고 한 뒤에, 어떤 하나의 우연만을 인정하는 것이 아니라 모든 우연을 평등하게 인정함으로써 전체를 필연이게 하려고 하는 다세계 이론의 입장입니다. 자의적인 개개의 세계를 전부 차별을 두지 않고 실재로 인정함으로써 논리공간 전체의 자의성을 0으로 만든다는 발상. 이것을 '다원적 합리주의'라 부르기로 합시다.

일원적 합리주의는 우주 설계자로서의 절대적 신을 인정하는 생각과 같은 종류의 생각이라고 말할 수 있을 것입니다. 단, 신의 신비가 논리라는 무인칭의 시스템에 의해 치환되고 있습니다. 일원적 합리주의가 옳다면 어제 내가 점심을 먹지 않았던 것, 오늘 아침 뒤뜰에서 고양이가 울었던 것 등 현실의 매 사건이 $\sqrt{2}$가 무리수라는 것과 완전히 동등하게 필연적인 것이 됩니다. 19절에서 걱정했던 귀납법의 수수께끼도 단순히 인간의 무지 때문에 불가사의하게 생각될 뿐으로, 실제로는 '1 + 1 = 2'인 것과 같은 구조로 필연적으로 결정된 당연한 진리가 될 것입니다. 인간이 불가사의하게 생각하는 것 자체도 논리로부터의 필연적인 귀결인 것입니다. 이것은 엄격한 결정론이고, 가능성이나 우연성은 가능세계에 의해 정의되는 것이 아니라 우리들의 필연적인 무지에 의해 설명되는 것이 될 것입니다.

이에 비해 다원적 합리주의에 있어서는 물리학과 논리학은 어디까지나 다른 것입니다. 물리학이 논리학과 일치하는 것은 하나의 현실세계 내에 있어서가 아니라 모든 가능세계를 포함한 논리공간에 있어서인 것입니다. 가능세계들 전체를 취해야 비로소 결정론이 성립하게 됩니다. 불가사의함이라는 것은 뭔가가 돌출되어 있는 곳이나 뭔가가 결락되어 있는 곳에서 생깁니다. 따라서 결락 없는 논리공간의 포화성이야말로 존재의 불가사의함을 설명하게 되는 것입니다.

현실세계의 외관상의 자의성이 합리적으로 설명되어야 한다고 하면 어느 쪽의 합리주의가 합리적일까요? 물리학자들, 특히 실험보다도 이론의 수학적 아름다움에 끌리는 물리학자들—주기율표를 채우는 것처럼 물질의 소재를 최소한으로 묶는 쿼크 이론이나 자연계의 힘을 하나의 원리로 환원하는 대통일 이론의 꿈을 계속 좇는 물리학자는 마음 깊은 곳에서 일원적 합리주의를 믿고 있는 듯 생각되기도 합니다. 그러나 그 정신에 끌린 양자역학은 결과적으로 있을 수 있는 모든 가능성의 중첩으로서 현실을 기술하고 있습니다. 그러므로 진상은 일원적 합리주의를 추구해 가면 다원적 합리주의라는 일원적 설명이 될 수밖에 없도록 얄궂게 되어 있을지도 모릅니다.

단일시공의 모세계는 도움이 되는가

그런데 다원적 합리주의 쪽이 보다 신빙성이 있다고 하면 다세계에 의한 세계의 자의성에 대한 설명은 어떻게 될까요. 우선 대부분의 물리학자가 암묵적으로 상정하고 있는 대로 시공적으로 단일한 모(母)세계를 생각해봅시다. 이 모세계는 무수한 자(子)세계의 집단으로 이루어져 있습니다. 즉, 웜홀이나 빅 크런치, 빅 뱅과 같은 특이점에서 무수한 자세계가 연결된 무리로, 각자의 자세계에서는 다른 존재양식이 실현되어 있고 전체로서의 모세계는 그 내부가 모든 가능성에 대응한 다채로운 모습을 취하고 있다는 모델입니다.

그 모세계는 22절에서 생각한 거대세계 A와 닮은 세계이므로, 여기서도 A라 부르기로 합시다. 만약 A가 시공적으로 단일하다면 여전히 의문이 남습니다. 왜 세계는 그렇게 다채로운가? 전체가 온통 혼돈되어 있는 모세계는 왜 실현되지 않았는가? 전체가 온통 블랙홀로만 만들어져 있는 모세계는 왜 실현되지 않았는가? 전체가 온통 생물로 차 있는 모세계, 전체가 온통 결정의 격자구조로 되어 있는 모세계는 왜 실현되지 않았는가?

이리하여 아무리 다세계를 생각했다고 해도 세계들 간에 어떤 미세한 약간의 연속선이든 시공적 연결이 존재하고 있다는 것은 근본문제에 답하는 방식은 아닙니다. 한 개의 시공만을 생각하는 것은 그 모습이 어떠한 것이든 '왜'라는 질문이 나와 버립니다. 한 개의 A가 아닌 시공적으로 일절 연결이 없는 세계들이 필요케 되는 것입니다.

독립성의 필요

앞 절처럼 생명의 존재라는 이목을 끄는 기적적인 사건을 설명하기 위해 다수의 우주를 가져왔을 때, 만약 그 우주들이 물리적으로 조금이라도 연결되어 있다고 상정한다면 그 우주들 전체를 합한 한 세계 A는 자의적인 사례가 되어 버립니다. 확실히 만약 어떻게 해도 한 개의 시공만을 인정해야 한다면 모든 가능성을 안에 병존시킨 큰 세계 A는 다원적 합리주의에 따른 가장 자의적이지 않은 자연스러운 세계라고 말할 수 있을 것입니다. 어떤 가능성도 자의적으로 배제하지 않기 때문입니다. 그러나 한 개의 시공만 인정한다고 하면 두 가지 의미에서 자의성이 남습니다.

하나는 ⟨3, 6, 1, 2, 1, 5, 3, 4, 6, 2⟩와 마찬가지로 A는 외관상으로는 자의적이 아니어도, 무수한 독립된 가능성 중 하나에 지나지 않는다는 점에 있어서 다른 자의적 세계와 동등하다는 것입니다. 전술했듯이 자의적인 세계-전체가 블랙홀로만 만들어져 있는 혼돈세계, 생물로 차 있는 세계, 결정의 격자조직으로 되어 있는 세계가 왜 전부 배제된 것인가 하는 의문이 생기는 것입니다. 특히 전체적으로 혼돈되어 있는 세계에 비해 A 쪽이 확률적으로 실현되기 쉽다고는 생각할 수 없기 때문입니다.

두번째로는 A는 단일 시공으로 만들어져 있는 이상 내부구조를 가져야만 하고, 영역끼리의 인접 방식이 특정되어 있어야만 한다는 것입니다. 어떤 특정 내부구조를 갖든 왜 다른 구조(순서)가 아닌가 하는 의문이 생깁니다. 전혀 자의적이지 않은 한 가지 방식의 내부구조라는 것은 생각할 수 없습니다.

따라서 자의적인 현실의 수수께끼를 설명하기 위해서는 단일 시공의 다채 우주 A는 불충분하고 시공적으로 완전히 분리되고 구조나 순서에 의해 연결되어 있지 않은, 실제로는 개별적인 다세계를 생각해야만 하게 됩니다. 7절에서 본 '가능세계의 독립성'에 대해 이러한 형태의 형이상학적 근거를 부여하는 것도 가능한 것입니다.

일어날 수 있는 것은 전부 일어나고 있다

에버렛이나 인플레이션 우주론의 다세계가 완전히 시공적으로 독립된 우주들을 다루고 있는가 하면 전술한 대로 완전히 확실하지는 않습니다. 양자 컴퓨터를 사용해서 평행세계의 존재를 실험적으로 검증하려고 하는 아이디어도 다듬어지고 있다고 하므로, 물리학자들은 시공을 통한 다른 세계로부터의 어떤 인과작용을 기대하고 있는 것 같기도 합니다. 어쨌든 세계의 존재양식의 자의성을 해소하기 위해서는, 즉 모든 것에는 설명이 있고 응분의 무언가가 실현되어 있다는 감각을 확증하기 위해 가능세계를 사용한다면, 시공적으로 전혀 겹치지 않은 루이스형 세계들을 제안해야만 합니다.

그렇게 되면 물리법칙에 관해서도 자의성을 배제해야만 합니다. 지금까지는 양자론이 허용하는 범위에서 법칙이나 물리상수가 다를 수 있다고 상정해 왔습니다만, 양자론이 성립하는 것조차 자의적이지는 않은가 하고 의심해 볼 수 있을 것입니다. 원자나 소립자의 행동이 뉴턴 역학에 따르고 있는 가능세계도 있을 것입니다. 이리하여 우리는 물리법칙에 반하든 어쨌든 논리적으로 가능한 것은 전부 일어나고 있다는 철학의 양상실재론으로 되돌아가는 것입니다.

첫번째로 2장에서 왜 가능세계가 요청되는가 하는 철학적 논거를 기술했습니다만, 양상이나 법칙이나 의미에 관한 이 논의들은 때로는 가능세계에 대한 '분석적 접근'이라 불립니다. 루이스 자신이 양상실재론을 변호하는 방법이 이것입니다. 그에 비해 다른 접근, 즉 이 장에서 보아 왔듯이 존재의 불가사의를 탈신비화하는 효용에 의해 가능세계의 실재를 요청하는 접근으로, '합리주의적 접근'이라 불리는 것이 있습니다. 실제로 이 합리주의적 접근에 의해 루이스의 양상실재론을 옹호하고 있는 철학자도 있습니다. 모든 것은 실제로 일어나고 있다. 그러므로 특별히 불가사의한 것은 아무것도 없다.……

만약 논리적 가능성에 기반한 양상실재론을 자연과학적 설명에 사용해도 좋다고 한다면 이야기는 매우 재미있게 될 듯합니다. 앞 절의 주제――물질 존재나 생명 존재의 행운에 초점을 좁힌 '파인 튜닝'이라는 개념은 무릇 전혀 쓸모없게 될 것입니다. 생명이 존재하는 것이 작은 확률로만 있다는 것은 현행 물리법칙을 전제한 뒤의 일이고, 법칙을 어떻게라도 바꿀 수 있다면 어떤 물리적 조건과 생명이나 지성이 결부되어도 상관없게 될 것이기 때문입니다. 완전히 무질서한 환경을 가지면서도 생명이나 의식이 있는 세계가 반드시 있을 것입니다. 조합이 자유로운 논리공간 전체로 보면 생명 탄생을 위해 특별히 유리한 물리적 환경이라는 것은 없을지도 모르는 것입니다. 이 문제는 28, 30절에서 다시 깊이 생각하기로 합시다.

§26. 왜 당신은 존재하는 것인가?

남겨진 '나'의 불가사의

철학의 궁극적 질문――"왜 이 세상은 다름 아니라 이렇게 있는 것인가?"라는 질문에 가능세계의 실재론은 완벽한 대답을 부여해 버리는 듯 생각됩니다.

"다름 아닌 이 세상? 아니, 다른 존재양식도 모두 실현되어 있는 것이다. 각자의 시공에서 모든 존재양식이 실현되어 있다. 왜 모든 존재양식이 실현되어 있는 것이냐고? 그러면 역으로 모든 존재양식이 실현되어 있는 것이 아니라, 어떤 특정한 존재양식이 결여되어 있다고 생각해 보라.

오히려 그 골라낸 특정한 존재양식이 없다는 것이 불가사의하다고 생각될 것이다. 있을 수 있는데도 굳이 실현되어 있지 않다고는 생각할 수 없다! 그러므로 있을 수 있는 것은 전부 일어나고 있다. 이것으로 모든 불가사의는 풀린다. 이것이야말로 더 이상 설명이 불필요한 궁극적인 사실인 것이다.……"

확실히 이 대답에 대해 다시 의문을 던지는 것은 불가능한 듯 생각됩니다. '왜, 왜,……'의 연쇄에는 궁극적인 대답은 없다는 상식을 가능세계론은 간단하게 파괴해 버린 듯합니다. 그러나 가능세계론, 특히 양상실재론은 모든 불가사의를 씻어 내는 만능 이론인 것일까요?

아니, 아직 그렇다고는 잘라 말할 수 없습니다. 왜 세계가 이러한가 하고 불가사의해하는 것은 왜 하필이면 〈3, 6, 1, 2, 1, 5, 3, 4, 6, 2〉라는 눈이 나왔는가 하고 주사위를 던진 뒤에 제멋대로 불가사의해하는 것처럼 무의미하다는 것을 양상실재론과 인류원리를 합침으로써 증명할 수 있습니다. 그것은 확실합니다. 그러나 우리가 불가사의하게 생각하는 것은 이 세계의 모습에 대해서만이 아닙니다. 나 자신이 왜 이런 존재인 것인가 하는 자기 자신의 존재에 관한 의문이 생겨날 수 있습니다. "이 현실세계가 이런 모습으로 성립하고 있는 이유는 알겠다. 그래도 왜 나 자신은 여기에 있는 것인가. 왜 나는 이러한 인간인 것인가. 왜 이러한 존재로 태어난 것인가. 왜 나는 없는 것이 아니라 있는 것인가.……"

심각한 사색의 장에서 가장 문제가 되는 것은 논리공간이나 세계의 존재양식이라기보다 둘도 없는 이 '자신'이 어떤 것인가라는 통찰은 20절의 윤리적 허무주의의 고찰에서도 부상했었습니다. 나는 왜 이렇게 있는 것인가?

왜 '내'가 선택된 것인가

이 불가사의함을 비유로 확인해 봅시다. 일억 개의 문이 있는데 그 중 하나만이 쾌적한 정원으로 통하고 다른 문은 전부 죽음을 야기하는 독염(毒炎)으로 통하고 있습니다. 한 번 열면 되돌릴 수 없습니다. 당신이 아무렇게나 하나의 문을 열어서 안으로 들어가자 거기는 시냇물이 흐르고 새가 지저귀는 정원이었습니다. 굉장한 행운이다, 기적이다 하고 당신은 외칩니다.

당신 한 사람만이 이 시련을 뚫고 나간 것이라면 확실히 이것은 일억 분의 일의 기적적인 행운일 것입니다. 그러나 일억 명의 사람이 각자의 문으로 들어갔다고 한다면 어떨까요. 그 경우 우발적으로 누군가 한 사람이 정원에 들어가는 것은 필연적입니다. 살아남은 그 한 사람이 굉장한 행운이라는 감격에 빠져도 그것은 외관상의 기적에 지나지 않습니다. 누군가는 반드시 이렇게 감격을 느끼게 되는 것이고, 게다가 살아남지 못한 사람은 감격을 느낄 수 없는 것입니다. 살아남은 사람이 정원에 있음은 필연적입니다. 이것은 인류원리에 의한 설명입니다.

확실히 문을 연 뒤의 상황에 대한 설명으로서는 이것으로 충분합니다. 그러나 살아남은 것이 당신 자신이라는 것에 대한 불가사의함은 해소된 것일까요. 즉, 누구든 살아남은 자가 감격을 느끼는 것은 당연한 것입니다만, 다름 아닌 당신이 감격을 느낀다는 것은 자의적인 사건은 아닐까요. 객관적으로는 어떠한 기적도 행운도 생기지 않았다 해도 당신 자신의 관점에서 보면 여전히 기적적인 행운이 일어나고 있고, 이것은 설명을 요하는 불가사의한 사항은 아닐까요.

무릇 당신의 관점에서 보면 자의식이 전혀 없을 수도 있었습니다. 왜 당신의 자의식이 전혀 생기지 않았던 것이 아니라 생겨나 있는 것일까요.

누구나 한 번은 다음과 같은 의문에 사로잡힌 적이 있을 것입니다. "아버지의 정자와 어머니의 난자가 결합한 결과가 나다. 배란 시기가 조금 어긋났다면, 다른 정자 쪽이 먼저 도착했다면, 나는 없었다. 몇천억, 몇조 분의 일 이하의 확률이었던 것이다. 내가 현실에 존재하고 있는 것은 얼마나 불가사의한 기적인가!"

단, 지금 우리가 생각하고 있는 것은 이 문제는 아닙니다. 그것은 설령 이 현실세계 ⓐ에서 당신 아버지의 정자 s와 어머니의 난자 e가 결합하지 않았다고 해도 s와 e가 결합하는 어딘가 다른 세계가 반드시 존재할 것이기 때문입니다. 즉 '당신과 같은 사람'이 존재하는 것은 양상실재론에 의하면 확률 1로 필연적으로 실현된 것입니다. 우리가 묻고 싶은 문제는 그러므로 위의 문제가 아니라 다음과 같은 문제입니다.

"정자 s와 난자 e가 결합한 결과 생긴 것이 왜 나인가!"

단독자로서의 '나'

그런데 다시 주의합시다. 여기서 묻고 싶은 것은 다음 질문도 아닙니다. "왜 나는 정자 t + 난자 f가 아니라 s + e인가. 왜 다른 누구도 아니라 이러한 녀석인가?"

이미 자의성의 논의에서 보았듯이, 당신이 '이러한 녀석'이 아니라 다른 어떠한 녀석이든 이 같은 질문이 생길 것입니다. 실제로 세계 안의 누구나 자신에 관해 이 의문을 품는 경우가 있을 듯합니다. 그러므로 이 질문은 실제로는 질문이 아닙니다. 가라타니 고진(柄谷行人) 식으로 재기술하면, 참된 수수께끼는 '당신의 특수성'이 아니라 '당신의 단독성'에 있다고 말할 수 있을 것입니다. 당신의 특수성의 문제는 당신이 존재하기만 하면 마음대로 질문할 수 있는 만들어 낸 말에 지나지 않습니다. 따라서 당신이 물어야 할 근본문제는 단적으로 이렇게 됩니다.

"나는 왜 존재하고 있는 것일까, 왜 존재하지 않는 것은 아닌 것일까?"

가능세계들에 무수한 존재자가 있을 것이지만 그들 중 하나가 왜 당신이어야만 하는가. 당신은 어떤 세계에 존재하는 어떤 존재자도 아니어도, 즉 단적으로 영구히 존재하지 않는 것이어도 좋았던 것은 아닌가, 왜 당신은 있는 것인가 하는 문제입니다. 당신의 관점에서 볼 때 자신이라는 것은 영구히 무였거나, 아무것도 아니었거나 하는 일이 왜 일어나지 않았는가. 이 문제는 대단히 어렵고 또한 애매함을 감추고 있기도 해서, 여러 답변이 있다고 생각됩니다만, 가능세계론의 구조틀로는 다음과 같은 답을 생각할 수 있지 않을까요.

"당신이 전혀 존재하지 않는다는 것, 즉 어떠한 가능세계에도 존재하지 않는다는 것은 불가능하다. 당신은 필연적 존재자이다. '붉음'이라든가 '행성'이라든가 '소'[牛]와 같은 성질 혹은 추상적 보편자는 설령 어떤 세계에 그 구체적 사례가 하나도 존재하지 않아도 반드시 어딘가 다른 세계에는 구체적 사례(붉은 꽃이라든가 화성이라든가 암소 캐시라든가)가 존재하는 것이다. 그것과 마찬가지로 당신이라는 사람의 '당신성'은 반드시 그 구체화된 개체를 가지는 추상자이다. 단, 그 구체적 사례는 '붉음', '행성', '소'의 구체적 사례와는 달리 하나의 세계에 한 개밖에 나타나지 않는다. 이런 의미에서 '당신성'은 개체의 실현 원리이다."

개별화의 원리(이-것성)에 관해서는 10절에서 음미했습니다만 개별화의 원리라는 것이 어떤 세계에서 반드시 구체적 개체로서 출현해야 할 추상체라고 한다면 당신이 어떤 세계(우발적으로 ⓐ입니다만)에 존재하는 것은 필연적 사실이 됩니다. 이것은 물론 당신만이 아니라 모든 사람, 개체에 관해서도 말할 수 있습니다. 어떤 개체도, ⓐ에는 존재하지 않는 개체조차 반드시 어딘가에는 존재하고 있어야만 합니다. 가능세계의 수는 그만큼 방대한 것입니다.

자기의식의 수수께끼

그러나 '이-것성'을 양상실재론과 결부하는 데는 세 가지 정도 마음에 걸리는 것이 있습니다. 첫번째로는 10절에서 보았듯이 개별화의 원리로서의 '이-것성'이 도입된 이유는 어떠한 성질에도 의존하지 않는 개체의 관세계적 동일화 때문이었습니다. 그렇지만 루이스의 양상실재론은 관세계적 동일화를 인정하지 않습니다. 별개의 가능세계끼리는 완전히 별개의 시공에 있는 구체적 장소이므로, 그러한 별개의 부분에 동일한 개체가 나타난다는 것은 인정하기 힘듭니다. 이리하여 자기존재의 불가사의를 풀기 위해 양상실재론과 '이-것성'이 둘 다 필요케 된다고 한다면 이 양자를 어떻게 조화시키는가 하는 문제가 생기게 되는 것입니다.

억지로 조화시켰다고 합시다. 그러면 곧 양상실재론에 관세계적 동일화를 부가하는 것에 대해 생각이 미칩니다. 이 경우 당신이라면 당신이라는 한 개체는 여러 시각(時刻)에 출현하는 단편을 총합한 것처럼 여러 세계에 등장하는 단편을 모은 것이 됩니다. 한 개의 세계에 통째로 존재한다는 것은 있을 수 없습니다. 이 방침에 논리적인 모순은 없습니다. 그러나 즉시 두번째 문제가 부상합니다.

만약 당신이 무수한 세계에 걸쳐 존재하는 인간군(群)이라고 한다면 어떻게 해서 당신은 ⓐ에 있는 인간으로서만 자신을 의식하는 것일까요? 어떻게 해서 다른 세계에 있는 존재로서 자신을 의식하지 않는 것일까요? 물론 6절에서 보았듯이 ⓐ가 정확히 어떤 세계인지 확신을 갖지 못하는 경우, 우리 자신을 몇 개의 양립할 수 없는 다중세계의 거주자로서 의식하지 않을 수 없는 경우는 있습니다. 그러나 그러한 다중세계는 당신이 존재할 수 있는 모든 가능세계 중 극히 적은 일부에서뿐일 것입니다. 당신이 어제 죽었다가 되살아난 세계, 당신이 오늘 개로 변신한 세계 등은 제외되고 있습니다. 어떻게 해서 당신은 ⓐ 혹은 그 근방에서만 의식하는 것일까요? 결국 당신은 "어떻게 해서 나는 여기에 있는 것인가"라는 소박한 의문으로 되돌아가 버립니다.

이 궁지를 헤쳐 나가기 위해 '이-것성'은 단 하나의 세계에서만 개체로서 구체화한다는 제한을 설정하면 어떨까요? 하지만 이것도 잘 기능하지 않습니다. 단 하나의 세계에서만 구체화할 수 있다면 개체의 관세계적 동일화에는 사용할 수 없게 되고, '이-것성'의 도입이 단지 오로지 자기존재의 불가사의를 풀기 위해서만 행해진 것이 되어 버립니다. 철학적 동기가 꽤 박약하게 되어 버리기 십상입니다. 아니, 그래도 자기존재의 수수께끼는 극히 중요하므로 억지로 "이-것성은 단 한 개의 세계에서만 구체화한다"고 결정했다고 합시다. 그래도 다음과 같은 난문이 기다리고 있습니다.

이 세번째 문제는 가장 심각합니다. 당신의 '이-것성'이 어떤 한 세계에서만 실현되었다고 해도 그러면 어째서 의식 있는 존재로서 구체화한 것인가. 어째서 아메바라든가 떡갈나무라든가 자갈이라든가 난자와 결합할 수 없었던 무수한 정자와 같은 것으로서 구체화하지 않았던 것인가. 의식 있는 존재로서 구체화할 확률 쪽이 의식 없는 존재로서 구체화할 확률보다도 컸다고는 생각할 수 없는데도……?

단순한 특수자가 아닌 단독자로서의 유일한 자신이라는 관념을 계속 존중하는 한 자기의식의 수수께끼는 인류원리로 풀릴 문제가 될 것 같지 않습니다. 어떻게 해서 다름 아닌 당신이 자기존재의 수수께끼에 고뇌하는 의식을 현실에서 가질 수 있는 것인가. 가능세계론이 생명의 존재나 세계의 양태의 불가사의를 멋지게 해결하는 것과 마찬가지로 자기존재의 수수께끼를 직관적으로 해결 가능한가 불가능한가. 이것은 어려운 문제입니다. 저의 예감으로는 가능세계론에는 이 위업을 이룩할 힘이 있을 것이라고 생각합니다. 어떻게 해서 이룰 것인가는 지금부터의 과제라고 말하지 않을 수 없습니다. 의식과 자기의 문제에 대해서는 30절에서 다른 각도에서 고찰하도록 하겠습니다.

6장_가능세계의 외측(外側)

§27. 불가능세계?

지금까지 가능세계라는 개념이 갖는 효용, 형식, 본성, 응용 등을 논해 왔습니다. 그간 일관되게 전제해 온 것은 7절에서 정리한 특징들 — 일관성, 완전성, 포화성, 독립성 — 을 가능세계는 갖고 있어야만 한다는 것이었습니다. 확실히 개념 정리나 논증의 목적에 사용하기 위해서는 가능세계가 이 성질들을 갖추고 있지 않으면 곤란한 최소한의 조건처럼 생각됩니다. 독립성을 의심하는 것이 무익하다는 것에 관해서는 5장에서 논했습니다. 포화성이 잉태한 문제에 관해서는 22절에서 다루었습니다만, 29절에서도 몇 가지 의문을 제시하기로 하겠습니다. 이 절에서는 개개의 세계들의 성질과 관련되는 일관성과 완전성(즉 '가능성')을 의심할 여지가 있는지 없는지 음미해 보겠습니다.

확장 논리, 대체 논리
6절에서 가능세계론으로 허구세계의 분석이나 의무논리, 인식논리, 사랑의 논리 등에 응용한다는 것을 기술했습니다. 각각 허구작품이 그리는 세계들, 이상적인 윤리적 세계들, 어떤 사람이 믿고 있는 것과 양립하는 세계들, 어떤 사람의 욕망이 모두 실현되어 있는 이상세계들을 설정하는 것이었습니다. 이 세계들은 말하자면 인간의 마음을 투영한 세계이고 구석구석까지 빈틈없이 마음속에 그려져 있는 것이 아니므로 일견 완전성을 만족하고 있지 않습니다. 그러나 이 불완전성에 관해서는 규정되어 있지 않은 부분을 취할 수 있는 각각의 모든 존재양태로 분기한 다수의 세계를 전부 포함해 넣는 것으로 일단 완전한 세계로 환원할 수 있었습니다.

그러나 일관성에 관해서는 어떨까요. 허구만이 아니라 인간이 품는 신념이나 욕망은 종종 모순으로 차 있을지도 모릅니다. 최대 소수가 존재한다고 굳게 믿거나, 부인이 있으면서 독신이고 싶다고 생각하거나, 비일관적인 것을 믿거나 바라거나 하는 일은 종종 있을 것입니다. 그 경우 비일관적인 사항이 성립하고 있는 신념세계, 욕망세계를 설정해야만 하는 것은 아닐까요.

무엇이 가능하고 무엇이 불가능한가 하는 것에 관해서는 실은 논리학자들 간에 의견의 일치가 있다고는 말할 수 없습니다. 세계가 가능하기 위해서는 완전성과 일관성이 갖추어져야만 한다고 하는 것은 여러 논리학들 중에서도 고전 논리라 불리는 표준 논리학입니다. 허구논리나 인식논리나 사랑의 논리학의 근원이 되고 있는 양상논리학도 표준 논리학에 다름 아닙니다. 단, 양상논리학은 '확장 논리'라 불리는 유형의 논리학으로, 진위에 관계되는 논리계산상에 필연성이나 가능성에 관한 정리, 추리를 부가해서 표준 논리학을 확대시킨 논리입니다. 표준 논리학에서 성립하는 정리, 추리 등은 전부 양상논리학에서도 성립합니다.

이것에 비해 표준 논리학에서 옳다고 간주되는 공리, 정리나 추리 중 몇 가지를 거부하는 논리학이 있고, 그들을 '대체 논리'라든가 '일탈 논리'라 불러 왔습니다. 각자의 목적을 위해 표준 논리의 어떤 부분을 거부하는가에 따라 직관주의 논리학, 양자(量子)논리학, 다치(多値)논리학, 변증법 논리학, 자유논리학 등 여러 논리가 전개되고 있습니다.

지금까지 우리가 논하고 사용해 온 가능세계는 표준 논리학에 따른 경우에 가능하다고 간주된 세계입니다. 가능세계의 일관성이란 임의의 명제 p에 관해서 p와 ~p 둘 다 하나의 가능세계에서 성립하는 것은 아니라는 원리였고, 이것은 표준 논리에서 말하는 모순율에 기반한 것이었습니다. 그러나 모순율을 부정하고 'p 그리고 ~p'가 때로는 참이 된다고 주장하는 변증법 논리학에 기반하면 예컨대 "화성에 생명이 있었다"와 "화성에 생명이 있었던 것은 아니다"의 양쪽이 성립하는 세계도 가능세계가 됩니다. 이것은 허구논리나 인식논리나 사랑의 논리를 전개하기 위해 적합한 논리학인 듯 생각되기도 할 것입니다.

또한 가능세계의 완전성이란 임의의 명제 p에 관해 p나 ~p 둘 중 하나는 하나의 가능세계에서 반드시 성립해야만 한다는 원리였고, 이것은 표준 논리에서 말하는 배중률에 기반한 것이었습니다. 그러나 배중률을 부정하고 'p 또는 ~p'가 때로는 거짓이 된다고 주장하는 직관주의 논리학에 기반하면 예컨대 "화성에 생명이 있었다"와 "화성에 생명이 있었던 것은 아니다" 중 어느 쪽도 성립하지 않는 세계도 가능세계가 됩니다. 이것은 검증주의적 세계관(실증할 수 없는 것에 관해서는 아무것도 단정할 수 없다)을 나타내기에 적합한 논리학이라고 생각됩니다.

그 외에 양자논리학에서는 분배법칙이라 불리는 표준 논리의 추론 규칙이 거부되고 자유논리학(Free Logic)에서는 전칭 예화(보편 예화, Universal Instantiation)나 존재 보편화(존재 일반화, Existential Generalization)[1]라 불리는 추론 규칙이 거부됩니다. 이 논리들에 따르는 경우에도 각자의 방식으로 표준 논리에서는 불가능하다고 간주되는 세계가 가능세계로서 인정될 것입니다. 각 대체 논리의 주창자들은 한정된 목적을 위해 편의적으로 해당 논리학을 전개하는 경우도 있습니다만, 많은 경우 표준 논리학보다도 자신의 논리학 쪽이 실재의 진상을 올바르게 기술하고 있다고 그 나름의 근거를 갖고 주장해 왔습니다. 특히 양자역학이나 직관주의 수학의 성공을 목전에 두면, 양자논리나 직관주의 논리가 아닌 표준 논리학을 왜 유지해야만 하는 것인가 하고 생각이 조금 흔들리게 되는 것도 사실입니다.

---

[1] 양자역학적 현상 중에는 불확정성 원리(uncertainty principle)의 효과로 인해 어떤 입자의 위치와 운동량을 동시에 정확히 측정할 수 없는 경우가 있기 때문에 분배법칙이 부정된다. (예컨대 'P = 한 입자가 오른쪽으로 움직이고 있다', 'Q = 그 입자는 좌표 [-1, 1] 사이에 있다', 'R = 그 입자는 좌표 [-1, 1] 사이에 있지 않다'라고 할 때 'Q∨R'은 참이므로 'P∧(Q∨R)'은 'P'라고 할 수 있다. 반면 'P∧Q'와 'P∧R'은 불확정성 원리에 의해 둘 다 거짓이므로 '(P∧Q)∨(P∧R)'은 거짓이 된다.) 양자논리로 이 분배법칙의 비성립을 일반화하면 'A∧(B_1∨B_2∨……B_n) ≠ (A∧B_1)∨(A∧B_2)∨……(A∧B_n)'이 된다.
Universal Instantiation은 보편(전칭) 사례화라고도 한다. 추론 과정에서 전칭 양화사를 제거하는 것인데, 예를 들어 ∀xFx는 Fa가 된다. 모든 임의의 x가 속성 F를 갖고 있다면 어떤 특정한 a도 당연히 F를 갖고 있을 것이기 때문이다. Existential Generalization은 추론 과정에서 존재 양화사를 더하는 것을 말한다. 예컨대 Sc는 ∃xSx로 쓸 수 있다. 어떤 c가 S를 갖고 있다면, 당연히 S를 갖는 어떤 것이 있기 때문이다. 이들이 가능세계론의 문맥에서 문제가 되는 것은, 예를 들어 어떤 개체 a가 @에 존재하지 않는 것을 지시한다면 Fa는 참일 수 있지만 ∃xFx는 거짓일 수 있고 ∀xFx는 참일 수 있어도 Fa는 거짓일 수 있기 때문이다(앞에서 본 바칸식과 역바칸식에 관한 논의를 상기할 것). 콰인이 "존재함은 변항의 값이다"라고 했을 때 이 변항을 양화논리까지 도입하는 것에는 대개 문제가 없지만, 위와 같이 반사실적 가정을 논리적으로 표현하면 당장 문제가 된다. 많은 논리학자들이 콰인의 주장에 동감하면서도 이와 같은 이유 때문에 확장논리, 대체논리 등을 연구하고 있는 것이다(단, 굽타 A. Gupta와 같은 철학자는 반사실적 가정에서 생기는 문제 때문에 존재를 양화기호가 아니라 술어기호를 사용해서 표현해야 한다고 보고 콰인의 주장을 부정하고 있다. 콰인의 '존재함은 변항의 값이다'란 주장에 대해서는 110쪽의 주석 1번을 참조).

모순이 일어나면 무엇이든 일어난다

편의적인 응용은 별도로 하고 순수 논리로서는 표준 논리학과 여러 대체 논리학들 전부가 옳다는 것은 있을 수 없습니다. 여기서 생각해야 할 문제는 대체 어떤 논리학이 옳은 것인가 하는 것이 아니라, 어떤 하나의 논리학이 옳다고 할 경우 그 논리학에서는 불가능하지만 그 외의 논리학에서는 가능하게 되는 세계를 어떻게 다루어야 하는가 하는 것입니다. 그러한 '불가능세계'도 개념적으로는 생각할 수 있습니다. 생각하는 것은 가능하지만 인정하지 않는다는 자세를 관철하는 것이 과연 '논리적'일까요.

가능세계론이 양상이나 의미나 존재의 퍼즐을 화려하게 풀어내는 능력을 발휘한 것은 그것이 무엇이든지 구분하면서 깡그리 인정하는 것으로 일체의 개념적 혼란, 혼동, 치우침, 자의성을 제거하기 때문이었습니다. 이 전략적인 "무엇이든 가능하다"의 정신을 가능성만이 아니라 불가능성에까지 확장해서는 안 될 이유가 있을까요.

이야기를 단순하게 하기 위해 표준 논리학이 유일하게 옳은 논리라고 합시다(일상생활의 지침으로서 가장 도움이 되는 것이 표준 논리학이라는 것은 틀림없기 때문입니다). 그리고 표준 논리에서는 근본적으로 배중률을 부정하든 분배법칙을 부정하든 전부 논리법칙과의 모순으로 환원되므로, 불가능 명제의 대표격으로서 모순명제만을 생각하기로 합시다. 여기서 문제는 다음과 같습니다. 'p 그리고 ~p'가 참으로서 성립하는 불가능세계는 가능세계론의 구조틀로부터 완전히 배제해야 할 것인가, 그렇지 않으면 어떤 형태로 장소를 부여해서 그 나름의 작업을 하게 해야 할 것인가.

'p 그리고 ~p'와 같은 모순을 표준 논리학이 결코 인정하지 않는 이유는 여러 가지 있습니다만, 간단한 논증은 이렇습니다. 모든 모순을 인정하라고는 말하지 않지만 하나 정도라면 괜찮지 않은가 하고, "화성에 생명이 있었다"와 "화성에 생명이 있었다는 것은 아니다" 양쪽을 다 참으로 했다고 합시다. 그러면 임의의 명제 q, 예컨대 "고양이는 곤충이다"에 관해 "화성에 생명이 있었든가 또는 고양이는 곤충이다"는 참이라고 추론할 수 있습니다. 그러면 이 새로운 명제와 "화성에 생명이 있었다는 것은 아니다"가 참이기 때문에 "고양이가 곤충이다"가 참이라는 것이 도출됩니다(화성에 생명이 있었든가 고양이는 곤충이든가 둘 중 하나고, 게다가 화성에 생명이 없으므로). 명제 q는 임의였으므로 이리하여 "고양이는 곤충이다"든 "고양이는 곤충이 아니다"든 "1 + 1 = 3"이든 어떠한 명제라도 참으로서 도출될 수 있습니다. 즉, 어떤 세계 내에 모순을 하나라도 인정하면 그 세계에서는 무엇이든지 일어나게 되어 버리고, 특히 무엇과 무엇이 일어나고 있다고는 말할 수 없게 되어 버리고, 모순된 세계들을 서로 구별하는 특징도 소실해 버리는 것입니다. 이래서는 허구논리학이나 인식논리학이 도움이 된다고는 도저히 생각할 수 없습니다.

(덧붙여 "모순이 옳다면 무엇이든 옳게 된다"라는 이 추리는 아이들도 보통 무의식 중에 사용하는 추리입니다. 예컨대 "지금 것이 세이프였다면 태양이 서쪽에서 떠!" 정도는 말싸움할 때 잘 쓰는 말입니다. 이 말의 논리 구조는 이렇습니다. "지금 것이 세이프다"라고 가정한다면 태양이 서쪽에서 뜬다, 즉 어떤 당치도 않은 것도 옳게 된다. 어떤 것도 옳게 하는 것은 모순 이외에는 없다. 즉, 가정은 모순되어 있다. 가정 "지금 것이 세이프다"가 모순되기 위해서는 "지금 것이 세이프가 아니다"가 처음 우선 옳았어야만 한다!⋯⋯ "세이프라면 태양이 서쪽에서 뜬다"라는 주장은 추론의 일부를 기술하는 것에 의해 "아웃이다"라는 절대적인 전제를 강조하는 수사rhetoric인 것입니다.)

모순에서 임의의 명제의 진리성을 도출하는 위 논증의 어떤 단계도 표준 논리학의 규칙에서 보면 흠 잡을 곳 없는 추론입니다. 그렇지만 어딘가에 오류가 있을 수도 있지 않을까요. 즉, 불가능세계가 각자의 변별적 특징을 갖고 존재하는 것도 가능하지 않을까요. 결국 불가능세계는 불가능하므로 가능하지 않지만 가능한 것은 가능하지 않을까요. 만약 불가능세계가 가능세계에 못지 않은 응분의 효용과 발견적 의의를 갖는다고 판명된다면, 우리는 무수한 가능세계에 더해서 무수한 불가능세계의 존재도 수용한 새로운 논리공간을 인정할 마음의 준비 정도는 해두어야만 할 것입니다.

철학과 범주 오류

그러나 마음의 준비를 한다고 해도 불가능성에는 몇 종류가 있을까요. 앞서 생각한 'p 그리고 ~p'와 같은 모순명제는 꽤 노골적인 불가능 명제의 형태를 취하고 있습니다. 불가능 명제에는 그 외에도 거짓인 수학적 명제, 범주 오류(category mistake) 등이 떠오릅니다.

"최대 소수(素數)는 존재한다"라는 수학적 명제는 거짓이고 수학을 인정하는 한 불가능한 명제입니다. 노골적인 'p 그리고 ~p' 등과는 달리 최대 소수가 있다는 것은 선명하게 이미지화할 수 있는 듯한 느낌이 들므로, 단적인 모순은 아닌 듯 생각될지도 모릅니다. 그렇지만 "최대 소수는 존재한다"는 실은 'p 그리고 ~p' 형태의 모순명제와 완전히 같다는 것을 간단한 인수분해에 의해 증명할 수 있습니다.

한편 범주 오류란 "원주율이 하품을 했다", "이 냉장고는 독신이다"와 같이 주어와 술어의 범주가 맞물려 있지 않은 이른바 난센스 명제입니다. 문학작품에서 사용되는 비유를 문자 그대로 취하면 대개 이런 종류의 불가능 명제가 될 것입니다. 범주 오류도 외견상으로는 모순명제와 다른 듯 보입니다만, 예컨대 "원주율은 결코 하품을 하는 종류의 구체적 존재자가 아니다"라는 암묵적으로 참인 전제에 대해 모순된 바를 기술하고 있다고 생각하면 이것도 'p 그리고 ~p'의 형태로 환원할 수 있게 됩니다.

전통적 철학의 개념을 정리한 일상언어학파의 대가 길버트 라일(Gilbert Ryle)은 심오한 듯한 전통 철학의 문제는 거의 전부 범주 오류로부터 생긴다고 기술했습니다. 이것은 궁극적으로 철학적 진리에 반하는 것은 모순과 동등한 불가능한 사태(그리고 철학적 진리는 필연적 진리)라는 주장에 다름 아닙니다. 그렇게 하면 어떠한 철학적 명제도 논리적으로 필연적이든지 불가능하든지 둘 중 하나이고 가능세계마다 참이거나 거짓이라고 상정하는 것은 의미를 잃게 됩니다. 그러나 과연 그러할까요?

§28. 철학적 필연성?

철학과 논리학

철학은 필연적 진리를 탐구한다는 이념은 1절에서도 개관한 대로 확실히 철학의 전통, 혹은 오히려 철학의 정의라 말해도 좋을 절대적인 지침인 듯 생각됩니다. 현실의 우연적인 존재양식을 조사하는 역사학이나 심리학이나 경제학과는 달리, 그렇지 않으면 안 되는 근원적 진리를 추구하는 것이 철학인 것입니다.

그러나 필연적 진리의 탐구라고 하면 논리학이나 수학과 같은 형식과학이 엄연히 존재합니다. 철학도 형식과학도 개념의 구조나 관계를 연구대상으로 합니다. 그러면 철학은 논리학인 것일까요? 그렇지는 않을 것입니다. 논리학이나 수학에서는 다룰 수 없는 존재나 가치나 마음의 문제를 논하는 것이 철학의 사명인 것입니다. 그래도 철학은 필연성을 탐구하는 것이라고 한다면 철학적 진리는 논리적 진리와 어떻게 다른 것일까요? 주제의 차이라는 표면적인 것이 아니라 진리로서의 성격의 차이가 있는 것일까요? 철학적 진리가 성립하는 가능세계의 범위는 논리학이나 수학이 성립하는 가능세계의 범위와 일치할까요, 그렇지 않을까요? 어쩌면 철학에 특유한 필연성이라는 것이 있는 것은 아닐까요?

철학자의 딜레마

철학적 진리의 대표적인 것으로서 마음에 관한 철학적 명제를 채택해 봅시다. 특히 물질(혹은 신체)과 마음의 관계를 탐색하는 심신문제로 초점을 좁혀 봅시다.

유물론이라는 철학적 입장은 다음 명제를 중심축으로 해서 조직되어 있습니다. "마음이란 물질의 상호 작용의 결과로서 파생적으로 일어나는 현상에 지나지 않는다." 심적 현상은 신경조작과 같은 복잡한 물질의 기능 위에 부대한다는 생각으로 수반현상설(epiphenomenalism)이라고도 합니다(덧붙여 이 유물론에 의하면 생명이나 의식이 발생하기 위해서는 파인 튜닝이 필요하게 됩니다).

이것에 비해 관념론이라는 철학적 입장은 다음과 같이 주장합니다. "마음이 모든 것의 기본이고 물질적 세계는 마음이 품는 감각내용으로 구성된 것에 지나지 않는다."

또 하나 이원론 혹은 상호 작용론(interactionism)이라 불리는 입장은 다음과 같이 말합니다. "물질과 정신은 별개의 활동원리에 기반한 독립된 실체이고 서로 작용을 미친다." 정신과 물질과 같은 완전히 다른 것끼리의 상호 작용을 부정하는 이원론도 있고, 그것은 평행론이라 불립니다. 심적 측면과 물적 측면은 서로 연동하고 있는 듯 기술할 수 있을 뿐이라는 것입니다(관념론과 이원론에 의하면, 혼돈 상태에 있는 단순한 물질계에서도 의식은 어렵잖게 발생할 수 있을 것입니다. 파인 튜닝은 불필요합니다).

이 설들은 서로 양립하지 않습니다. 각각의 설은 자신의 주장이 현실세계의 마음과 물질에 관해 기술하는 것은 우발적으로 참이 아니라 참이지 않으면 안 된다고 주장합니다. 그리고 경합하는 다른 설이 기술하는 것은 우발적인 거짓이 아니라 거짓이어야만 해서 거짓이라고 주장하는 것입니다. 그러면 그 주장의 진의는 무엇일까요. 예컨대 유물론자가 마음과 물질은 관계하고 있어야만 한다고 주장할 때, 그는 물질 위에 부대하는 것이 아니면 마음으로는 인정할 수 없다고 말하고 있는 것일까요. 물질의 운동과는 무관계하게 활동하는, 희미하게 진공에 떠오른 내성(內省)적 현상이 있다고 해도 그것을 마음이라든가 혼이라 불러서는 안 된다고, 여전히 마음이나 혼은 존재하지 않는다고 생각하고 있는 것일까요. 혹은 진공에 떠오른 자의식 같은 것은 무의미하다, 있을 수 없다고 말하고 있는 것일까요.

그러나 직관적으로 생각해서 현실세계에 있는 마음은 어떻든 물질로부터 독립된 마음이라는 것은 충분히 상상 가능하지 않을까요. 그러한 마음이 존재하는 가능세계가 있지 않을까요. 그렇지 않으면 그것은 우리의 착각으로, 최대 소수를 아무리 상상 가능했다 하더라도 실은 단지 모순인 것과 마찬가지로 물질이 떠받치지 않는 순수정신이라는 것은 단적인 모순인 것일까요?

여기서 철학자는 딜레마에 빠집니다. 만약 정말로 유물론이 필연직 진리라면 비물질적인 혼을 뚜렷이 마음속에 그리고 있는 사람에 대해 순수정신이나 혼이 존재하는 세계가 불가능하다는 것을 논리적으로 납득시켜야만 합니다. 이것은 극히 어려운 작업인 데다 철학이 논리학과 동화해 버린다는 것을 인정하게 되기도 쉽습니다.

그렇다고 해서 역으로 마음이 물질 위에 부대한다는 철학적 필연성을 '현실세계의 물리법칙이 성립하는 세계들'로 도달관계를 제한한 세계들에만 관련되는 필연성이라고 한다면, 그것은 물리적 필연성과 같은 것이 되어 버립니다. 심신문제에 관여하는 철학자의 작업은 심리학자나 물리학자의 작업과 같은 것일까요.

철학적 도달관계인 것으로 ⓐ와 묶인 가능세계들이라는 명확한 범위가 있는가 없는가.…… 논리적 필연성과 물리적 필연성의 중간 층위(가능세계의 집합의 중간 크기)를 특정할 수 없는 한 철학적 필연성은 논리적 필연성과 물리적 필연성 중 하나와 같게 되지 않을 수 없을지도 모릅니다. 심신문제라는 철학 분야에 관해서는 그 목표는 아무래도 물리학, 생리학, 심리학 등이 지향하는 바에 흡수되는 듯 생각되기도 합니다. 뭐니뭐니 해도 마음이라는 현상은 자연현상처럼 생각되므로 양화사나 복소수와 같은 논리적 개념을 인간이 규약하듯 해서 정의해 버리는 것은 불가능할 것이기 때문입니다.

철학적 논의의 커다란 부분은 이처럼 아직 해명되지 않은 과학이라는 색채를 띠고 있습니다. 지식의 발전에 따라 점점 명석한 부분이 개별 과학으로서 독립해 가고, 개척지(frontier)인 이쪽 측에 미해명된 잔재인 부분이 뒤엉켜 있는 그것을 철학이라 부르고 있는 것입니다.

유일한 개념체계의 탐구

그러나 철학은 결국 과학으로 되어 갈 숙명에 있는 분야인 것만은 아닙니다. 과학의 방법론으로는 영구히 해결할 수 없다고 생각되는 개념적 문제도 철학은 탐구하고 있기 때문입니다. 예컨대 유명론과 개념실재론의 논쟁을 생각해 봅시다.

유명론자는 존재하는 것은 저 산이나 이 의자나 당신과 같은 개체뿐이라고 주장합니다. 개념실재론자는 개체에 더해서 산 그 자체라든가 의자 그 자체라든가 성질이라든가 명제와 같은 보편적 실체의 존재를 인정합니다. 유명론자는 이 현실세계 ⓐ에 있어서는 보편이라는 것은 존재하지 않지만 어떤 가능세계에는 보편이라는 실체가 존재해도 좋다고 인정하고 있는 것일까요. 그렇지 않으면 보편이라는 존재는 어떠한 가능세계에 있어서도 무의미하다고 말하고 있는 것일까요.

이 경우는 어느 쪽이냐 하면, 철학적 진리는 논리적 진리와 동화할지도 모릅니다. 보편이라는 것이 있든 없든 꿈이나 암(癌)이나 태풍과 같은 자연현상으로서 존재하는 것은 아닌 듯하기 때문입니다. "보편은 존재하지 않는다"라는 유명론은 이 명제가 참이 되는 '보편'이라든가 '존재'라는 개념을 정의하는 것이야말로 지적 활동을 가능케 하는, 대체로 모든 개념구조의 필요조건이라고 기술하고 있는 듯 보입니다. "보편은 존재하지 않는다"를 부정하는 것은 개념 체계의 어딘가에 비일관적인 곳을 만드는 것에 다름 아닐 것이라고 보는 것입니다. 이것은 바로 논리학이나 수학을 전개할 때 '(p 그리고 q)라면 p'나 '1 + 1 = 2'를 참이게 하는 '그리고', '라면'이라든가 '더하다', '같다'(equal)라는 개념을 사용하지 않으면 모순을 초래하는 것과 같은 것이겠지요. 그렇게 하면 철학적 진리는 논리학이 생각하는 모든 가능세계에서 참이라는 순전한 필연성을 추구하는 학문이 됩니다.

단, 문제는 '지적 활동을 가능케 하는 개념구조'가 어떤 것이어야만 하는가를 인류가 아직 해명하고 있지 않다는 것입니다. 수학이나 논리학과는 달리 애매하면서 복잡한 일상언어로 표현할 수 있는 인식이나 가치에 관한 모든 화제를 망라하는 철학은 어떤 개념체계가 유일한 필연적 진리를 나타내고 있는지, 어떻게 결정해야 할지 모르고 있습니다. 이런 의미에서 철학의 어떤 부분은 미발달의 논리학이라고 말할 수 있을 것입니다. 효용이 확실하다고 하여 대부분의 전문가가 부정하는 것이 불가능하게 된 명제들을 논리학으로서 분리해 낸 후 남아 있는 잔재가 철학이라는 이름으로 여전히 불리고 남아 있다는 것입니다.

'철학적 필연성'이 전부이다

이렇게 해보면 철학적 필연성이라는 특수한 필연성은 우선 발견되지 않았고 아직 논쟁 중인 물리적 필연성이라든가 아직 동의할 수 없는 논리적 필연성이라고 말할 수 있을 듯합니다. 그러나 역으로 보면 모든 필연성은 철학적 필연성이라고 말하는 것도 가능할 것입니다.

그것은, 그러면 물리학자는 허위가 아닌 현실적 진리를 단순한 현실적 진리가 아닌 물리적 필연성으로 추구해 가면서도 물리적 필연성만으로 만족할 수 있는가, 25절에서 본 일원적 합리주의의 유일한 필연성을 주장하고 싶은 것인가 하는 철학적 고찰로 유도될 것이고, 한편 논리학자도 27절에서 보았듯이 자명하다고 생각되는 논리적 필연성에 관해 파헤치면 여전히 이론이 있다는 것을 끊임없이 깨닫게 되어 철학적 논쟁으로 되돌아가게 되기 때문입니다. 과학자도 논리학자도 종종 개척지(frontier)로 되돌아오지 않고는 결코 앞으로 나아갈 수 없는 것입니다.

그렇지만 무릇 대체 누구나 납득하는 유일한 필연성이라는 것이 있는 것일까요. 어쩌면 모든 것은 상대적인 틀 내에서의 필연성에 지나지 않고 복수의 필연성이 나란히 서 있는 데 지나지 않은 것은 아닐까요.

§29. 무한개의 논리공간?

복수의 체계를 수용한다

철학적 필연성이 아직 답이 결정되지 않은 논리적 필연성이라고 한다면, 역으로 논리적 필연성이란 잠정적으로 답이 결정된 철학적 필연성입니다. 네, 결정된 것은 어디까지나 잠정적인 것이고, 그 단서를 벗어날 때 정통적 체계에서는 불가능하다고 간주된 세계가 무수하게 논의에 흘러들게 되는 것은 아닐까요.

실제로 모순율이 성립하지 않는 세계, 배중률이 성립하지 않는 세계 등 대체 논리가 지배하는 세계들은 많은 논리학자들이 진지하게 생각하고 있는 세계입니다. 설령 그것들이 정통의 표준 논리로부터 봐서 불가능한 세계라도, ⓐ에서 도달 가능하지 않는 세계로서 그 나름의 존재를 인정해야 하지 않을까요. 그 외에도 ⓐ와 똑같지만 인과법칙의 유무만이 다른 세계(4절), 개체의 '이-것성'만이 다른 세계(10절), 비오컴적 세계(19절), 나아가서는 개체가 하나도 없는 세계 등 어떤 철학적 입장에서 보면 불가능한 세계이지만 그것들도 도달 가능하지 않은 세계로서 존재하는 것이라고 말입니다.

그러면 그 도달 불가능한 '가능세계들'은 어디에 있느냐 하면, 다른 논리공간에 있다고 할 수 있지 않을까요. 즉, 가능세계들로 이루어진 논리공간은 하나가 아니라 배중률이 성립하지 않는 세계를 포함하는 논리공간과 그러한 것을 포함하지 않는 논리공간, 인과법칙의 유무만이 다른 별개의 세계를 포함하는 논리공간과 그러한 것을 포함하지 않는 논리공간, 비오컴적 세계를 포함하는 논리공간과 포함하지 않는 논리공간...... 등등이 병존하고 있는 이미지입니다. 우리의 ⓐ가 어떤 논리공간에 속하고 있는가는 앞으로 더욱더 철학적인 연구가 진척되기를 기다려야만 할 것입니다.

이리하여 필시 하나의 논리공간 내에 가능세계가 수평적으로 펼쳐져 있을 뿐만 아니라 이른바 수직적으로 늘어선 복수의 논리공간이 있다고 해야만 합니다. 논리공간은 극히 많이 있습니다. 예컨대 양상논리 그 자체에 복수의 체계가 있다는 것을 우리는 2장에서 배웠습니다.

예컨대 8절에서는 세계 간의 도달관계에 관해 대강 다음과 같은 가능성이 시사되었습니다. 도달관계가 ①반사적, ②반사적이면서 대칭적, ③반사적이면서 이행적, ④반사적이면서 대칭적이면서 이행적. 또 10절에서는 각 세계에 개체가 등장하는 방식에 관해 개체의 ① '관세계적 동일화가 가능하다', ② '상대역이 존재할 뿐이다'라는 크게 두 가지의 가능성이 있었습니다. 이들 중 어느 조합이 옳은가에 관해 100퍼센트 단정은 할 수는 없는 듯합니다. 이 8가지의 어느 조합도 각자 가능하다고 인정해도 좋을 듯 생각되지는 않습니까. 그러면 적어도 〈이 8종류〉 × 〈대체 논리의 종류〉 × 〈인과이론·이-것주의·유명론 등에 관한 응분의 학설 수〉만큼 논리공간은 존재하게 됩니다.

이것들은 단순히 가능세계의 존재양식에 관한 가능성이 아니라 논리공간 전체의 성질과 관계하는 가능성이므로, 고차적인 논리적 가능성, 혹은 '형이상학적 가능성'이라 부르기로 합시다. ⓐ에서 보면 같은 논리공간 내에 무수한 가능세계가 수평적 도달가능관계(또는 S5 이외의 논리공간에서는 수평적 도달불가능관계도)로 묶여져 있고 다른 방대한 논리공간 내에 있는 역시 무수한 가능세계가 수직적 도달불가능관계로 존재하고 있는 것입니다. 아니, 논리공간은 방대할 뿐만 아니라 필시 이것도 무한히 존재할 것입니다. 그렇게 생각되는 근거를 여러 가지 들 수 있습니다.[2]

세계의 잉여성을 어디까지 인정할 것인가

예컨대 논리공간의 포화성을 상기해 주십시오. 가능한 사항에 대응해서 반드시 그것을 포함하는 가능세계가 있어야만 했습니다. 그러나 필요한 최소한의 세계가 있으면 되는 것일까요, 그렇지 않으면 세계는 아무리 여분이 있어도 좋을까요. 환언하면 세계의 잉여성은 허용될까요. 잉여성이란 가능세계론의 기술적인(technical) 관점에서는 불필요한 가능세계까지도 여분으로 인정하는 것입니다. 단적으로는 서로 똑같은 가능세계를 복수 개 인정하는 것입니다. 예컨대 이 현실세계 ⓐ와 똑같아서 조금도 다르지 않은 세계는 몇 개 있을까요. 물리적 존재양식만이 아니라 인과의 유무, 개체의 '이-것성'의 할당에 이르기까지 똑같은 가능세계, 그야말로 아무런 차이도 없는 세계는 몇 개 있다고 해야 할까요.

우선 세계의 모습에 따라서 수가 다르다고 하는 것은 근거가 없는 듯 생각됩니다. 이 ⓐ와 똑같은 어떤 모습을 한 세계도 같은 수만큼 있다고 하는 것이 합리적일 것입니다. 또한 그 공통된 세계의 수를 18개라든가 26억 개라고 결정하는 것도 자의적입니다. 자의적이지 않은 선택은 1개와 무한개뿐인 듯 생각됩니다. 무한에 관해서는 22절에서 본 최대 기수(基數)의 문제도 있고, 똑같은 세계인 만큼 더욱더 상한을 결정하기 힘들기

---

2) 논리공간의 수가 적어도 가능세계의 수와 같다는 것은 가장 간단하게는 다음과 같은 간단한 (tirivial) 방식으로 나타낼 수 있습니다.
모든 신빙성 있는 철학 학설의 수만큼 논리공간이 있는 것이라면 그 중에는 루이스류의 양상실재론이 틀린, 즉 현실주의(3장)가 참인 논리공간도 존재합니다. 그러한 논리공간은 어느 것이나 현실세계 이외의 가능세계를 구체물로서는 포함하지 않습니다. 그러면 어떠한 세계가 유일한 현실세계인가. 말할 것까지도 없이 어떠한 세계든, '유일한 현실세계'일 수 있습니다. 따라서 한 개밖에 가능세계를 포함하지 않는 논리공간이라는 것이 가능세계의 수만큼 존재합니다.—지은이

때문에 한 개로 하는 것이 타당할 것입니다. 따라서 같은 모습을 한 세계는 각자 한 개밖에 없다고 하는 것이 적절한 듯 생각됩니다.

그러나 논리공간의 성질로서 가장 자의적이지 않은 선택을 하나 하면 된다는 것일까요? 25절에서 본, 하나의 선택보다는 모든 있을 수 있는 선택을 하라는 교훈을 상기합시다. 즉, 세계의 자의성을 이루는 논의를 논리공간에도 반복 적용하는 것이 가능하지 않을까요? 논리공간 전체로서 볼 때 자의적이지 않은 것만이 실현되어 있다는 것도 자의적인 듯 생각되기 때문입니다. 자의적인 논리공간이 전부 실현되어 있다는 것이 진정한 의미에서 자의적이지 않은 상태일 것입니다.

이리하여 똑같은 세계가 각자 한 개씩인 논리공간, 두 개씩인 논리공간, 세 개씩인, 네 개씩인, ……, 백억 개씩인, ……, 혹은 세계의 모습에 따라 두 개이거나 백억 개이거나 가지각색인, …… 무한개의 자의적인 논리공간으로 이루어진 초논리공간을 생각해야만 하게 될 것입니다.[3]

세계의 '이-것성', 논리공간의 '이-것성'……
무한개의 논리공간은 그 외에도 여러 방식으로 유도됩니다. 이-것주의 세계 내에 있는 개체의 이-것성이 아니라 세계 그 자체의 이-것성, 이른바 세계원리라는 것을 생각하는 것도 한 방법일 것입니다. 세계의 성질이나 존재양식을 전부 떼어 내도 남는 세계 자신의 자기동일성입니다. 세계

---

3) 그 외에도 포화성을 만족하지 않는 논리공간——포함되는 가능세계가 두 개뿐이라든가, 다섯 개뿐이라든가, 백조 개뿐이라는가 하는 극히 자의적인 논리공간도 생각할 수 있을지도 모릅니다(0개인 '공허한 논리공간'도? 공허한 세계, 공허한 논리공간, 공허한 세계만을 포함하는 논리공간, 공허한 초논리공간, 공허한 논리공간만을 포함하는 초논리공간, 공허한 초초논리공간;……, 그래도 이것들에는 차이가 있을까요?).—지은이

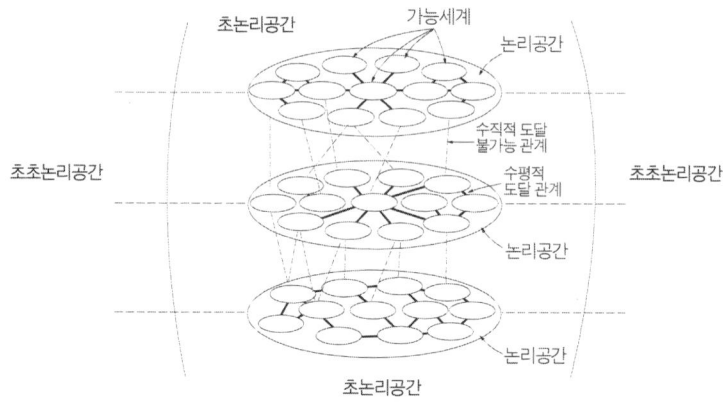

〈그림 6〉 가능세계의 존재 방식

들이 세계원리만을 교환한 조합은 무한하게 있으므로, 서로 똑같으면서 세계들의 동일성만이 다른 논리공간이 무한하게 있게 됩니다.

잉여성의 논법을 논리공간에도 적용할 수 있습니다. 세계원리도 포함해서 서로 완전히 같은 세계들의 이미지를 갖는 같은 성질의 논리공간은 몇 개 있을까요. 이것에 관해서도 모든 자의성을 배제한다고 하면 똑같은 논리공간이 각자 한 개씩인 논리공간부터 두 개씩인 초논리공간, 세 개씩인…… 이런 식으로 무수한 초논리공간, 무수한 초초논리공간, 무수한 초초초논리공간……을 생각할 수 있게 될 것입니다.

게다가 또한 각 논리공간이 그 '이-것성'(논리공간원리)만을 교환한 초논리공간 또한 무한개 있을 것입니다. 초논리공간, 초초논리공간…… 의 '이-것성'에 관해서도 마찬가지입니다.

현대 천문학이 해명하고 있듯이 행성이 모여 태양계를 만들고 태양계가 모여 은하계를 만들고 은하계가 모여 은하단을 만들고, 은하단이 모여 더욱 고차의 초은하단을 만들고,…… 하면서 무한히 계층적으로 되어 있는 이 우주와 마찬가지로 가능세계의 존재 방식도 논리공간, 그 집합의 초논리공간, 그 집합들의 초초논리공간⋯⋯, 이라는 무한의 계층구조로 되어 있을지도 모르는 것입니다. 아니, 그렇게 생각하는 것이 필시 대체로 있을 수 있는 모든 자의성을 수용하는 가장 자연스러운 생각일지도 모릅니다.

우리의 세계는 어디에 있는가

이 현실세계 ⓐ라는 것은 대우주 내의 무한히 작은 푸른 행성 지구처럼 무수한 논리공간 내에 있는 단지 하나의 논리공간 속의 그저 조그마한 하나의 세계인 것일까요. 혹은 오히려 이러한 것일지도 모릅니다. 개체가 관세계적으로 동일화되는 것과 마찬가지로 세계도 관논리공간으로 동일화된다고 하면 ⓐ란 관논리공간으로 동일화된 세계이고, 다른 한편 관논리공간 동일화는 있을 수 없다고 한다면 ⓐ는 논리공간들을 통해 상대역 관계로 묶인 다수의 세계가 됩니다(덧붙여 여기서 또한 세계의 관논리공간 동일화가 가능한 초논리공간과 관논리공간 동일화가 불가능한 초논리공간으로 나뉩니다. 논리공간의 관초논리공간 동일화의 유무, 초논리공간의 관초초논리공간 동일화의 유무⋯⋯에 따라 더욱 고차적인 가능성이 분기한다는 것은 말할 것까지도 없습니다).

그렇습니다. 많은 논리, 많은 존재론, 많은 가치관이 공존하는 이 현실세계 ⓐ는 다수의 논리공간이나 초논리공간이나 초초논리공간⋯⋯에 걸쳐 존재하는, 무수한 세계의 중첩에 다름 아닐지도 모르는 것입니다.

질릴 정도로 복잡한 이미지가 되었습니다만, 계층의 가장 낮은 차원에서의 이미지를 확인해 두면 이렇게 됩니다. 어떤 하나의 철학적 입장을 선택하면 하나의 논리공간만이 가능하게 되고 즉 존재하고, 다른 무수한 논리공간은 불가능으로서 배제된다(따라서 당연히 그 속의 무수한 세계도 불가능세계로서 소거된다). 그러나 더욱 넓은 시야에서 생각하면 무수한 논리공간이(따라서 그 속의 무수한 세계도) 동등한 자격으로 존재하고 있다. 진정한 실재는 가능도 불가능도 가리지 않고 포함하는 참된 의미에서 비자의적인 "무엇이든 가능하다"의 초월논리공간이다.

……복수의 논리체계나 철학체계의 상호 관계를 연구할 때 이 초논리공간 모델이 도움이 되는지 그렇지 않은지는 가설적으로 검증해 가야 할 문제일 것입니다.

§30. 혼돈 속의 의식?

규칙성에 대한 과잉된 신뢰

앞 절에서 우리가 도달한 실재의 이미지는 세계의 논리만이 아니라 논리공간 전체의 논리까지 생각하는 양상논리학의 자연스러운 확장이었습니다. 그러나 전체적으로 논리적이라기보다는 신비적이고 신화적인 냄새가 느껴질지도 모릅니다. 그 구조들이 터무니없게 보이는 것도 그렇지만 논리적·철학적으로 불가능하다고 간주되는 세계까지 전부 인정하게 되면 그 중에는 거의 믿기 힘든 황당무계한 세계도 무수히 있을 것이기 때문입니다.

저는 개인적으로는 영혼이라든가 영적 능력이라든가 전생, 내생이라든가 예지능력이 이 현실에 있다고는 전혀 믿지 않습니다만, 논리공간 내에는 온갖 초현실이 충분히 있을 수 있습니다. 그렇다면 제가 오컬트를 믿지 않는 근거는 무엇일까요. 네, 19절에서 미해결인 채로 놔두었던, "양상실재론에 의하면 귀납법이 근거를 잃는다"는 문제로 돌아갑니다. '무엇이든 가능'한 세계에 대한 동경이랄까, 완고하게 안정된 물리법칙이 파괴되는 것에 대한 기대야말로 초능력이나 심령 현상을 용인하는 세간의 풍조를 낳고 있다는 것은 쉽게 파악할 수 있을 것입니다.

양상실재론은 ⓐ에 있어서 오컬트주의의 강력한 아군인 것일까요?

단, 통속적인 책이나 매스컴이나 신흥 종교가 부채질하고 있는 오컬트 사상의 대부분은 진정한 질서의 파괴를 주장하고 있는 것이 아니라, 대체물리질서 ─ 혼의 중량이라든가, 손을 대서 암을 치료한다든가, 마음속으로 비는 것과 물체 이동의 인과관계라든가 ─ 를 상정하고 있는 데 지나지 않습니다. 만약 혼이 특정 장소에서 사진에 찍힌다면 영혼도 일정한 물리적 법칙에 따르는 통상적인 물질에 지나지 않게 됩니다. 따라서 아래에서는 통속적인 오컬트보다도 더욱 일반적으로, 진정으로 혼돈스러운 질서 파괴가 일어날 가능성에 관해 생각하기로 합시다.

이 현실세계 ⓐ가 무수히 실재하는 세계 중 하나라고 한다면, 즉 '무엇이든 가능하다' 내의 어떤 특별하지 않은 한 가지라고 한다면, 언젠가 당돌하게 당치도 않은 질서 파괴가 일어나지 않는다고 어떻게 말할 수 있을까요. 자연의 규칙성에 대한 신뢰, 귀납법적 추리의 올바름이 어떻게 해서 보증되는 것일까요. 규칙이 정연한 자연이라는 것은 지극히 특별한 현상은 아닐까요.

이것에 대해서는 의식이라는 것의 본질을 추측하는 것으로 답을 제시할 수 있을지도 모릅니다. 예컨대 어떠한 무작위적인 상황에 대해서도 질서·법칙을 끌라내는 인식 방식이 존재하는 것은 아닌가 하는 것입니다. 의식이라는 것은 필연적으로 자신 주변의 환경에서 규칙적인 패턴을 지각하는 것은 아닐까요. 어떠한 카오스적 상황에서도 의식이라는 것은 환경에 적응하기 위해 보조선을 계속 끌어들이고 주관적 질서를 만들어

냅니다. 외적 질서에 투영해야 할 내적 질서에 의해 묶여져 있는 현상이 아니면 그것은 의식이라고는 말할 수 없는 것은 아닐까요.

그렇게 하면 의식의 정의로부터 의식의 환경은 반드시 질서 지어져 있다는 것이 귀결됩니다. 이 ⓐ도 객관적인 척도로 보면 그다지 질서 지어져 있는 것은 아니고 가장 흔한 정도의 적당한 무작위성으로 차 있는데도, 그 속에 사는 의식의 관점에서 보면 극히 정묘한 높은 규칙성으로 통제된 상황인 듯 보이고 있는 데 지나지 않을지도 모릅니다. 무릇 의식이라는 것이 의식 자신의 관점에서 사물의 중요성을 인식하지 않을 수 없는 존재라고 한다면 스스로 제멋대로 만들어 낸 주관적 규칙성을 과대 평가하고 있다는 것은 매우 있을 법합니다. 이 메커니즘은 의식의 본질적 특징이므로 우리도 예외는 아니라고 볼 수 있습니다. 이것은 일종의 인류원리에 의한 설명입니다.

시간의 흐름에 대한 도전

그러나 매 순간의 인식이 성립하기 위해서는 규칙성이 필요하다고 해도, 어느 날 갑자기 질서가 변화하는 일이 일어나지 않는 것은 역시 불가사의하지 않습니까. 확실히 뉴턴 역학과 같이 극히 성공적인 이론에 의한 귀납법도 새로운 이론에 의해 반증될 운명에 있었습니다. 그러나 과학 이론의 교체는 몇백 년 단위의 느린 주기로 일어나고, 무릇 과학 이론이 어떻게 개정되든 일상의 규칙성에 대한 인식이 갑자기 배반당하게 되는 것은 아닙니다. 뉴턴 역학 이전에도 상대성 이론 이후에도, 사물은 낙하하고 불은 종이를 태우고 사람은 늙어서 죽게 됩니다. 화산 분화나 혜성과 같이 아무리 엉뚱하게 보이는 사건이라도 기본 법칙을 탈피하지는 않습니다. 언젠가 생명이나 의식의 존재를 불가능하게 하는 우주적 파국이 찾아오는 것일까요. 그것도 어쩌면 법칙에 따라 그럴 만하게 일어나는 사건일 것입니다. 파괴적으로 질서가 새로 재규정되는 기적 같은 것은 아직 공식적으로 하나도 관측되어 있지 않고, 내일 무슨 일이 일어날지도 알 수 없는 심각한 불안에 의식이 사로잡혀 있지도 않습니다. 현재까지의 규칙성과 같은 종류의 장래의 규칙성도 올바르게 예지하면서 의식은 환경에 적응하고 있는 듯 보이는 것입니다. 아직 부재하는 장래의 일에까지 어떻게 의식은 대응할 수 있는 것일까요. 이 ⓐ의 시간적 균일성[一樣性]이라고도 할 수 있는 매끄러운(smooth) 특징은 의식이라는 것을 성립시키는 데 필요한 최소한의 패턴을 크게 초월한 대단히 후한 규칙성은 아닐까요?

여기서부터 우리는 시간의 본성에 관계되는 예부터 전해지는 사변으로 유도됩니다. 끊임없이 흘러가는 시간 속에 절대의 현재 같은 것은 없고 절대의 과거, 미래라는 것도 없습니다. 그러나 그렇게 되면 시간이라는 것은 상대적인 전후관계로 질서 지어진 영원불변의 패턴에 지나지 않고 흐름이라든가 변화라든가 하는 것은 전혀 없는 것은 아닐까요.

실제로 운동이나 변화라는 것은 불가능하다고 논증한 엘레아의 제논을 비롯해서, 영원의 상재(常在)만이 있고 시간의 흐름은 실재하지 않는다고 주장한 철학자는 일일이 들 겨를도 없습니다. 아우구스티누스, 스피노자, 칸트, 헤겔, 브래들리(Francis Herbert Bradley), 맥타가트(John McTaggart), 오모리 쇼조(大森莊藏)······. 혹은 불변의 '시공'만을 실재라고 한 아인슈타인······. 그들이 말하듯이 만약 객관적인 시간이라든가 변화라는 것이 실제로는 불가능한 것이라면 귀납법을 배반하지 않는 장기간의 시간적 균일성이라는 놀랄 만한 상황도 단순히 의식이 스스로의 존재에 필요한 패턴 인식을 형성한 행위의 불가분한 한 측면에 지나지 않을지도 모릅니다. 시간 그 자체가 의식의 산물이라면 시간이란 주관적 질서의 패턴 인식 그 자체이고 규칙성 그 자체이며, 의식에 있어서는 시간적 균일성에 따른 귀납법적 생활이 성립하는 것은 당연하게 됩니다.

지성을 초월한 고차적 층위

그럼에도 불구하고 잘 생각해 보면, 의식의 기반인 규칙성은 미덥지 못한 미미한 규칙성에 지나지 않습니다. 일상생활의 사건 대부분은 실천적으로는 예측이 불가능하고, 이 ⓐ의 모습은 논리공간의 척도로 보면 바로 한가운데 부근의 규칙성을 가진 평범한 세계일지도 모릅니다. 우리의 태양이 지상의 물질 입장에서 보면 터무니없게 거룩한 것이라도, 전 은하계 층위에서 보면 극히 표준적인 항성에 지나지 않듯이 말입니다.

확실히 인간이 누구나 합리적이고 종교나 미신에 결코 현혹되지 않는 세계, 사랑으로 가득 찬 세계, 모든 은하가 엄밀하게 같은 간격으로 배치되어 있는 세계, 끊임없이 하늘에서 신이 말을 걸어 오는 세계, 모든 원자가 규칙적인 결정을 이루고 있는 전 방향 대칭적인 격자세계 등등 ⓐ보다도 고도의 질서를 가진 세계 층위는 그 위로 얼마든지 생각할 수 있습니다. ⓐ를 의식하는 우리의 지성은 그만큼 고도의 층위를 형성하고 있다고는 말하기 힘든 듯이 생각되기도 하는 것입니다.

ⓐ와 그 속의 의식의 특수성을 부인하는 논의를 더욱 진전시키면 이러한 것도 말할 수 있을지도 모릅니다. 대략적으로 ①혼돈→②물질→③유기물→④생명→⑤의식→⑥지성이라는 식으로 존재는 복잡하게 높은 질서 층위로 진화해 왔습니다. 적어도 우리는 그렇게 인식하고 있습니다. 그러나 시간이 불가능하다고 하면 일견 목적론적인 이 순서에는 객관적 의미는 없고 지성은 단순히 혼돈이나 물질과 인접하고 있을 뿐인 것이 됩니다. 게다가 가령 ⓐ에는 지성 이상의 단계가 실현되어 있지

않다고 해도 층위가 이 6단계로 끝나는 것이 아닐지도 모를 가능성을 생각할 수 있는 것입니다.

예컨대 그저 진공 층위에서 보면 원자핵 같은 것은 있을 수 없는 것이고, 뿔뿔이 흩어진 원자 층위에서 보면 생명이라는 현상은 예측 범위 밖의 현상이며, 그저 단세포 생명 층위에서 보면 큰곰의 의식은 불합리하고, 큰곰의 의식 입장에서 보면 인간 지성이 향수(享受)하는 첨단 과학이나 예술이론 등을 상상할 수 없는 것과 마찬가지로 지성에 있어서 완전히 상상 불가능한, 그래도 확실히 가능한 미지의 층위가 있을지도 모릅니다. 지성의 한 단계 위는 영성이라든가 신성이라든가 하고 상상해 온 층위일지도 모르고, 전혀 상상 불가능한 성질일지도 모릅니다. 어쨌든 ⓐ에는 실현되어 있지 않은 지성 이상의 층위가 다시 또 6단계 정도 있어서(아니, 어쩌면 무한개의 단계가 있어서), 상위의 세계에서는 완전히 층위가 다른 초질서, 초규칙성이 성립하고 있을지도 모릅니다. 그러므로 생명이라든가 지성과 같은 현상은 지성 자신에게 있어서만 정묘하게 보이는 것이고 모든 가능세계의 층위에서 보면 극히 기초적이고 흔한 어떤 설명도 필요 없는 층위일지도 모릅니다.

지성 이상의 층위라는 것은 앞 절에서 생각한 계층구조 내의, 우리의 논리공간과는 다른 논리공간 내의 불가능세계에 있는 것이 아니라 우리와 같은 논리공간 내의 가능세계에 있어도 좋을 것입니다. 아니, 우리가 깨닫지 못할(깨닫는 것이 불가능할) 뿐으로 그러한 상위 레벨 중 몇 개는 이 ⓐ 내에도 실현되어 있을지도 모릅니다.

이 가설을 정리하면 이렇습니다. 우리의 세계 ⓐ는 시간의 흐름이 불가능한 논리공간에 존재하고 있다. 시간은 질서와 함께 의식이 만들어 낸 주관적 형식으로 모든 인식은 귀납법적 규칙을 포함한다. 그러므로 ⓐ는 의식을 포함하고 있다는 것 이외에 아무런 특별한 행운의 규칙성의 덕을 보고 있지 않다. 의식이 있는 ⓐ에서 귀납법적 인식이 성립하는 것은 인류원리에 의해 필연적인 것이다. 뿐만 아니라 의식을 포함한다는 것조차 모든 가능세계의 층위에서 보면 그렇게 높은 층위는 아닌 것이다.

세계마다 층위의 평가는 다르다

아니, 나아가서는──어쩌면 층위라는 개념조차 완전히 상대적일지도 모릅니다. 예컨대 ⓐ에서는 우발적으로 죽는 물질이 흔해서 산 의식이나 지성이 희귀한 현상이지만, 그것과 같은 다른 무수한 세계에서는 어디에서나 편재하는 흔한 지성의 무리 내에 더욱 높은 층위가 드물게 솟아나 있을 것이고, 또 다른 무수한 세계에서는 역으로 지성이나 그 이상으로 간주되는 층위의 실체가 편재하는 중에 희귀하게 중요한 현상으로서 죽는 물질이나 혼돈이 점하고 있는, 즉 오히려 마음 없는 물질이나 혼돈 쪽이 존재하기 힘든 높은 층위인 경우가 있을 것입니다. 이 세계는 처음부터 복잡한 지성이 온통 충만해 있고, 물질을 아무렇게나 놔두면 제멋대로 점점 의식이나 지성이 생겨 버려서 구조화되지 않은 단순한 물질이나 혼돈이 실현되는 것이 대단히 어려운 물리법칙을 가진 세계입니다. 그렇게 하면 층위들의 원환은 닫히게 됩니다. 어느 것이 절대적으로 드물게 정묘한 층위인가는 말할 수 없고 세계마다 층위의 평가는 다르게 됩니다. 반드시 복잡함 쪽이 단순함보다 위라고는 단정할 수 없는 것입니다.

　　의식이나 지성은 자의식을 갖고 세계를 해석한다는 점에서 특별한 것이라고, 적어도 단지 물질보다는 정묘하다는 측면에서 뛰어나다고 주장하는 사람도 당연히 있을 것입니다. 그러나 그 전제가 틀렸을지도 모릅니다. 물질의 관점에서 보면 단순 물질 특유의, 복잡하게 결합하면 잃어버리는 '자의식'에 해당하는 무언가가 있어서 ──물론 인간이 갖는 자의식과는 전혀 다른 원리라 해도── 그 기준에서 보면 단순 물질 범주야말로 우주에서 특별한 지위를 점하고 있을지도 모릅니다.

아니, 단순 물질과 한데 뭉뚱그리는 것은 잘못으로 예컨대 수소 원자의 입장에서 볼 때의 특별한 관점이 있어서, 그 기준에서 보면 탄소도 우라늄도 인간도 태양계도 전부 같은 수소 이하의 낮은 레벨의 존재가 될지도 모릅니다. 탄소의 입장에서 보아도, 우라늄의 입장에서 보아도, 물 분자의 입장에서 보아도, 인간의 입장에서 보아도, 은하의 입장에서 보아도 같다고 말할 수 있을 뿐일지도 모릅니다.

아니, 탄소라든가 우라늄을 나누는 방법도 마음의 입장에서 본 자의적인 분류 방식에 지나지 않은 것은 아닐까요. 원소 분류 이전에 만물의 작은 조각 조각의 임의의 집단, 또 그 임의의 집단마다 별개의 구별에 따른 독자적인 범주 분류가 있을지도 모릅니다. 각각 무수한 관점이 성립하고 있을지도 모릅니다. 만물은 전부 자신의 특별한 관점과 기준에서 우주를 해석하고 우주를 반영하며, 세계를 편성하고 있고, 마음이라는 것은 그 무한한 기준 내의 한 존재양태, 전혀 특별하지 않은 하나의 존재양태에 지나지 않을지도 모르는 것입니다.

마음에 특권이 있는가?

이런 입장의 연장선상에서 생각하면 26절에서 미해결로 놓아 두었던 '자기존재의 불가사의'에 관해서도 일단 해답이 제시됩니다. 즉, 왜 나는 의식을 갖지 않는 것이 아니라 의식을 갖는 것으로서 존재하고 있는가?

이 질문이 수수께끼였던 것은 의식이라는 것을 절대적으로 특별한 층위라고 전제하고 있었기 때문입니다. 그러나 생각해 보면, 마음이 특별한 것이라는 지위를 향수하고 있는 것은 단순히 한 종류의 가능적인 경우에 지나지 않습니다. 모든 가능한 경우에 비추어 보면, 즉 모든 가능세계의 층위에서 보면 의식이란 전혀 특별한 것도 정묘한 것도 아니라고 한다면——즉 단순물질이나 혼돈과 비교해도, 미지의 층위와 비교해도 절대적으로 보다 위라든가 보다 아래라든가 보다 희귀하다고 말할 수 없다고 한다면, 다름 아닌 내가 '의식'이라는 한 관점에 속해 있다는 것에 어떤 자의적인 특권성도 없게 된다는 것입니다. 있는 그대로이고, 수수께끼는 전혀 없다.……

이것은 철학적 논의라기보다는 문학적인 사변인 것처럼 들릴지도 모릅니다. 그러나 불가해의 생각이나 석연치 않게 보이는 모든 주제에 대해 그 느낌을 불식하려고 노력하는 행위가 철학이라고 한다면 가능세계론은 실로 철학을 달성하고 있다고, 아니 달성하는 방향을 지시하고 있다고 말할 수 있을 것입니다. 가능한 것을 (그리고 불가능한 것조차) 각자의 경우 내에서 모두 인정하는 가능세계론은 마음이나 지성이라는 것을 있을 수 있는 모든 층위 내에서 상대화하는 것에 의해 특권의 허상을 벗겨 낼 수 있는 것입니다.

'마음'의 또 다른 존재양식

물론 이러한 설명을 납득할 수 없다는 사람도 많을 것입니다. 의식 자신의 관점에서 보면 의식이 극히 특별한 층위라는 감각을 떨쳐 내는 것은 영원히 불가능합니다. 마음이나 지성의 정묘함, 특별함을 찬양하는 방향으로 사변하려고 하는 동기는 의식이 의식 이외의 것일 수 없고, 철학적 사변이 의식에 의한 것일 뿐인 한 확실히 당연하면서 정당하다고 생각됩니다.

그렇다면 의식은 어떠한 점에서 특별한 것인가. 의식을 의식이게 하는 것은 무엇인가. 그것은 예컨대 ─ 현실에 속박되지 않고 개념을 비약시키는 것. 즉 현실의 것만이 아니라 비현실적인 것, 가능적인 것을 생각할 수 있다는 것.

한 세계의 틀 안에 머물지 않고, 밖으로 배어 나오는 마음.

결국은 논리공간 전체의 질서와 연동하고 있는 마음.

논리공간의 자기언급, 혹은 논리의 자의식이라고도 해야 할 시스템으로서의 마음.

그러한 이미지가 떠오르게 됩니다.

즉, 의식이란 단일세계 내에 폐쇄된 현상이 아니라 다수 세계의 단편적인 집적, 계기(繼起)인 것은 아닌가. 현실과 비현실의 혼합인 것은 아닌가. 세계들이 부분들의 비물질적 결합, 이념적 패턴과 같다는 것이야말로 마음이라는 현상인 것은 아닌가. 물리적으로 동떨어진 가능세계들 중 물리적 개체가 어떤 비물리적인 배열로(아마도 유사성의 순서로) 정돈된 순서집합이 정신적인 것은 아닌가. 물리적으로 연결되지 않은 세계들의 내부 요소를 임의의 조합으로 집합론적으로 정리하는 것은 필연적으로 가능하므로……, 그 중 특히 정연한 조합이 바로……

가능세계의 내부에는 물질밖에 있을 수 없는 한편, 마음이라는 것은 물질의 비물질적 결합, 이른바 논리적 결합의 특수한 패턴은 아닌가. 마음이란 논리가 아닌가……

그리고 이것이야말로, 물질만이 가능적 실재(가능세계 내의 존재)로 있으면서 마음은 물질과는 다른 신비로서 있다는 상식(?)을 정당화하는 것은 아닌가……

……이 사변을 계속하는 것은 여기서 그만해 둡시다. 끝이 없을 것 같으니까요. 단, 말할 수 있는 것은 이러한 것입니다. 마음, 지성, 자기 같

6장_가능세계의 외측(外側) **217**

은 실체를 특별시하든, 특권을 박탈하든, 가능세계의 구조틀은 다른 많은 과학이나 철학의 화제에 있어서와 같은 정도로 유효하게 기능할 것입니다. 네, 어떠한 초자연이나 황당무계한 것도 '엄밀히' 생각할 방법을 만들어 내는 것이 가능세계의 논리입니다. 우리의 마음은 현실 이외의 광대무변한 공간에 지지되어야 비로소 유일한 현실을 인식할 수 있습니다. 그러한 한 가능세계의 유용성은 필연적으로 보증될 것입니다.

가능세계 저작 소개

　가능세계론을 더 알고 싶은 사람을 위해 기본적인 문헌을 엄선해 제시했습니다. 서문에서도 기술했듯이, 그리고 이 책을 통독하신 독자는 느끼시겠지만, 가능세계론의 정수를 이해하고 감상하기 위해 기호논리학에 대한 각별한 지식은 필요 없습니다. 그러나 역으로 "철학은 인간이 어떻게 살아야 하는가라는 인생론이므로 기호논리학따윈 필요 없어"라고 생각하는 것은 큰 잘못입니다. 철학은 인생론 같은 것이 아니라 지적 탐구이기 때문입니다. 분석철학의 정말로 재미있는 방법론에 깊이 있게 통달하고 또 실천하려고 하는 사람에게는 일단은 기호논리학 교과서를 통독해 보기를 추천합니다. 우선 명제논리학과 술어논리학의 교과서를 한 권 읽고 양상논리학 교과서를 한 권 읽는 순서가 좋을 것입니다.

　명제·술어논리 교과서는 어느 것을 읽어도 좋습니다만, 제목으로 '전통적 논리학'이라고 이름 붙여진 아리스토텔레스 논리학이나 헤겔 논리학 등을 해설하는 책은 피해 주십시오. 분석철학의 현대적 논의에는 전혀 도움이 되지 않기 때문입니다. 어디까지나 '기호논리학'의 교과서를 선택해야 합니다. 정통적(orthodox)이라는 점에서는 마에하라 쇼지(前原昭

二)의 『기호논리 입문』(『記号論理入門』, 日本評論社, 1967), 노야 시게키(野矢茂樹)의 『논리학』(『論理学』, 東京大学出版会, 1994),[1] 가네코 히로유키(金子洋之)의 『기호논리 입문』(『記号論理入門』, 産業図書, 1994) 중 하나를 고르는 것이 좋습니다. 두꺼워도 좋으니까 논리학과 일상언어의 관련성을 꼼꼼히 배우고 싶다는 사람에게는 한스 라이헨바흐(Hans Reichenbach)의 『기호논리학의 원리』 (*Elements of Symbolic Logic*, Dover Pubns, 1980)[2]를 추천합니다. 단, 라이헨바흐의 책은 일부 표준적이지 않은 기호가 사용되고 있습니다.

양상논리의 교과서로서는 뭐니뭐니 해도 휴즈(George E. Hughes)와 크레스웰(Max Cresswell)의 『양상논리 입문』(*An Introduction to Modal Logic*, Methuen, 1968)[3]이 세계적으로 유명하고 정평이 나 있어서 저는 학생 시절 두 번 숙독했습니다만, 실로 내용이 충실해서 깊이 있게 숙달할 수 있습니다. 단, 범위는 기초적이지만 기술이 엄밀하고 논리식에 의한 정리의 증명이 줄줄이 나열되어 있으므로 익숙지 않은 사람은 현기증을 일으킬지도 모릅니다(현기증 나는 느낌이야말로 지적 도취로의 유일한 입구입니다만). 그래서 기호도 적고 편하게 읽기 쉬운 올우드(Jens Allwood)·앤더슨(Lars-Gunnar Andersson)·달(Osten Dahl)의 『일상언어의 논리학』(*Logic in Linguistics*, Cambridge UP., 1977)[4]이나 스가와라 미치아키(菅原道明)의 『논리학

---

[1] 이 저자의 다른 책이 국내에 번역되어 있다. 노야 시게키, 『논리 트레이닝』(論理トレーニング, 産業図書, 1997), 서혜영 옮김, 일빛, 2002. 『논리 트레이닝 101제』(論理トレーニング101題, 産業図書, 2001). 서혜영 옮김, 일빛, 2002. 『무한론 교실』(無限論の教室, 講談社現代新書, 1998), 김석희 옮김, 뿌리와이파리, 2003.
[2] ハンス·ライヘンバッハ, 『記号論理学の原理』, 石本新 訳, 大修館書店, 1995.
[3] 신판은 *A New Introduction to Modal Logic*, Routledge, 1996. G. E. ヒューズ, M. J. クレスウェル, 『様相論理入門』, 三浦聰·大浜茂生·春藤修二 訳, 恒星社厚生閣, 1981.
[4] J. オールウド, 『日常言語の論理学』, 公平珠躬·野家啓一 訳, 産業図書, 1996.

적 사고』(『論理学的思考』, 北樹出版, 1991) 정도로 양상논리의 사고법에 조금 익숙해지고 나서 휴즈·크레스웰에 도전하는 것도 나쁘지 않다고 봅니다.

또 수학에 관해서도 가능세계론을 이해하는 데 특별히 고도의 지식은 필요 없습니다. 실제로 저도 고등학교 2학년 이상의 수학 지식은 갖고 있지 않습니다. 단지 집합론에 관해서만은 대학일반교양 정도의 지식을 갖춰 두면 가능세계론을 몇 배나 더 재미있게 즐길 수 있을 것입니다. 이것도 좋은 교과서가 많이 있으므로 어느 것을 특정할 수는 없습니다만, 압축적으로 정리되어 있는 것으로서는 세키 세쓰야(赤摂也)의 『집합론 입문』(『集合論入門』, 培風館, 1959)을 추천합니다.

논리학과 수학은 한 번은 차분하게 어려운 교과서를 통독하는 것이 중요합니다만, 그렇게 해서 사고방식의 패턴을 파악한 뒤에는 세세한 테크닉 등은 깨끗이 잊어버려도 상관없습니다. 의식은 기억하고 있지 않아도 뇌세포가 기억하고 있어서 논증의 요소요소에서 황홀감을 느끼거나 엔돌핀이 분비되거나 하기 때문입니다.

교과서 외의 양상논리학 관련 책으로는 보헨스키(Joseph Bochenski)의 『고대 형식논리학』(*Ancient Formal Logic*, North-Holland Pub. Co., 1963)[5])과 이노우에 다다시(井上忠)의 『파르메니데스』(『パルメニデス』, 青土社, 2004)가 고대 그리스 철학의 양상논리를 문헌학적으로 세밀하게 추적한 노작입니다.

한편 현대철학에 있어서의 가능세계론을 개관한 책으로서는 이이다 다카시(飯田隆)의 『언어철학대전 Ⅲ: 의미와 양상(下)』(『言語哲学大全 Ⅲ: 意味と様相 下』, 勁草書房, 1995)가 필독서입니다. 그것을 읽기 전에 같은 저자의 간결한 논문인 「가능세계」(「可能世界」, 『新·岩波講座·哲学, 第7巻. トポス·空間·時間』,

---

5) J. M. ボヘンスキー, 『古代形式論理学』, 岩野秀明 訳, 公論社, 1980.

1988 수록)를 읽어 두면 한층 이해하기 쉬울 것입니다. 또, 한층 전문적으로 언어철학의 여러 주제들에 대한 가능세계론의 응용을 넓게 알고 싶은 사람을 위해서는 노모토 가즈유키(野本和幸)의 『현대의 논리적 의미론』(『現代の論理的意味論』, 岩波書店, 1988)이 있습니다.

철학 일반의 개설은 아니고 특정 주제로 좁혀 가능세계를 응용한 철학서는 [일본어로 읽을 수 있는 것은] 많지 않습니다. 반사실적 가정과 가능세계에 관해서는 사카하라 시게루(坂原茂)의 『일상언어의 추론』(『日常言語の推論』, 東京大学出版会, 2007)이 간명합니다. 가능세계론에 기반해서 자연언어의 의미 해석을 체계적으로 행하는 '몬테규 문법'이라는 분야가 있습니다만, 그 표준적인 교과서인 다우티(David Dowty)·월(Robert E. Wall)·피터스(Stanley Peters)의 『몬테규 의미론 입문』(*Introduction to Montague Semantics*, Springer, 1980)이 [일본어로] 번역되어 있고,[6] 같은 종류의 책으로서 시라이 겐이치로(白井賢一郎)의 『형식의미론 입문』(『形式意味論入門』, 産業図書, 1985)과 『자연언어의 의미론』(『自然言語の意味論』, 産業図書, 1991)도 있습니다만, 전문적이고 까다롭습니다. 몬테규 의미론을 일본어의 분석에 사용하면 어떻게 되는지 흥미가 있는 사람은 사카이 히데히사(坂井秀寿)의 『일본어의 문법과 논리』(『日本語の文法と論理』, 勁草書房, 1979)를 참조하면 좋을 것입니다. 단, 이 몬테규 문법과 관련된 책들은 어느 것이나 가능세계 의미론이 암묵적인 기반이 되어 있다고는 해도 '가능세계'라는 말 자체는 그렇게 빈번하게는 등장하지 않습니다.

예술과 허구 이론(fiction theory)에 대한 가능세계론의 응용에 관해서

---

6) デイヴィド·R.ダウティ, スタンリー·ピーターズ, ロバート·E.ウォール, 『モンタギュー意味論入門』, 井口省吾·白井賢一郎·西田豊明·山梨正明·角道正佳·風斗博之 訳, 三修社, 1987.

는 미우라 도시히코의 『허구세계의 존재론』(『虛構世界の存在論』, 勁草書房, 1995)이 '가능세계'라는 말을 빈번하게 사용하면서 빠짐없이 논의하고 있습니다. 위조품, 복제문제, 공백부분의 문제 등을 매니아 연구서[7]처럼 해석한 것에서부터 시간 여행 SF, 캐릭터의 본성까지. 본문 6절에서 기술한 픽션과 반사실적 조건문의 유비에 대한 비판은 이 『허구세계의 존재론』에 대한 이이다 다카시의 서평(『科學哲學』 29号, 1996)의 논지를 차용했습니다. 6절에서 같이 언급한 '인식논리학'에 관해서는 야코 힌티카(Jaakko Hintikka)의 『인식과 신념』(Knowledge and Belief, Cornell UP., 1964)[8]이 선구적인 명저입니다. 인식논리학을 철저한 지적 유희로서 즐기면서 괴델의 불완전성 정리로 헤치고 들어가는 레이먼드 스멀리안(Raymond Smullyan)의 『결정 불능의 논리퍼즐』(Forever Undecided, Oxford UP., 1987)[9]도 퍼즐을 좋아하는 사람은 일독할 가치가 있습니다.

고유명사(proper name)와 인과적 지시론(causal theory of Reference)에 관해서는 솔 크립키(Saul Kripke)의 『이름과 필연』(Naming and Necessity,

---

7) '謎本'(なぞほん)은 만화나 애니메이션, 드라마, (주로 장르) 소설 등 픽션 작품의 내용에 있어 수수께끼나 의문점을 고찰하거나 잊혀졌던 설정 같은 것을 재발굴하여 전체 스토리와 맞춰 보거나 하는 서적을 말하는 속어이다. 추리소설인 '셜록홈즈 시리즈'의 팬들을 셜록키안(Sherlockian)이라고 하는데, 이들이 주인공 셜록 홈즈를 마치 실제 인물인 양 취급해서 출간한 연구서 등이 그 대표적인 예이다. 추리소설 장르에서는 작품에서 범행에 사용된 트릭이나 범인을 밝혀내기 위한 추리 과정의 오류나 조잡함을 논하는 경우가 많다. 나아가 각종 SF나 로봇이 등장하는 격투물 등에 대해 과학자나 법률학자들이 진지하게 물리학적 불가능성(예를 들어 인간과 같은 신체 비례를 가진 거대 로봇은 체중을 지탱할 수 없기 때문에 실제로는 붕괴한다든가 하는)이나 법률적인 처리 문제를 분석하거나 한다. 한국에서는 이를 딱히 지칭할 만한 용어가 없기 때문에 '매니아 연구서'라고 옮겼다.
8) ヤーッコ・ヒンティッカ, 『認識と信念』, 永井成男・内田種臣 訳, 紀伊国屋書店, 1975.
9) レイモンド・スマリヤン, 『決定不能の論理パズル』, 長尾確・田中朋之 訳, 白揚社, 1990. 스멀리안의 한국어 번역서로는 『퍼즐과 함께하는 즐거운 논리』(What is the Name of This Book?, Penguin Books, 1981/이종권 외 옮김, 문예출판사, 2001) 등이 있다.

Harvard UP., 1980)[10])이 필독서일 것입니다. 1970년대 이후의 분석철학을 주도한 가장 중요한 철학서로 심신문제로도 논의를 확장하고 있습니다. 번역도 뛰어나고 내용이 압축적인 데 비해서는 대단히 읽기 쉽게 되어 있습니다. 그리고 크립키 등도 포함해서 언어철학의 여러 영역에 가능세계를 사용하는 방식에 대한 외부로부터의(가능세계론자가 아닌 입장으로부터의) 냉정한 비평으로서, 힐러리 퍼트넘(Hilary Putnam)의 『실재론과 이성』(*Realism and Reason*, Cambridge UP., 1983)[11])의 3장도 빠트릴 수 없습니다.

퍼트넘의 이 논문은 양자논리학도 논하고 있습니다만, 양자역학의 다세계 해석에 관해서는 뭐니뭐니 해도 와다 스미오(和田純夫)의 『양자역학이 말하는 세계상』(『量子力学が語る世界像』, 講談社, 1994)이 빼어나고 계몽적입니다. 그 외에는 폴 데이비스(Paul Davies)의 『다른 세계들』(*Other Worlds*, Simon and Schuster, 1980),[12]) 닉 허버트(Nick Herbert)의 『양자와 실재』(*Quantum Reality*, Anchor, 1987),[13]) 데이비스와 브라운(Julian R. Brown)이 편집한 『원자 속의 유령』(*The Ghost in the Atom*, Cambridge UP., 1986/1993)[14]) 등이 좋은 책으로 그 중에서도 『원자 속의 유령』은 양자론의 해석에 관해 다세계 이론가를 포함하는 8명의 물리학자를 인터뷰한 것입니다. 재미있게

---

10) ソール・A. クリプキ, 『名指しと必然性』, 八木沢敬・野家啓一 訳, 産業図書, 1985. 솔 크립키, 『이름과 필연』, 정대현 외 옮김, 서광사, 1989.
11) ヒラリー・パトナム, 『実在論と理性』, 飯田隆・佐藤芳・山下弘一郎・金田千秋・関口浩喜 訳, 勁草書房, 1992.
12) P. C. W. デイヴィス, 『宇宙の量子論』, 木口勝義 訳, 地人書館, 1985. 데이비스의 책은 국내에 많이 번역되어 있는데, 다중우주와 관련된 주제를 다루고 있는 책으로는 『코스믹 잭팟』(*Cosmic Jackpot*, Houghton Mifflin Harcourt, 2007 / 이경아 옮김, 한승, 2010)이 있다.
13) ニック・ハーバート, 『量子と実在』, はやし はじめ 訳, 白揚社, 1990.
14) P. C. W. デイヴィス, J. R. ブラウン, 『量子と混沌』, 出口修至 訳, 地人書館, 1987. 데이비스・브라운, 『원자 속의 유령』, 김수용 옮김, 범양사출판부, 1994.

술술 읽을 수 있다고 생각합니다.

신 존재증명을 현대적인 개연적 옹호론으로서 복권시킨 기서(奇書)로서 앨빈 플란팅가(Alvin Plantinga)의 『신과 자유와 악』(*God, Freedom, and Evil*, Wm. B. Eerdmans Publishing Company, 1977)[15]이 있습니다. 전통적 신학에도 가능세계가 사용된다는 것을 슬쩍 엿보기 위해서만이라도 귀중한 문헌일지도 모릅니다. 신 따위는 난센스라고 처음부터 믿지 않는 저 같은 사람은 제일선의 논리학자가 신의 존재증명에 이만큼 정열을 기울이다니 미국 학계는 정말로 불가사의하구나 하고 생각했습니다.

이 책의 하이라이트인 셈인 '의식'이나 '나'의 문제에 관해서는 차고 넘칠 정도로 일본어 문헌이 많으면서도 가능세계론의 구조틀로 그것을 논하고 있는 것을 본 적은 없습니다. 그래도 그 중 나가이 히토시(永井均)의 『쇼타와 고양이의 통찰의 여름방학』(『翔太と猫のインサイトの夏休み』, ナカニシヤ出版, 2007)은 자기존재의 문제에 가능세계론을 가볍게 접목하면서 논하고 있는 책으로서 양상적 영감(inspiration)을 자극합니다. 단 "자신의 존재의 기적, 신비에 대해서는 어떤 근거도 언급할 수 없다"고 하는 고양이의 통찰(insight)의 논지는 신비를 신비가 아니게 하는 기획이야말로 철학이라고 해온 이 책의 기본자세와는 정반대일지도 모릅니다.

영어로 된 문헌에는 가능세계를 다룬 것이 많이 있습니다. 전문적으로 철학을 하려고 하는 사람 이외에는 굳이 영어책까지 찾으려고 하지 않을지도 모릅니다만, 이 책을 재미있다고 느낀 독자라면 엑스터시를 느낄

---

15) A. プランティンガ, 『神と自由と悪と』, 星川啓慈 訳, 勁草書房, 1995. 신 존재증명을 다룬 다른 국내서로는 다음을 참조. 앨빈 플란팅가, 『신과 타자의 정신들』(*God and Other Minds: A Study of the Rational Justification of Belief in God*, Cornell University Press, 1990), 이태하 옮김, 살림, 2004.

것임에 틀림없는 문헌을 네 개만 들겠습니다.

우선 마이클 루(Michael J. Loux)가 편집한 『가능과 실재』(*The Possible and the Actual*, Cornell UP., 1979). 가능세계란 무엇인가라는 본서 3, 4장의 논제에 관한 유명한 논문을 모은 유명한 선집(anthology)입니다.[16] 저자에는 데이비드 루이스, 크립키, 플란팅가, 힌티카, 스톨네이커, 크레스웰, 애덤스, 레셔 등 이 책에서 언급한 주요한 철학자가 대부분 포함되어 있습니다. 처음 50페이지를 점하고 있는 편집자 루의 서문이 논문 전체를 그보다 더 교묘할 수 없을 만큼 잘 조망하고 있어서 그것만 읽어도 꽤 많은 것을 알 수 있습니다. 루이스의 양상실재론이 논의의 중심이 되고 있다는 것을 뚜렷이 간파할 수 있을 것입니다.

루이스(David Lewis) 자신의 양상실재론에 대한 체계적인 옹호론은 『세계의 다수성』(*On the Plurality of Worlds*, Blackwell, 1986)에서 전개되어 있습니다. 본서 4장에서 소개한 비판 하나하나를 격파하고 양상실재론을 지키려 하고 있습니다만, 저의 눈에는 태반은 만족할 만한 응답이 되지 않은 듯 보입니다. 특히 귀납법의 문제와 최대 집합의 문제에는 전혀 답하지 못하는 듯 보입니다. 단, 논증의 결과는 어쨌든 그 과정이 볼만한 것으로 영겁회귀의 팽창, 수축우주라든가, 오버랩하는 세계라든가 하는 여러 가지 사고실험이 사용되고 있고 오싹오싹하는 스릴이 흘러넘치고 있습니다.

24절에서 소개한 우주발생의 행운, 생명의 존재, 파인 튜닝, 인류원리 등에 관해서는 레슬리(John Leslie)의 『우주들』(*Universes*, Routledge, 1989/2002)이 크게 도움이 됩니다. 저자인 레슬리는 "우주는 윤리적 원리에 지

---

16) 루의 다른 저작인 『형이상학 강의』(박제철 옮김, 아카넷, 2010)의 제5장에서 가능세계를 다루고 있다.

배되어 있다"라고 하는 등 진묘(珍妙)한 결론으로 기울어져 버리고 있습니다만, 그 논술 과정에서 다세계론과 인류원리가 궁합이 좋다는 것을 깨닫는 데는 절호의 책입니다.

25절에서 논한 세계의 자의성의 수수께끼를 풀기 위해 양상실재론을 이용한다는 아이디어는 피터 웅거(Peter Unger)의 「자의성 최소화하기」("Minimizing Arbitrariness", *Philosophical Papers*, Oxford UP., 2007 수록)에 의존하고 있습니다. 저자 웅거는 물론 양상실재론에 대해 지원 사격을 할 셈으로 이 책을 썼습니다만, 루이스는 앞의 책『세계의 다수성』에서 웅거의 이 논문을 뜻밖에 양상실재론에 대한 비판으로서 다뤄서 반론을 기술하고 있습니다. 뭔가 루이스의 피해망상이랄까, 모처럼의 믿음직한 조력자를 사절해 버린 것은 저에게는 조금 이해할 수 없는 자세로 비칩니다.

루이스의『세계의 다수성』의 처음 4페이지 분량이 일본어로 번역되어『철학』(『哲学』vol. III-3, 1989 가을호)에 수록되어 있습니다. 이 호는 '신의 의지와 진리'(神の意志と真理)라는 특집으로 그 외에 라이프니츠, 나아가서는 오컴, 뷔리당(Jean Buridan) 등 중세 철학자들의 양상논리 사상이 번역되어 있다는 점에서 귀중합니다.

가능세계를 특집으로 다룬 잡지로서는 그 외에『현대사상』(『現代思想』, 1995 4월호)의「가능세계/고유명사」(可能世界/固有名),『문예』(『文芸』, 1994 겨울호)의「가능세계 여행자」(可能世界トラヴィラー)가 있습니다. 전자는 루이스의 허구(fiction)론, 크립키의 지시론과 나란히 멘지스(Peter Menzies), 페티트(Phillip Pettit)의 허구주의를 옹호하는 논문 등도 소개되어 내용이 충실합니다. 후자는 가능세계의 문학적 향기를 북돋우려고 하는 기획이므로 본격적인 철학논문은 포함하고 있지 않습니다만, 와다 스미오에 대한 인터뷰인「양자물리학의 가능세계」(量子物理学の可能世界)가 불확정성과 결정

론을 다세계 이론과 연결하는 실마리를 시사하고 있어서 꽤 유익하다고 생각합니다.

그리고 국내외 학술잡지의 목차를 인터넷에서 검색할 수 있습니다. 일본어로 된 철학 홈페이지로서는 http://www1.raidway.or.jp/~y-sakagu/index.html[17]이 세계 대학들과 학회에 링크되어 있을 뿐만 아니라 재야 철학팬들이 분석철학, 과학철학의 토론을 매일 행하고 있어서 장관입니다(그러고 보면 사이트에서 사이트로 넷 서핑하는 것은 가능세계 간의 도달관계에 관한 시뮬레이션 같군요).

마지막으로 예외적인 것으로서 이 책과는 다른 구조틀로 가능세계를 다루고 있는 책을 두 권 들겠습니다.

아카마 히로유키(赤間啓之)의 『유토피아의 라캉』(『ユートピアのラカン』, 青土社, 1995)과 가야마 리카(香山リか)의 『자전거여행주의』(『自転車旅行主義』, 青土社, 1998). 특히 전자의 3장은 프랑스 현대사상에 크립키 등의 가능세계론, 고유명사 이론을 적용한 것입니다. 분석철학 특유의 '논증'과는 전혀 다른 이해방식으로 진행되기 때문에 솔직하게 말하자면 저에게는 거의 논지가 이해되지 않았습니다만, 프랑스 사상계의 독자가 분석철학과 친해지려고 할 때 좋은 길잡이가 될지도 모릅니다. 후자는 가능세계론에 대한 동경을 환상과 함께 엮어 낸 시적 에세이입니다. 이것도 논증은 전혀 포함되어 있지 않습니다만 심리학에 대한 가능세계의 응용을 암시한 필치가 고혹적이고(어쨌든 부제가 '한밤중의 정신의학'真夜中の精神医学), 낭만적인 이미지로부터 가능세계론으로 들어가고 싶은 사람에게는 안성맞춤인 안내자가 될 것이라고 생각합니다.

---

[17] 2011년 현재 이 주소는 링크가 끊어져 있다.

후기

'무엇이든 가능하다'에서부터 '모든 것은 있는 그대로'로——. 가능세계론의 미궁을 여행하신 감상은 어떠십니까?

어떤 분야든 입문서를 쓴다고 한다면 이러저러한 주제를 어떤 순서로 어떤 상호 관계로 배열해야만 한다는 이상형이 있을 것입니다. 이번에 제가 가능세계론의 입문서를 씀에 있어서도 그러한 이상형의 이미지가 막연하게 뇌리에서 소용돌이치고 있었지만 좀처럼 구체적인 영상과 결부할 수 없었습니다.

그러나 다 쓰고 보니 가능세계의 입문서라면 이런 형태 이외로는 있을 수 없을 정도로 만족할 만하게 완성되었습니다. 진정으로 그렇게 단언할 수 있어서 필자로서 실로 기쁩니다.

물론 가능세계의 체계는 풍요롭고 다채로우므로, 부가하면 재미있었을 것이라고 생각되는 주제는 그 외에도 많이 있습니다. 예컨대 9절에서 'de re' 양상과 'de dicto' 양상의 구별을 논했습니다만 그것을 필연성, 가능성이라는 '진리양상'에 관해서만이 아니라 '의무양상'이나 '인식양상'에 관해서도 예를 들면서 기술했다면 좋았을 것이라고 생각합니다. 11절에서 배열한 '본질주의', '상대역 이론', '이-것주의'에 관해서는 각자의 공과를 둘러싸고 말해야 할 것이 얼마든지 남아 있고, 형이상학적 필연성, 인식적 필연성(아프리오리성), 의미론적 필연성(분석성)의 구별에 관해서도 표면적으로는 기술하지 않고 두었으며, 물질명사나 종(種)명사의 관세계적 동일화에 관해서도 할애했습니다. 제가 전문적으로 연구하고 있는 '허구의 존재' 문제도 이 책에서 접할 수 있었던 것은 극히 적은 일부에 지나지 않습니다.

 그러나 이상적인 가능세계 입문서를 지금부터 또 한 번 다시 쓴다고 해도 거의 한 구절도 다르지 않은 책을 쓰려고 할 것입니다. 가능세계론의 중추적 윤곽을 낭비 없이 알기 쉽게 그려 낸다는 이 책의 방침에서 보면 위의 여러 주제를 생략한 것은 필연적 귀결이었다고 생각하기 때문입니다. 그 생략된 주제들에 관해서는 '가능세계 저작 소개'에서 든 문헌을 보면 상세하게 접근할 수 있습니다. 흥미가 있는 독자는 관련 문헌을 많이 참조해 주십시오.

 NHK 출판의 오바 단(大場旦) 씨께서는 첫번째 원고와 두번째 원고까지도 통독해 주셨고, 이해하기 힘들었던 부분에 관해 설명을 요구해 주셨으며, 절 안의 작은 표제의 멘트나 위치도 제안해 주셨습니다. 계몽서가 아니면 할 수 없는 공동작업이었습니다. 덕분에 같은 내용을 전문서로서 쓰는 경우보다 3할 정도 증가한 분량이 되어 버렸습니다만, 읽기 쉽다는 측면은 5할이나 6할 정도나 증가했다고 생각합니다. 게다가 결과적으로 수준을 거의 떨어뜨리지 않고, 필자의 자의를 희생하지도 않고 끝낸 것은 대성공이었습니다. 또한 본문 말미의 '세계들의 부분들의 순서집합으로서의 마음'이라는 아이디어는 조금 당돌하게 내놓아 버린 감이 있는 것이 마음에 걸립니다만, 이것을 옹호하는 논증은 다른 기회에 차분히 제시하고 싶습니다.

　이것이 '가능한 한 최선의' 가능세계 입문서라는 것은 가능합니다만, 실제로 '가능한 한 최선'인지 어떤지는 알 수 없습니다. 그러나 나의 의식과 양립하는 세계들에 도달관계를 제한한다면(9절), 이 책은 틀림없이 필연적으로 '가능한 한 최선의' 내용을 구현하고 있습니다. 특히 전공도 호기심도 아직 결정되지 않고 가능성이 열려 있을 때에 이 책을 읽은 소년소녀들을 저는 왠지 모르게 샘난다고 생각하고 있습니다.

1997년 1월 1일
미우라 도시히코

옮긴이 후기

이 책은 미우라 도시히코(三浦俊彦)의 『가능세계의 철학』(可能世界の哲学)을 완역한 것입니다. 미우라 도시히코는 형이상학과 미학 연구서 및 특히 많은 논리학 관련 저서를 출간하였습니다(『논리의 힘』論理学原論[김현영 옮김, 루비박스, 2007]이 번역되어 있습니다). 『다우주와 윤회전생』(多宇宙と輪廻転生)은 본문 5, 6장과 「후기」에서 언급했던, 인류원리와 다우주론을 자기의식과 마음의 문제에 적용한다는 착상을 구체적으로 전개한 저서로, 이 주제들을 연결하는 저자 고유의 아이디어가 돋보입니다. 또한 그는 학술적 주제에 국한하지 않고 응용 연구서들도 다수 저술했는데, 예컨대 『엿보기학 원론』(のぞき学原論)은 엿본다는 행위를 예술 및 진화론, 우주론까지 동원하여 옹호하면서 그 한 소재로서 화장실 몰래카메라 같은 관음증을 들고 있고, 『전쟁논리학』(戦争論理学)은 일본 원폭 투하에 대한 찬반 논쟁을 논리적으로 정리한 책으로서 분석철학자로서는 드물게도 일본사회와 밀착된 사회적인 이슈를 소재로 삼고 있습니다.

「서문」에서 저자가 언급했듯이, 분석철학은 논리학, 수학을 중시하는 데다 주로 논문을 통한 건조한 기술방식을 취하기 때문에 문학적 스타일의 글을 좋아하는 독자들에게 외면받는 경향이 있는 듯합니다. 더구나 거대한 체계 구축보다는 개별 주제를 세밀하게 연구하는 방법론을 취하므로 매우 전문적이어서, 설령 관심이 있다 해도 접근하기 힘든 것이 사실입니다. 실제로 일반 독자를 대상으로 한 철학 서적은 유럽과 동양 철학이 압도적으로 많고 상대적으로 분석철학은 적으며, 논리학 이외의 주제들은 주로 대학 이상의 전문교육기관 내에서만 강의됩니다. 이러한 경향의 또 다른 이유를 들자면, 분석철학은 철학사적 연구를 통해 철학적 개념에 새로운 함의를 부여하거나 선철들의 '지혜'에서 개인적, 시대적 문제들에 대한 해결책을 찾기보다는 철학적 문제들에 대한 쟁점을 명확하게 부각시켜 자신의 입장을 뚜렷하게 결정하는 방식을 선호하기 때문입니다. 말하자면 시민 의식과 문화적 교양이 풍부한 교양인보다는 논증에 철저한 전문 학자를 길러 내는 데 적합한 방식입니다. 이런 방법론은 철학사적 지식의 수동적인 암기에 그칠 염려가 적고, 스스로 철학하도록 한다는 점에서는 바람직하다고 생각됩니다만, 전공자들 내에서만 연구되어 그 외의 독자들과 소통하기 어렵게 된 것은 애석한 일입니다.

본서는 분석철학적 주제에 대한 접근을 용이하게 하고, 독자들의 지적 호기심을 불러일으키는 데 적합하다고 판단되어 소개하게 되었습니다. '가능세계'를 다룬 저작으로는 본서와 동일한 제목의『가능세계의 철학』(손병홍, 소피아, 2004)이 출간되어 있습니다만, 전문적인 논의로 대학 수준의 기호논리, 양화논리에 대한 이해를 요구합니다. 본서는 이러한 전문적인 분석철학의 방법론을 크게 필요로 하지 않으면서도 가능세계와 관련된 많은 논점을 빠짐없이 소개하고 있어서 가능세계에 대한 입문서로 안성맞춤입니다. 분석철학에 익숙하지 않은 독자는 일단 본서를 입문서로 해서 위 책을 비롯해 '가능세계 저작 소개'에 소개된 책들로 독서를 확장해 나가기를 권합니다. 물론 비전공자뿐만 아니라 전공자를 비롯한 어떠한 독자들에게도 좋은 입문서가 될 것이라 확신합니다.

무엇보다도 본서를 독자 여러분께 소개하게 된 이유는, 가능세계라는 개념이 갖는 철학적 중요성 때문이기도 합니다. 가능세계론의 전개를 통해 현대철학이 이룬 성과는 괄목할 만한 것입니다. '가능', '필연'과 같은 양상 개념의 형이상학적 이해가 크게 진보되었고, 양화논리의 연장선상에서 양상논리가 개발되게 되었습니다. 언어철학적으로는 '가능세계 의미론'의 적용으로 조건문, 특히 반사실적 조건문의 진리조건이 규명되었습니다. 과학철학 분야에서 가능세계는 인과 및 확률 개념과도 연관되고, 과학적 설명 모델 등에 대한 정의에 적용되어 많은 진전을 보았습니다. 순수 철학 외적인 분야로는 저자가 들고 있듯이 컴퓨터 과학 및 인지 과학, 언어학에도 적용되고 있습니다. 가능세계는 또한 인식론을 비롯, 심지어는 윤리학에까지 적용 가능한, 그야말로 활용이 무궁무진하면서도 이 개념 자체가 우리의 상상력을 자극하는 매력적인 철학적 도구입니다. 가능세계의 각 분야에서의 활용은 제가 연관된 대목이 등장할 때마다 주석에서 언급해 놓았으니 참조하시기 바랍니다. 가능세계가 활용되는 분야(대표적으로 양상논리. 철학의 고유한 영역 외에, 넓게는 로봇 연구 및 증강현실과 관련된 논의도 최근에 등장하고 있습니다)와 이 개념과 얽혀 문제가 되고 있는 다른 주제들(인과의 유무, '이-것성'의 정체, '구별 불가능자의 동일성 원리'에 대한 논쟁 등)을 찾아서 전체적인 연관을 이해하고 자신의 견해를 논증해 보는 것도 권할 만한 독해 방식입니다.

형식적으로 정의되는 가능세계가 여전히 어렵다고 느끼는 독자께서는, 우리가 어떤 사실을 가정하거나 상상하는 것이 바로 그러한 사실이 성립하는 '가능세계'를 머릿속에 그려 보는 것이라고 생각하면 이해하기 쉬울 것입니다. 일상생활에서 우리는 많은 순간에 선택을 행하고, 그때 선택한 것과 다른 것을 택했더라면 어떻게 되었을지를 상상하곤 합니다. 가능세계 의미론의 정의를 적용하자면, 선택을 바꾸고 난 이후 거기에 동반하는 최소한의 변경 사항만을 적용했을 때 무엇이 성립할지를 생각해 보는 것입니다. 만약 그때 고민했던 시험문제의 답안을 다른 것으로 결정했더라면, 그때 교제하던 이와 헤어지지 않았더라면, 그때 지금과는 다른 전공을 택했더라면, 지금 나, 혹은 그 사람은 이러저러하게 되어 있을 것이다 하고 말입니다. 과학적 실험들 역시 본질적으로는 크게 다르지 않습니다. 이 시료에 나트륨을 1g 넣으면 이러저러하게 될 것이다, 뇌의 이 부위를 전극으로 자극하면 이러저러한 반응이 나올 것이다 하고 가정해 보는 것은 같습니다. 다만 과학적 가설들은 그러한 다른 경우들을 실험을 통해 증명해 보고(모든 과학적 가설의 실험이 그렇게 용이한 것은 아니지만) 실제로 성립하지 않는 가설은 잘못된 추측으로서 부정된다는 점에서 일상적 가정, 상상보다는 훨씬 실증적일 것을 요구합니다. 일상적인 상상은 실제로 시도해 볼 수 없는 경우도 많아서 그렇게 상상하는 대로 성립하지는 않는 경우가 많을 것입니다. 더구나 많은 경우 이러한 가정은 아쉬움이나 후회를 표현하는 데 그치지 실제로 그러한지를 따지지는 않기 때문에 과학의 그것과는 달리 실용성도 적습니다.

그러나 바로 과학적 실용성과는 전혀 다른, 실증할 필요가 없기 때문에 우리에게 쾌감을 주는 상상도 있습니다. 예술로서의 픽션이 그것입니다. 우리가 영화와 드라마에 울고 웃고, 소설이나 만화를 읽고 감명을 받는 것은 그 수많은 극의 세계들이 그리는 바가 현실에서 성립하고 있기 때문은 아닙니다. 물론 픽션이라고 해서 완전히 허무맹랑한 이야기를 그리지는 않습니다. 오히려 어떤 점에서는 인간사에서 반복해서 벌어지는 보편적, 일반적 사건의 양태를 그려 내어 이야기의 개연성을 지키는 데 픽션의 재미가 있다고 해야 할 것입니다. 이것은 게임의 룰이 공정성, 평등성, 의외성과 같은 가치를 지녀야만 하고 바로 이것이 게임의 재미를 보장해 주는 것과도 같습니다. 그러나 그러한 가치를 지키는 한에 있어서 게임의 룰 자체는 자유롭게 만들 수 있듯이, 우리는 논리적 법칙(혹은 이야기의 개연성)을 지키는 한에 있어서 현실의 물리적, 인과적 법칙에서 벗어난 세계도 마음껏 상상해 볼 수 있습니다. 날개 달린 말이 하늘을 날고, 구름 위에서 번개를 던지는 신들이 사는 세계, 인간과 닮은 여러 종족들이 사악한 마법사를 무찌르기 위해 모험을 떠나는 세계, 시간 여행을 통해 과거로 돌아가 역사를 바꾸는 세계 등 수많은 '가능세계'의 이야기가 독자들을 사로잡고 있지 않습니까. (그러나 잘 생각해 보면, 과연 픽션이 논리적 법칙을 온전히 지키고 있는 것일까요? 예컨대 작가의 실수나 고의에 의해 모순이 도입된 픽션을 어떻게 이해해야 할까요? 우리가 상상하는 픽션의 세계들이 다 조금씩 다른데도 우리가 같은 '셜록 홈즈'에 대해 생각하고 있다고 말할 수 있을까요? 극에서 설명하지는 않았지만 분명히 어떠어떠한 상태임에는 틀림없는 사항들을 어떻게 결정해야 할까요? 현실의 것들과는 다른 상상의 산물들이 갖는 특성과 논리적 구조도 흥미로운 학문적 연구의 대상이 될 수 있습니다. 허구적 대상의 존재양식에 흥미가 있으신 독자는 역시 제가 번역하여 출간될 예정에 있는 미우라 도시히코의 다른 저작 『허구세계의 존재론』을 읽어 보시기 바랍니다.)

　　본서의 일부 용어들은 한국분석철학계에서 통용되는 용어와는 다르게 번역되었습니다. 예를 들어 관세계(transworld)는 보통 통세계라고 하는 것이 국내의 관례입니다만, 일본에서는 관세계라고 번역합니다. 통(通)보다는 관(貫)이라는 말이 이 용어가 뜻하는 바에 더 적합하다고 생각하여 그대로 두었습니다. 이런 경우 외에는 될 수 있다면 관례를 따랐으며, 대개의 중요 어휘들은 원어를 병기했으므로 읽는 데 불편함은 없을 것입니다.

    아무쪼록 본서와의 만남이 독자 여러분들에게 '가능한 한 최선'의 만남이 되기를 바랍니다.

2011년 7월
옮긴이 박철은

찾아보기

가능세계론 97, 108, 118, 128
가능세계의 개수 152, 157~160, 186
가능세계의 구조 65, 71
가능세계 의미론 56~57
가능세계의 성질 66~69, 189
가능세계의 유사성 48~50, 69
가능세계의 존재 방식 206
가능주의 98~99, 101~102, 128
개념미술(conceptual art) 5
개념실재론 105
개념주의 112~113, 117
개별화의 원리(principle of individuation) 90, 185~187
고정 지시어(Rigid Designator) 94
관계 54~55
관세계적 개체(transworld individual) 104
관세계적 동일성의 문제 86, 90
관세계적 동일화(transworld identification) 86, 92, 96, 100, 143, 186
관시간적 동일화(transtemporal identification) 89~90
구별 불가능자 동일성 원리(Principle of Identity of Indiscernibles) 88~89
굿맨(Goodman, Nelson) 42
귀납법 135, 137
　~과 양상실재론 137

논리공간 66~68
논리적 고유명사(logically proper name) 94~95
논리적 우연성 29
논리적 현실주의 148, 150

다세계 이론(다세계론) 161, 164, 167, 172~174, 176
다원적 합리주의 176~179
다중 양상 69, 72, 75, 77~78, 81, 84, 125, 128
대각선 논법 153~155, 160
de dicto(데딕토) 양상 78~80, 85, 91
de re(데레) 양상 78~80, 85~86, 89, 91
데카르트(Descartes, René) 26, 113
도넬란(Donnellan, Keith) 94
도달관계(到達關係, relation of accessibility) 69, 71~75, 83
뒤샹(Duchamp, Marcel) 4

라이프니츠(Leibniz, Gottfried) 34, 83, 88, 101~102, 113
라이프니츠형 절대주의적 가능주의 101~102, 128
라일(Ryle, Gilbert) 196
러셀(Russell, Bertrand) 94~95
레셔(Rescher, Nicholas) 112

로젠(Rosen, Gideon) 124, 129, 166
루이스(Lewis, David) 13, 98, 103,
110~111, 120, 122, 129, 132, 134,
145, 148~149, 159, 180, 186
루이스형 가능주의(가능세계 실재론)
99~100, 103~104, 118~123, 128, 180

명제 51, 56
명제의 최대 집합 108, 114, 128
몬테규 문법(Montague grammar) 15~16
문학적 허구 125~126
물리학의 가능세계 161

바칸(Barcan, Ruth) 80
바칸식(Barcan formula) 81~84, 113
반(反)사실적 조건문 37~39, 42, 48, 84
반 프라센(Van Fraassen, Bastiaan C.) 12
벌거숭이 특수자(Bare Particular) 88~90
범주 오류(category mistake) 195
법칙적 인과 44
법칙적인 유사성 43
벨 부등식의 위배(violation of Bell's inequality) 165
본질주의 91, 96, 100
부대성 46, 116
불가능 명제 195
불가능세계 193, 195
불확정성 원리(uncertainty principle) 164, 192
브라우어(Brouwer) 체계 70, 75
블랙(Black, Max) 89
비트겐슈타인(Wittgenstein, Ludwig) 113

상대역 이론(counterpart theory, 분신설 分身說) 91, 96, 143~144
상대주의 102

새먼(Salmon, Wesley C.) 12
세계의 잉여성 204
슈뢰딩거의 고양이 164
스컴즈(Skyrms, Brian) 113
스톨네이커(Stalnaker, Robert) 108
시제논리학(Tense Logic) 62

아인슈타인(Einstein, Albert) 141, 166, 211
암스트롱(Armstrong, David) 113, 157
애덤스(Adams, Robert) 108
양상(樣相) 25~26, 31, 36
양상과 양화 34, 36
양상논리학 16, 62~63, 190, 208
~의 가능세계 의미론 97
양상실재론(Modal Realism) 11, 119,
126, 128~129, 133, 135~136, 140,
142, 150, 152, 180~182, 184, 186, 209
양상주의(양상주의적 현실주의) 111, 124, 128
양자역학 8, 11, 162, 167~168, 174, 177, 192
양화(量化, quantification) 31
양화의 범위 37
에버렛(Everett, Hugh) 167, 180
에이어(Ayer, Alfred Jules) 89
역바칸식(converse Barcan formula) 82~84
오컴의 면도날(Occam's razor) 132~133, 135, 138~139
왜-질문(why question) 12
우주발생론 174
유명론 105, 200
유명론적 현실주의 105~106
유물론적 조합주의 114
유사성 42, 49

윤리적 허무주의 142, 145
의무논리학(Deontic Logic) 62, 70
이-것성(haecceity) 89, 96, 185~187, 205~206
이-것주의(haecceitism) 89, 96
이상세계 62~63, 84, 190
2중 홈(silt) 실험 162~163
인과적 지시론(Causal Theory of Reference) 95
인류원리(anthropic principle) 172~173, 182~183, 210
인식논리학(Epistemic Logic) 62
일원적 합리주의 176~177

자기의식 186
자연주의(자연주의적 현실주의) 111, 124, 128
조합주의 113~117

체계 S4 70, 75, 77
체계 S5 70, 75~77, 203
최대 사태 108, 110, 114, 122~123, 128, 133

카르납(Carnap, Rudolf) 105

캉게르(Kanger, Stig) 71
콰인(Quine, Willard Van Orman) 42, 110, 115, 192
크레스웰(Creswell, Max) 114
크립키(Kripke, Saul) 71, 97, 112
크립키형 현실주의 99~100, 102

파인 튜닝(fine tuning; 정묘한 조율) 171, 173, 181, 197~198
포레스트(Forrest, Peter) 157
표준 논리학 190~193
표현주의(표현주의적 현실주의) 122~123, 128
프레게(Frege, Gottlob) 14
플란팅가(Plantinga, Alvin) 108
필연성과 가능성 26, 37, 62

한정기술(definite description) 92, 94
해킹(Hacking, Ian) 89
허구주의 123~124, 126~129
허무주의 140
현실주의 98~99, 104, 111, 121, 128
현실주의의 딜레마 118
흄(Hume, David) 47, 136~137
힌티카(Hintikka, Jaakko) 71